Wolfgang Thönissen

Gerechtigkeit oder Barmherzigkeit?

Wolfgang Thönissen

Gerechtigkeit oder Barmherzigkeit?

Das ökumenische Ringen um die Rechtfertigung

EVANGELISCHE VERLAGSANSTALT
Leipzig

BONIFATIUS

Bibliografische Information der Deutschen Nationalbibliothek
Die deutsche Nationalbibliothek verzeichnet diese Publikation in der Deutschen Nationalbibliografie; detaillierte bibliografische Daten sind im Internet über http://dnb.ddb.de abrufbar.

MIX
Paper from responsible sources
FSC® C011558
www.fsc.org

ClimatePartner
klimaneutral
Zertifikatsnummer:
53323-1609-1020
www.climatepartner.com

Umschlagbild: „Kreuzigungsgruppe“: Christus mit Thomas von Aquin und Martin Luther im Altenberger Dom © KNA-Bild (Harald Oppitz)
Umschlaggrafik: Karin Cordes, Paderborn

ISBN 978-3-89710-673-4 (Bonifatius)
ISBN 978-3-374-04551-8 (Evangelische Verlagsanstalt)

Gesamtherstellung: Bonifatius GmbH Druck · Buch · Verlag Paderborn

Inhalt

Vorwort

Die bis in unsere Zeit vornehmlich die westliche Christenheit bewegende Frage, ob an der Thematik der Rechtfertigung die Einheit der abendländischen Kirche zerbrochen sei, scheint weitgehend aus dem Bewusstsein der Gläubigen verschwunden zu sein. Mehr als die Hälfte aller lutherischen Christen lebt heute außerhalb Europas, auch innerhalb der katholischen Kirche haben sich die Gewichte verschoben. Die Kirchen Afrikas und Asiens schieben sich in unserem Bild vom Christentum der Gegenwart mit Macht in den Vordergrund, gar nicht zu sprechen von der Kirche in Lateinamerika. Damit verändern sich freilich nicht nur Zahlen und Fakten, sondern auch religiöse Fragestellungen. Wer wollte leugnen, dass theologische Fragen um Rechtfertigung und Gnade heute gerade nicht die weltweite Christenheit beschäftigen. Blicken wir von Europa aus in den Osten des Kontinents, wird vollends klar, dass solche Fragen nicht mehr die Christenheit beherrschen. Die orthodoxe Christenheit hat sich nie derart stark wie die westliche Theologie auf die Auslegung und Rezeption der paulinisch-augustinischen Rechtfertigungslehre verlegt. Insoweit gelesen ist der Streit um die westliche Auslegung der Heiligen Schrift im Blick auf das Verhältnis zu den östlichen Kirchen überhaupt noch gar nicht im Blick. Die hier offensichtlich werdenden Unterschiede in den theologischen und geistlichen Kulturen lassen die bisherige ökumenische Suche nach einer Verständigung in Fragen der Rechtfertigung als geradezu gering erscheinen.

Umso klarer tritt vor diesem Hintergrund die seit wenigen Jahren prononcierte Rede von der Barmherzigkeit hervor. Papst Franziskus wird nicht müde, sie zum Angelpunkt seiner päpstlichen Verkündigungen zu machen. Theologen und Verantwortliche der christlichen Kirchen tun dasselbe, um auf die Botschaft der Barmherzigkeit zu verweisen. Wo Menschen durch Krieg, Hunger und Vertreibung zur Flucht gezwungen werden, bedarf es auch politisch einer Kultur der Barmherzigkeit, mit der auf die Not der Menschen reagiert werden kann. Da steht die Theologie nicht abseits. Wer angesichts dieser weltweiten Situation auf einen Streit des 16. Jahrhunderts verweist, braucht sich um das Urteil seiner Zeitgenossen nicht zu sorgen. Sie nehmen es nicht zur Kenntnis.

Doch lohnt es sich innezuhalten und nachzuhaken. Sosehr die Rede von der Barmherzigkeit Gottes heute einzuleuchten scheint, so ist sie doch schnell der Gefahr ausgesetzt, in Oberflächlichkeit und Abgegriffenheit abzugleiten. Wer wollte angesichts von Not und Elend nicht barmherzig sein? Doch wieweit reicht Barmherzigkeit? Ist Hauptanliegen einer barmherzigen Handlung, bestehende Regeln und Gesetze zu durchbrechen? Oder beruht gar Barmherzigkeit selbst auf einer Ordnung, die Regeln und Gesetze einfordert? Barmherzigkeit ohne klare Reglungen scheint kaum vorstellbar zu sein. Das gilt nicht nur für die Politik. Die theologische Tradition hat diesen Zusammenhang als Verhältnis von Barmherzigkeit und Gerechtigkeit verstanden. „Der Gerechte wird aus Glauben leben" (Röm 1,17, Luther-Übersetzung). Die Gerechtigkeit wird im Evangelium offenbart. Kein Begriff wie dieser hat mindestens die westlich-abendländisch-lateinische Theologie über zwei Jahrtausende beschäftigt. Die ökumenische Verständigung unserer Gegenwart hat übereinstimmend festgehalten, dass mit dem biblischen Begriff der Gerechtigkeit das Christusgeschehen gemeint ist. Dann ist dieser Begriff der Schlüssel für das Evangelium von Jesus Christus. Ohne ihn kann es offenbar überhaupt keine Verständigung über das Evangelium geben. Aber genau dieser Begriff hat in den verschiedenen Denkwegen und Traditionen ganz unterschiedliche Interpretationen, ja oft gegensätzliche Auslegungen erfahren. Reicht der Streit bis in die Wurzel des christlichen Erbes? So hat es über Jahrhunderte den Anschein gehabt.

Die lutherisch-katholischen Verständigungen der letzten fünfzig Jahre konnten den Nachweis führen, dass es einen Konsens in Grundwahrheiten der Rechtfertigungslehre gibt. Diese Einsicht ist das erstrangige Ergebnis des lutherisch-katholischen Dialogs seit 1967. Im Blick auf das Jahr 2017 kann dieser Dialog feststellen: Der Streit des 16. Jahrhunderts ist vorüber. Die Gründe, sich gegenseitig zu verurteilen, sind entfallen. Freilich ist dieses Urteil nicht vom Himmel gefallen. Sorgfältige historische und systematisch-theologische Erwägungen haben dazu geführt. Mehr noch: Die Erkenntnis eines Grundkonsenses beruht nicht nur auf sorgfältigen Überlegungen der heutigen Theologie, sie sind nicht nur Zeugnis der gegenwärtigen Bemühungen um Verständigung, sie beruhen vielmehr auf der Erkenntnis, dass der theologische Faden trotz der über Jahrhunderte erfolgten Sprachlosigkeit zwischen Lutheranern und Katholiken nicht gerissen ist. Eine nochmalige Beschäftigung mit den Hintergründen und Ursachen des Streits kann aufzeigen, dass die Wirkungen, die von diesem historischen Streit ausgingen, nicht immer mit den Ausgangsbedingungen und Voraussetzungen übereinstimmen und übereinstimmen müssen. Gegenseitige Verurteilungen und Abgrenzungen in der Lehre und Ordnung der Kirche lassen sich nicht immer auf die mit den Streitfragen zusammenhängenden Sachfragen und ihrer Auslegung zurückführen. Warum? Der genaue Blick belegt, was die emphatische Rede festhält, dass der Streit nicht in die Wurzel des gemeinsamen christlichen Erbes gedrungen ist. Drei neue Erkenntnisse mögen das belegen: (1) Die Reformatoren selbst beziehen sich in ihren Reformforderungen, meist unausgesprochen, auf eine theologische Tradition der Bibelauslegung, die nicht zu den Hauptwegen der theologischen Verständigung der damaligen Zeit gehörte. Auf den Nenner gebracht: Es ist nicht die vielbeschworene Mystik, auf die sich Luther und die Reformatoren bezogen, sondern die monastische Theologie, von der Martin Luther in seinem Orden hörte und las. Die Frömmigkeit seiner Zeit suchte Luther in einer bestimmten Bibelauslegung zur Sprache zu bringen. Das lernte er in seinem Orden. Gewährsmann hierfür war Bernhard von Clairvaux. (2) Die theologischen Reformforderungen führten die Reformatoren nicht kategorisch aus der Katholizität hinaus, sondern sie lassen sich auch innerhalb verorten. Es war nicht die Absicht der Confessio Augustana, als Grundlage für eine neue Kirche zu dienen. Johannes Calvins Theologie belegt, dass in seiner theologischen Systematik Katholizität als System steckt. (3) Das Konzil von Trient verwarf nicht die Reformforderungen im Ganzen, sondern nur bestimmte, ja es rezipierte sie mitunter auch zuweilen. Wir können hier von einer impliziten Rezeption durch die kirchliche Lehre sprechen. So kam es zu Differenzierungen in der kirchlichen Lehrbildung. Das lässt sich exemplarisch an vier Grundthemen erweisen: Rechtfertigung, Eucharistie, Amt, Schrift und Tradition. Das alles führt zu der Erkenntnis: Aus den Voraussetzungen und dem Verlauf der reformatorischen Auseinandersetzungen ist die Wirkung, nämlich die Spaltung der abendländischen Kirche, nicht zwingend abzuleiten. Das aber heißt: Zwar kann die Vergangenheit nicht verändert werden, aber mit der Vergangenheit kann heute anders umgegangen werden. Die Präsenz der Vergangenheit in der Gegenwart ist veränderlich.[1] Für eine solche Sichtweise will dieses Buch plädieren.

Das hier vorgelegte Buch geht auf einzelne Beiträge zurück, die separat früher erschienen sind. Für diesen Zweck wurden sie überarbeitet, zum Teil gekürzt und zusammengefasst. Dieses Buch bietet auch die Begleitmusik für den lutherisch-katholischen Bericht zum Reformationsgedenken im Jahr 2017 „Vom Konflikt zur Gemeinschaft". Manches, was hier gesagt wird, führt zu diesem Dokument hin, die Schlussfolgerungen, die aus diesem lutherisch-katholischen Projekt des Reformationsgedenkens gezogen werden können, sind erst aus der nachgehenden Betrachtung heraus entstanden und neu.

Paderborn, Pfingsten 2016

Prof. Dr. Wolfgang Thönissen

Einleitung

Seit Jahrhunderten geht ein „rätselhafter Riss"[2] durch die abendländische Theologie. Karl Barth machte diesen Riss in der Frage aus, wie das Handeln Christi an das kirchliche Amt, wie das verkündigte Wort an den menschlichen Akt gebunden ist. Johann Adam Möhler hat in seiner wohl berühmtesten Schrift, der Symbolik, diesen Riss in der christlichen Anthropologie ausgemacht.[3] Gemeint hatte er allerdings, wie sich im Verlauf seiner Darlegungen herausstellt, die gesamte, die einzelnen dogmatischen Teilstücke des Urstands, des Sündenfalls, der Rechtfertigung und der Heiligung zusammenfassenden christliche Heilslehre. Pointiert richtete er seinen Blick auf die Frage nach der Anthropologie, jenes Teilstück der Dogmatik, auf das die Heilslehre der christlichen Kirche hinausläuft. In den letzten Jahrzehnten ist es durch ein beharrliches ökumenisches Gespräch gelungen, jenem rätselhaften Riss auf die Spur zu kommen, soweit man den primären Ort der anthropologischen Frage in der Rechtfertigungslehre annimmt. Nach Jahrhunderten des theologischen und konfessionellen Streits ist heute eine Verständigung über die kontroverstheologischen Auseinandersetzungen hinweg Realität geworden. Die Voraussetzungen für eine umfassende ökumenische Verständigung sind in der „Gemeinsamen Erklärung zur Rechtfertigungslehre" von 1999[4] gelegt worden und in dem von der internationalen lutherisch-katholischen Dialogkommission herausgegebenen Bericht „Vom Konflikt zu Gemeinschaft"[5] weiter ausgeführt worden. Die „Gemeinsame Erklärung" hat den Prozess der theologischen Annäherung über das Verständnis der Rechtfertigung wesentlich ermöglicht. „Vom Konflikt zur Gemeinschaft" hat zur weiteren Klärung um Martin Luther und seiner Theologie beigetragen. Eine gemeinsame Sicht auf die Ereignisse, eine gemeinsame Beschreibung der Theologie Martin Luthers, ein gemeinsames Gedenken, das die Spaltung der abendländischen Kirche sowie die Reformbemühungen der Wittenberger Reformation aufeinander bezieht, ist möglich geworden. Die Rechtfertigungslehre erscheint als Maßstab und Prüfstein des christlichen Glaubens. Eine gemeinsame Theologie der Rechtfertigung ist der Schlüssel zum Verständnis des Evangeliums von Jesus Christus.[6] Der ökumenische Triumph könnte heute nicht größer ausfallen.

Im Zusammenhang dieser über Jahrzehnte hinweg betriebenen ökumenischen Verständigungen scheinen sich weitere bemerkenswerte Annäherungen in jüngster Zeit abzuzeichnen. Papst Franziskus hat in seiner Ankündigung eines Heiligen Jahres zum fünfzigjährigen Jubiläum des Endes des Zweiten Vatikanischen Konzils 2015 von einem Jubiläum der Barmherzigkeit gesprochen. Barmherzigkeit ist in der Heiligen Schrift das Schlüsselwort zur Beschreibung der Beziehung Gottes zum Menschen. Die Kirche hat den Auftrag, die Barmherzigkeit zu verkünden. Über die Kirche hinaus wird die Barmherzigkeit Gottes für die Menschen in der Gesellschaft bedeutsam.[7] Walter Kardinal Kasper hat in seinem Buch zur Barmherzigkeit diese grundsätzliche Bedeutung der Barmherzigkeit für die gesamte Theologie des 21. Jahrhunderts deutlich gemacht. Hier klingt unser Thema an: Gottes Gerechtigkeit ist seine Barmherzigkeit.[8] Liegt hier der ökumenische, den konfessionellen Riss in der abendländischen Theologie überwindende Erkenntnisgewinn? In Reaktion auf die Ankündigung des Papstes hat der evangelische Systematiker Christoph Schwöbel in grundsätzlicher Zustimmung auf die Barmherzigkeit als eines der Hauptwörter der biblischen Überlieferung hingewiesen. Barmherzigkeit ist Ausdruck der Identität Gottes. In Jesus Christus hat Barmherzigkeit ein menschliches Antlitz gewonnen. Diese Barmherzigkeit ist eine Provokation aller durch Unbarmherzigkeit gezeichneten Lebensverhältnisse. Hier habe Luther durch seine Bibelübersetzung das Wort Barmherzigkeit neu zur Geltung gebracht.[9] Gott wendet seine Barmherzigkeit den Menschen zu. Das ist der Kern der christlichen Botschaft. Die gesamte Bibel kann gelesen werden als Zeugnis der Erfüllung der von Gott gegebenen Zusage. Es ist die Erfahrung der unverdienten Gnade. Über den engen Rahmen einer theologischen Verständigung hinaus ist ein bemerkenswertes ökumenisches Grundthema für ein wahrhaft ökumenisches Reformationsjubiläum zu erkennen.

Papst Franziskus hat im Zusammenhang von Barmherzigkeit als Schlüssel der Verkündigung der Kirche auch auf die wichtige Frage nach der Vergebung der Sünden hingewiesen. Er stellt das Thema der Barmherzigkeit in den Kontext des Sakraments der Buße und Versöhnung. Wer theologisch auf Barmherzigkeit zu sprechen kommt, kann die Vergebung der Sünden nicht außen vor lassen, die dem Sünder zugewendet wird. Menschen machen die Erfahrung der Sünde; sie sind auf Worte der Vergebung angewiesen. Die Vergebung unserer Sünden ist grenzenlos. Doch wer einen Fehler begangen hat, muss die Strafe verbüßen.[10] Hier zeigt sich die Gerechtigkeit Gottes, nämlich in der Reue, der Beichte und der Buße, im Sakrament der Buße. Gott ist der Richter, der dem Menschen die ihm gemäße Strafe zuweist. Aber die Barmherzigkeit steht hierzu nicht im Widerspruch: Gott ist immer bereit, dem Menschen seine Sünden zu vergeben. Deshalb überbietet Gott seine Gerechtigkeit mit der Barmherzigkeit. Die Gerechtigkeit, die der Sünder in Buße und Vergebung erfährt, beruht auf der Barmherzigkeit und der Gnade Gottes. Die Gerechtigkeit Gottes, den Sünder seiner gerechten Strafe zuzuführen, muss im Zusammenhang mit seiner Barmherzigkeit verstanden werden.[11] Sie ist Grund und Ursache aller Vergebung.

Traditionellerweise steht das Heilige Jahr im Zusammenhang mit dem Ablass und der Ablassverkündigung. Darauf kommt Papst Franziskus ebenfalls zu sprechen. Das ist für eine katholische Verkündigung nicht ungewöhnlich, steht doch der Ablass als ein Nachlass zeitlicher Sündenstrafen im Zusammenhang mit dem Sakrament der Buße. Der Ablass folgt der Buße geradezu. Doch ist es im ökumenischen Kontext nicht höchst problematisch, auf den Ablass zu sprechen zu kommen? Ist der Ablass nicht Ausgangspunkt für einen neuen, konfessionellen Streit? Steht hier nicht der ganze ökumenische Konsens erneut zur Disposition? Der EKD-Grundlagentext „Rechtfertigung und Freiheit"[12] stellt die reformatorische Ablasskritik als Ausgangspunkt der von den Reformatoren formulierten Rechtfertigungslehre dar. Zu Recht wird der Zusammenhang von Buße und Ablass gesehen. Der Ablass richtete sich auf die zeitlichen Sündenstrafen. Einen Ablass kaufte man zur damaligen Zeit, um mit seiner

Hilfe die zeitlichen Sündenstrafen zu minimieren. „Dagegen argumentierten die Reformatoren: Gottes Gnade reicht, Gott vergibt dem Menschen, der Mensch wird nicht mehr bestraft."[13] Die Gnade durchbricht die Logik der Selbstrechtfertigung durch fromme Werke, so sagt es der Grundlagentext. Die Konsequenzen sind weitreichend: der Zusammenhang von Buße und Ablass, von Buße und frommen Werken, wird zerrissen. Gleichwohl bleibt die theologische Herausforderung für einen reformatorischen Sündenbegriff bestehen. Die Pointe der reformatorischen Lehre besteht in der Zuspitzung, dass alle Menschen in der gleichen Weise Sünder und der Gnade bedürftig sind. Keiner kann sich dieser Kraft der Gnade durch eigene Werke, und seien sie noch so fromm, entziehen.[14]

Nun ist es keine Frage, dass die heutige Ablassverkündigung der katholischen Kirche mit der mittelalterlichen Vorstellung und Wirklichkeit des Ablasses nur noch schwer in Übereinstimmung zu bringen ist. Das Konzil von Trient hat mit hinreichender Klarheit allen finanziell aufgewogenen, den Sünder begünstigenden Nachlass zeitlicher Sündenstrafen ein für alle Mal verworfen.[15] So hat der Ablass in der Neuzeit eine neue Gestalt gewinnen können. Davon zeugen die Bemühungen der jüngeren katholischen Theologie.[16] Doch bleibt das Anstößige mit seinem Begriff verbunden. Ablässe kann man erwerben, durch frommes Handeln. Papst Franziskus hat hier nun dem traditionellen kirchlichen Ablass eine neue Pointe gegeben. Er bezeichnet die Barmherzigkeit Gottes selbst als Ablass, den Gott dem Sünder schenkt.[17] Einen Ablass kann man dementsprechend nicht erwerben oder gar kaufen, sondern man muss sich ihn schenken lassen. „Den Ablass … zu leben heißt also, sich der Barmherzigkeit des Vaters anzuvertrauen in der Gewissheit, dass seine Vergebung sich auf das gesamte Leben der Gläubigen auswirkt."[18] Gott befreit uns „von allen Konsequenzen der Sünde". Der Ablass wird in dieser Gestalt nicht mehr als ein frommes Werk verstanden, sondern ist Ausdruck der Barmherzigkeit Gottes, die der Mensch sich nur schenken lassen kann. Die Botschaft soll daher lauten: Wo der Mensch sich der Barmherzigkeit Gottes anvertraut, wird das Leben in und vor Gott zum Geschenk, kommt es nicht auf die Leistung des Menschen, sondern auf die Bereitschaft an, sich die Vergebung der Sünden schenken zu lassen. Ist damit der Einwand der Reformatoren erledigt?

Widerspricht nicht jedwede Ablasslehre der Einzigkeit der Mittlerschaft Jesu Christi? Wenn die Grundlage für das Ablasswesen die in der Kirche des späten Mittelalters gelehrte Vorstellung vom „Schatz der Kirche" war, in dem die Verdienste Christi und der Heiligen gesammelt sind und aus dem die Kirche austeile, um sie als gute Werke den Sündern anzurechnen, so liegt hier die reformatorische Kritik in der Anrufung anderer Mittler als Jesus Christus.[19] Luther hatte in den Ablassthesen so formuliert: „Der wahre Schatz der Kirche ist das heilige Evangelium der Herrlichkeit und der Gnade Gottes."[20] Die Kritik der Reformatoren richtet sich daher gegen die Vorstellung von den Verdiensten der Heiligen und Mariens und spricht sich klar für die alleinige Mittlerschaft Jesu Christi aus. So hält es die Confessio Augustana fest: „Denn es ist allein ein einziger Versöhner und Mittler gesetzt zwischen Gott und Menschen, Jesus Christus."[21] Die Schlussfolgerungen, die aus dieser grundlegenden Lehre zu ziehen sind, sind weitreichend. Sie lassen sich zugleich als Kernpunkte reformatorischer Theologie zusammenfassen: Allein in Christus ist das ganze Heil beschlossen. „Gottes Gerechtigkeit besteht darin, dem Menschen die Gerechtigkeit Christi zuzurechnen und den Menschen nur im Horizont des Christusgeschehens anzusehen. Zurechnung der Gerechtigkeit Christi heißt Vergebung der Sünden."[22] Daraus folgt mit innerer Konsequenz: Die Menschen müssen Jesus Christus glauben. Wenn Gottes Handeln allein in Christus und allein aus Gnade erfolgt, so entspricht dem auf Seiten der Menschen allein der Glaube. Der Glaube macht alles Werk des Menschen überflüssig. So entsprechen Rechtfertigung und Glauben einander. Diesen Glauben erlangt man allein durch Hören auf Christus.[23] Rechtfertigung geschieht also allein im Wort. „Wenn der Mensch das Wort hört, dann entsteht Glaube im Menschen."[24] Das Wort Gottes glaubten die Reformatoren übereinstimmend allein in der Bibel zu finden. Ist die Heilige Schrift als Wort Gottes zu denken? Wenn auch heute klar ist, dass die Heilige Schrift in der Überlieferung der Kirche steht, so liegt der Konflikt zwischen Schrift und Tradition doch im kritischen Gegenüber von Schrift und Kirche.

Lässt sich reformatorische Theologie in heutiger Auslegung so zusammenfassen, wie es sich aus dem Grundlagentext der EKD ergibt, dann weisen Christus, Rechtfertigung, Wort, Schrift und Glaube je wechselweise aufeinander und bedingen einander. Ist dieser Zusammenhang richtig dargestellt, dann läuft er nach dem Selbstverständnis heutiger reformatorischer Theologie auf die Schlussfolgerung hinaus: Die Reformation führt auf eine völlige Neuordnung des kirchlichen Wesens hinaus, die so beschrieben wird: „Jeder Christ steht als Priester unmittelbar vor Gott. Kein weiterer Mittler zu Gott ist nötig. Jeder Christ kann selbständig über die rechte Lehre urteilen. Jeder Christ kann Sünden vergeben und das Evangelium verkündigen. ... Und jeder Christ kann im Prinzip die Sakramente verwalten, d. h. die Taufe spenden und das Abendmahl austeilen.“[25] Läuft reformatorische Theologie zwangsläufig auf eine solche Neuordnung der Kirche hinaus? Dann ist die von den Reformatoren intendierte Reform der Kirche letztlich eine Um- und Neugestaltung der Kirche. Auf den Punkt gebracht heißt das: Die aus der Kritik an Buße und Ablass hervorgegangene reformatorische Theologie der Rechtfertigung begründet ein neues Verständnis von Glaube, Sakramenten, Amt und Kirche. Muss man die Alternative deshalb so verstehen: Erneuerung der einen Kirche Jesu Christi oder Neuordnung der Kirche und ihre Neuausrichtung? Schließt das evangelische Verständnis der Rechtfertigung den ökumenischen Konsens mit ein oder liegt in dessen Zuspitzung auf das „allein“ ein Merkmal der Aus-und Abgrenzung?[26] Zeigt sich im Umgang mit der Thematik der Gerechtigkeit ein Unterscheidungsmerkmal christlicher Theologien?[27] Welchen Stellenwert besitzt diese Unterscheidung?

Man kann die Kernpunkte dieser so rekonstruierten reformatorischen Theologie aber auch noch anders lesen. Danach begründet das „allein aus Gnade im Glauben an Jesus Christus“ keinen Ausschluss, keine Exklusivität mit Ausgrenzung der Inklusivität, sondern einen „organischen Zusammenhang“[28]. So stellt es jetzt das lutherisch-katholische Dokument „Vom Konflikt zur Gemeinschaft“ dar. Das „Allein in Christus“ ist nicht als das Einzige zu interpretieren, sondern als „Zusammen in Christus“, und zwar in einer bestimmten Ordnung.[29] Die lässt sich folgendermaßen beschreiben: Der rechtfertigenden Gnade eignet keine Qualität ohne Bezug zu Gott und sie ist auch kein Besitz des Menschen, auf den er sich berufen könnte, sondern sie begründet ein personales Verhältnis zu Gott, das in seiner Gnädigkeit und Barmherzigkeit gründet. Der Glaube ist in der Liebe tätig, aber der Glaube ist der Täter der Liebe.[30] Werke des Menschen sind nicht ausgeschlossen, sie folgen der Gnade im Glauben an Jesus Christus und treten nicht an dessen Stelle. Dieser Glaube verdichtet sich im sakramentalen Leben der Kirche, das sich im Miteinander aller Getauften und an Christus Glaubenden und dem ordinationsgebundenen Amt im Dienst am Wort Gottes vollzieht. Deshalb gilt: Rechtfertigung und Kirche gehören zusammen, sie schließen sich nicht aus. Gottes Gnade und Barmherzigkeit werden in Verkündigung und sakramentalem Handeln empfangen und weitergegeben. Auch hier schließt Rechtfertigung sakramentales Leben nicht aus. Diesen in Gottes Barmherzigkeit und Gnade begründeten Sachzusammenhang von Rechtfertigung und Heiligung angemessen zu verstehen und auszulegen, ist die große Herausforderung der ökumenischen Theologie unserer Zeit. An dieser Stelle entscheidet sich das Schicksal der Gnaden- und Rechtfertigungstheologie.

Der rätselhafte Riss, der seit Jahrhunderten durch die abendländische Theologie ging, hat seine Wurzel in einem unterschiedlichen Verständnis von Rechtfertigung, Sakramenten, Amt und Kirche. Der Streit um das Verständnis der Kirche seit der Reformationszeit hat offenkundig gemacht, dass die westliche, lateinisch geprägte Theologie in ihrem Ringen um eine gemeinsame Grundgestalt von ganz unterschiedlichen Konflikten um Begriffe, Konzepte und Denkformen um Gerechtigkeit und Barmherzigkeit beherrscht wurde. Eine Geschichte dieser theologischen Entwicklungen kann aufzeigen, dass der Schwerpunkt der abendländischen Theologie immer um die Frage nach der Rechtfertigung kreiste. Das ist ein Erbe der Theologie des Paulus.[31] Die Rezeption des Paulus erfolgte durch Augustinus und die vielfältigen theologischen Vermittlungen im Mittelalter, hier vor allem durch Bernhard von Clairvaux. Das wissen wir spätestens durch Luthers Bekenntnis zu Augustinus. Freilich gibt uns Melanchthon hierfür eine eigensinnige Erklärung.[32] Sie ist weit komplexer, als das zunächst erscheinen mag und als es über lange Jahre verstanden wurde. Luther hat nicht einfachhin den Paulus neu entdeckt. Von den beiden Reformatoren geht der Blick zurück zu Bernhard von Clairvaux, von Bernhard zu Paulus, von Paulus zu Augustinus, lautet die theologische Genealogie, die uns Melanchthon überliefert. Was zeigt sie uns? Zunächst nicht mehr als verschiedene Traditionen der Bibelinterpretation: Gerechtigkeit, Rechtfertigung, Gnade und Barmherzigkeit, Gesetz wechseln in verschiedenen Formeln und Zusammenhängen einander ab. Mit immer neuen Formeln und Formulierungen kreist die Theologie seit Jahrhunderten um eine Grundgestalt der Gerechtigkeit Gottes. Der Umgang mit dem Thema der Gerechtigkeit lässt sich als Unterscheidungsmerkmal christlicher Theologie und Anthropologie lesen.[33] Gibt es in der Interpretation und der Rezeption dieser Grundvorstellung der Gerechtigkeit einen konfessionellen Dissens, der auch heute noch unüberbrückbar erscheint?

Im immer neuen Ringen um diese Grundgestalt abendländischer Theologie haben sich unterschiedliche Denkformen oder Unterscheidungslehren entwickelt. Von ihnen ist über einen langen Zeitraum behauptet worden, dass sie sich gegenseitig ausschließen. Hier soll nun der Versuch gewagt werden zu zeigen, dass sie sich auch gegenseitig einzuschließen vermögen. So tritt eine komplexe gemeinsame Gestalt mit ganz unterschiedlichen Schwerpunktsetzungen hervor. In den jeweiligen Vereinseitigungen konfessioneller Art werden die Akzente verabsolutiert, die sich dann nur noch gegenseitig auszuschließen vermögen. Die Darstellung dieser verwickelten Geschichte legt nahe, dass der Faden der theologischen Entwicklung nie wirklich gerissen ist und dass sich durch die Jahrhunderte hindurch immer wieder neu diese eine Grundgestalt der abendländischen Theologie in Rezeption, Widerspruch und Neuaneignung durchzusetzen vermochte. Die Reformation des 16. Jahrhunderts bildet hierin keine Ausnahme.

1. Annäherungen an Martin Luther und die Reformation

1.1. Spaltung oder Neuaufbruch?

Der 31. Oktober 1517 ist ein Datum mit hoher Bedeutung. Es symbolisiert ganz unterschiedliche Ereignisse: den Beginn des Ablassstreites, die Veröffentlichung der 95 Thesen, den Beginn der Auseinandersetzungen Luthers mit seinen Gegnern, den Konflikt mit dem Papst, den Beginn der Reformation, des reformatorischen Zeitalters gar, den Beginn der Neuzeit und der Aufklärung, die protestantische Neubestimmung des historisch überlieferten Christentums, die Spaltung des abendländischen Christentums. Spätestens mit dem letzten Stichwort wird die Aneinanderreihung von Jubiläum, Jubiläumsfeier und Trennung der Christenheit für Katholiken zu einer problematischen Größe. Dies zeigt, auch in der Perspektive katholischer Theologie, Wolfhart Pannenbergs Aussage von 1979 klar an: „Die Spaltung der Kirche im 16. Jahrhundert kann ja nicht als Erfolg der Reformation, sondern kann nur als Ausdruck ihres vorläufigen Scheiterns verstanden werden; zielte die Reformation doch auf eine Erneuerung der ganzen Kirche aus ihrem biblischen Ursprung."[34] Natürlich enthält auch diese Aussage eine Reihe von Annahmen, die der kritischen Bewertung unterliegen. Dazu soll folgendes Kalkül dienen.

Die historische Sachaussage bildet die Voraussetzung des Ganzen: die Spaltung der abendländischen Kirche. Sie ist ein Faktum, das man bedauern oder auch billigend in Kauf nehmen kann. Wenn man dieses Faktum bedauert, richtet sich der Blick auf die Voraussetzungen und Ursachen, wenn man es billigt, dann treten die Verursacher und ihr Anliegen in den Vordergrund. Dabei richtet sich der Blick auf die Intention dessen, was Reformation genannt wird: Was intendierte das historisch komplexe Gebilde, das wir „Reformation" nennen? Die Erneuerung der abendländischen Kirche? Wenn das der Fall ist, dann wäre die Frage zu stellen, wer diese Erneuerung betrieben hat, wer hat sich ihr in den Weg gestellt? Worauf beriefen sich die Erneuerer, auf die Bibel? Hatten demzufolge die Gegner der Erneuerung die Bibel gegen sich oder beriefen sie sich ähnlich auf die Bibel? Dann stünde hier Bibel gegen Bibel; der Konflikt erhebt sich also über der verbindlichen Auslegung der Schrift. Folglich wäre die Spaltung das Ergebnis eines theologischen Streites. Oder: Ist nicht die Erneuerung das Ziel, sondern die Spaltung, dann wäre diese nicht so etwas wie ein Kollateralschaden, sondern die eigentliche Zielsetzung. In der klassischen Nomenklatur hätte man es dann mit einem Schisma zu tun, hervorgerufen durch Häretiker und von diesen vertretenen Häresien. Dann wäre die Reformation der Gegenentwurf zur ganzen Kirche. Die Existenz konfessionell unterschiedener Kirchen wäre das Ergebnis einer gezielten Kirchenspaltung. Man sieht: ein Bündel von Fragen stellt sich ein, auf die zu antworten, sorgfältig erwogen werden muss. Pannenbergs Aussage scheint demzufolge festzuhalten: Intention der Reformation ist die Erneuerung der Kirche, nicht deren Spaltung. Da die Erneuerung der ganzen Kirche nicht gelang, ist das Scheitern unausweichlich Folge geworden. Darin steckt aber noch eine weitere Annahme: die Einheit der Kirche festzuhalten, gehört zur Intention der reformatorischen Erneuerung. Wer diese Intention teilt, wollte keine Spaltung und will auch heute die Folgen der Spaltung überwinden.

Um die weiteren Überlegungen voranzutreiben, will ich hier pointiert die These vertreten, dass es evangelischen und katholischen Christen im Blick auf 2017 darum gehen sollte, gemeinsam die ökumenische Rückfrage an das mit dem Jahr 1517 anhebende, schließlich zur Reformation sich ausweitende Ereignis und seiner bedeutendsten Person zu stellen.[35] Wenn evangelische und katholische Christen sich hierauf einigen könnten, teilen sie bereits einige Grundannahmen, die sie gemeinsam so ausdrücken können: (1.) Wir bedauern die mit der Reformation einhergehende Spaltung der abendländischen Kirche und arbeiten gemeinsam an deren Überwindung. (2.) Wir wollen gemeinsam der Einheit der Kirche sichtbaren Ausdruck verleihen. (3.) Die Reformations- und Lutherdekade stellt ökumenisch eine geistliche und theologische Herausforderung dar, sich dem Anliegen Luthers und der

Reformation im gemeinsamen Gedenken und im Blick auf die Einheit der Kirche zu nähern. Insgesamt heißt dieses Programm für Katholiken: Sie wenden sich Luther nicht aus einem historischen oder konfessionellem Interesse zu, sondern aus dieser ökumenischen Perspektive.

1.2. Der Streit um den Begriff der Reformation

Das Interesse an Luther und der Reformation erwachte in der katholischen Bevölkerung in der zweiten Hälfte des 19. Jahrhunderts. Katholische Theologen verfolgten Anstrengungen, sich von einer einseitigen, antirömischen protestantischen Historiographie zu befreien. Einen wesentlichen Anteil an dieser Annäherung nahm die katholische Lutherforschung im Ausgang des 19. Jahrhunderts. Überblickt man die katholische Lutherforschung im 20. Jahrhundert, stellt man fest, dass sie von Namen geprägt ist, die alle ein eigenes Programm darstellen. Auch wenn ihre Werke einen entscheidenden, teilweise internationalen Einfluss weit über den deutschen Sprachbereich hinaus ausgeübt und das katholische Lutherbild nachhaltig geprägt haben[36], darf nicht vergessen werden, dass diesen Werken am Anfang des 20. Jahrhunderts die Gründung der „Reformationsgeschichtlichen Studien und Texte" durch den Bonner Privatdozenten Joseph Greving vorausgegangen war. Die Initiative hierzu verdankte sich selbst einem innerkatholischen Streit um das Reformationszeitalter. Mit Enthusiasmus hatte sich Greving dem Reformationsbegriff zu- und – im Widerspruch zur etablierten katholischen Kollegenschaft – dem Begriff der „Glaubensspaltung" abgewandt. Der einflussreiche Papsthistoriker Ludwig Pastor sah es als einen gravierenden Fehler an, bezüglich des Titels Reformation auf einem falschen Standpunkt zu beharren. Greving seinerseits machte für seine Auffassung geltend, dass der Begriff „Kirchenspaltung oder Kirchentrennung" voraussetze, „daß an Stelle des früheren Einen mehrere koordinierte Teile getreten sind, während doch nach unserer Auffassung nur die eine Kirche Christi existiert"[37]. Ohne diese Aussage hypostasieren zu wollen, so wird man doch bemerken können, dass sie im Keim den ökumenischen Grundgedanken mit enthält. Greving hatte sich in dieser Spur der katholischen Kontroverstheologie verschrieben und als ihr maßgeblicher Anreger gewirkt. Im Kampf um das Lutherbild, der durch die Werke Heinrich Denifles und Hartmann Grisars hervorgerufen wurde, gab Greving sein Bedauern über die schärfer gewordenen konfessionellen Gegensätze kund, dass „auch in unserem Lager eine Strömung gegen alle interkonfessionellen Bestrebungen zutage getreten ist“[38]. Katholische reformationsgeschichtliche Forschung und ihre Ausrichtung und Gestalt waren also von Anfang an im Streit über die kontroverstheologische oder – heute würde man sagen – ökumenische Grundhaltung, denn bei noch so großer konfessioneller Zurückhaltung im Urteil über Luther und seine Zeit impliziert sie immer auch ein Urteil über diejenigen Kirchen oder Gemeinschaften, die aus der Reformation hervorgegangen sind. Man kann das eine nicht tun, ohne Stellung zum anderen zu beziehen. Greving hat hier schon früh von seiner ökumenischen Überzeugung gesprochen: „Mein Ideal ist es, mitzuarbeiten an der Verwirklichung des göttlichen Willens Ut omnes sint unum ...“[39]. In der Erforschung der Reformationsgeschichte sah Greving den Weg, die getrennten Christen wieder zu verbinden. So beginnt die katholische reformationsgeschichtliche Forschung – ein wenig pathetisch gesagt – im ökumenischen Geist.[40]

Der sich in dieser Anfangszeit zugetragene Streit über die Grundausrichtung der reformationsgeschichtlichen Forschung in der katholischen Theologie sollte sich in späterer Zeit nochmals unter veränderten Bedingungen wiederholen. Auch hier ging es letztlich um die ökumenische Frage. Joseph Lortz, der die Türen für die heutige katholische Lutherforschung geöffnet hatte, prägte das katholische Lutherbild maßgeblich. Die Ausarbeitung der These vom katholischen Luther machte aus der „Reformation in Deutschland“[41] ein „katholisches Buch“.[42] Die Annahmen, die dieser These zugrunde liegen, hatten weitreichende Konsequenzen: der Ockhamismus als Negativfolie der heraufziehenden Reformation, die Deformation des Katholischen, ja der Verrat am Katholischen, der den Widerspruch Luthers geradezu zwingend macht, die Schuld der katholischen

Kirche an den spätmittelalterlichen religiösen Zuständen mit eingeschlossen; aber auch der religiöse Subjektivismus Luthers, eine Folge der These vom religiösen Subjekt Luther. Diese Konzentration auf Luther zog aber eine andere Folgerung nach sich: so sehr Luther als ernsthafter religiöser Mensch, als gewissenhafter Beter in den Vordergrund rückt, um so mehr tritt auf der anderen Seite der Revolutionär hervor, der die Einheit der Kirche aufs Spiel gesetzt hat, und zwar als dieses religiöse Subjekt. Wer dieses Subjekt relativiert, macht aus Luther einen Melanchthon. Hier ist sie, die berühmt-berüchtigte These von der „ökumenisch lebensgefährlichen Melanchthonisierung Luthers“, mit der Peter Manns 1977 an die Öffentlichkeit trat.[43] Die „Ökumene auf Kosten Martin Luthers“[44] stelle den Lortzschen Grundansatz in Frage. Hier begann der Streit um die Grundausrichtung der jüngeren katholischen Lutherforschung, in den die katholischen Theologen Vinzenz Pfnür und Otto Hermann Pesch gerieten. Melanchthonisierung Luthers hieß für Peter Manns „Einbruch des Bagatellisierens und Relativierens in das lutherische Christentum“[45]. Dies führt für Peter Manns zu der ernüchternden, vom Lortzschen Ansatz her Widerspruch anzumeldenden falschen Auffassung, dass die ökumenischen Bemühungen unserer Tage, die von jüngeren katholischen Lutherforschern unterstützt würden, auf die einheitsstiftende Kraft des lutherischen Bekenntnisses setzten, welche die reformatorischen Grundanliegen und das geistliche Erbe Luthers verdunkeln würden. Hier brach der Konflikt im Widerspruch zur religiösen Persönlichkeit Luthers einerseits und dem Anliegen der „una sancta ecclesia perpetuo mansura“[46] andererseits auf. Stört der eigenwillige Reformator Luther die Einheit der Kirche wirklich? Die jüngere katholische Lutherforschung hat sich mit guten Gründen für eine ökumenische Rezeption ausgesprochen.

1.3. Katholische Anerkennung der Augsburger Konfession?

Es ist der jüngeren katholischen Lutherforschung gelungen, den engen Rahmen einer psychologischen Deutung Luthers zu überwinden. Otto Hermann Pesch hat in seiner Auseinandersetzung mit Peter Manns auf die Eigentümlichkeit des biografisch-psychologischen Ansatzes der Lortzschule für die Deutung der Reformationsgeschichte aufmerksam gemacht und für eine das ökumenische Gespräch förderliche, mit Rückgriff auf Albert Brandenburgs Studie, theologisch-systematische Herangehensweise plädiert.[47] Die Frage nach der theologischen Bedeutung der Kirchengeschichtsforschung zu stellen, führt nach Pesch in eine Fragestellung hinein, die nach der jeweiligen theologischen Eigenart forscht, die Aufschluss gibt über die Denkart oder Denkform, welcher der jeweilige theologische Ansatz sich verpflichtet weiß oder in der er sich bewegt. So gelingt es Pesch auf dem Weg einer systematisch arbeitenden Kontroverstheologie schließlich, in der unvermittelten Konfrontation der Denkformen ihre zunächst unentdeckt gebliebene Komplementarität aufzudecken. Dies führt für die Lutherforschung zu dem Ergebnis, sich unvoreingenommen den typologisch aufschlussreichen Eigentümlichkeiten der Theologie Luthers anzunähern. Die zunächst angewandte kirchenhistorische Außenperspektive, die mit dem Vergleich von unkatholischem Ockhamismus und katholischem Lutherbild arbeitet, wandelt sich zu einer theologisch-hermeneutischen Binnenperspektive, die nicht Epochen miteinander vergleicht, sondern unterschiedliche konfessionelle Denkformen miteinander ins Gespräch bringt. Man kommt dem Gegenstand der Fragestellung näher, wenn man zunächst dessen eigene innere theologische Logik zu entschlüsseln sucht. Dabei muss man sich der Eigenart direkt annähern, um von hier aus den Weg der Verständigung zu suchen. Die Komplementarität der Denkformen ist dann endlich das Ergebnis, das auch ökumenisch fruchtbar werden kann.

Die typologisch-hermeneutische Methodik der systematisch arbeitenden Luther- und reformationsgeschichtlichen Forschung hat noch eine weitere Konsequenz. Vinzenz Pfnür erweiterte nämlich diesen Horizont um die Frage nach der Bedeutung der Rechtfertigungslehre der Confessio Augustana, und zwar ausdrücklich „im Zusammenhang der Frage nach dem eigentlich Reformatorischen“[48]. Gegenüber dem Vorwurf, das reformatorische Anliegen nicht uneingeschränkt und unvoreingenommen zum Ausdruck zu bringen – ein Vorwurf, den auch Peter Manns erhoben hatte – sollte nun die CA auf dem Hintergrund der evangelisch-lutherischen Bekenntnisbildung gewertet werden, um von hier aus einen Maßstab zur Beurteilung der CA und ihrer Rechtfertigungslehre zu gewinnen. So wird das Reformanliegen Luthers in der historisch umfassenderen lutherischen Bekenntnisbildung verortet. Zudem kommt die methodisch bedeutsame Frage hinzu, wie die jeweils bekämpfte gegnerische theologische Position aufgefasst und bewertet wird. Die exakte Erfassung der abgelehnten Gegenposition ist eine der schwierigsten Aufgaben der reformationsgeschichtlichen Forschung. Das Ergebnis dieses neuartigen hermeneutischen Verfahrens hat weitreichende Ergebnisse zur Folge: neben den abgelehnten Positionen kommen jetzt auch schärfer die berechtigten Anliegen zur Geltung, die jeder Position innewohnen und die zu würdigen sind. Dabei kommt auf beiden Seiten der jeweilige begrenzte Blickwinkel auf die Sachfragen hinzu, der berücksichtigt werden muss. So wird die alleinige Fixierung auf die gegnerische Position als ausschließlicher Interpretationsschlüssel überwunden, und es öffnet sich der Horizont auf unterschiedlich methodisch-hermeneutisch-sachlich argumentierende Denkformen, die sich zunächst auszuschließen scheinen, bei genauerer Sacheinsicht aber eine komplementäre Sichtweise erschließen. Die Frontstellungen weichen einer methodisch-hermeneutisch vorgehenden Klärung der jeweiligen Sachfragen. Hier sind wir bereits bei der Fragestellung des Ökumenischen Arbeitskreises angelangt.

Die aus dieser differenzierten methodischen Sichtweise zu ziehenden Folgerungen werden erstmals im Studienprojekt der gemeinsamen Untersuchung lutherischer und katholischer Theologen zur CA von 1980 sichtbar.[49] Wenn das Ergebnis festgehalten werden kann, dass die CA nicht nur die Intention hatte, den katholischen Glauben zu bezeugen, sondern auch Ausdruck des katholischen Glaubens ist, dann drängt das zur Frage, ob dieses Lehrdokument nicht auch von katholischer Seite in dieser Absicht und Gestalt anerkannt werden kann. Damit soll ein Konsens herbeigeführt werden, der Basis für weitere ökumenische Annäherung bietet.

1.4. Der Streit um Martin Luther und die Reformation

Die im 20. Jahrhundert im Raum der reformatorischen Kirchen erfolgte Neuerschließung Martin Luthers bot auch der katholischen Theologie die Möglichkeit, Luther neu zu beurteilen. Der innerkatholische Streit über den Zugang zu Luther und der Reformation war von Anfang an ein Streit über die ökumenische Grundausrichtung dieses Bemühens. Die intensive Beschäftigung mit Person und Werk Martin Luthers erlaubte, ihn als Zeugen des Evangeliums, Lehrer im Glauben und Rufer zur geistlichen Erneuerung zu würdigen.[50] Im Blick auf das Jahr 2017 besteht heute für die katholische Theologie die Chance zu einer gemeinsamen ökumenischen Besinnung auf Voraussetzungen, Verlauf und Wirkungen der Reformation, in deren Mittelpunkt Martin Luther stand, aber nicht nur er allein.

(1.) „Luthers Ruf nach Reform der Kirche war in seiner ursprünglichen Absicht ein Aufruf zu Buße und Erneuerung, die im Leben eines jeden einzelnen zu beginnen haben."[51] Dass das Leben eines jeden Christen mit der täglichen Buße zu tun habe, war Inhalt von Luthers erster Ablassthese. Luther brachte damit die pastorale Herausforderung des ganzen christlichen Lebens neu zur Geltung. Nach dem Evangelium zu streben, sich auf Jesus Christus auszurichten, seinem Willen nachzustreben, ist eine christliche Grundforderung, die Jesus selbst den Seinen aufgetragen hat. In dieser Grundausrichtung auf Buße und Erneuerung ist Luthers geistliches und theologisches Reformanliegen bereits von Anfang an erkennbar. Es findet schließlich seinen Ausdruck in Luthers Lehre von der Rechtfertigung. Gemeinsames Gedenken führt katholische und evangelische Christen heute zum gemeinsamen Bekenntnis zu Jesus Christus im Geheimnis des dreieinigen Gottes.

(2.) Eine „Reform an Haupt und Gliedern" schließt die „Reinigung des Gedächtnisses" ein, mit der Ereignisse der Vergangenheit, die unser gegenwärtiges Handeln beeinflussen und bestimmen, erinnert und neu angeeignet werden müssen. Dabei steht im Vordergrund, dass Luthers Anliegen zur Erneuerung in Buße und Umkehr bei den kirchlichen und theologischen

Instanzen in Deutschland und in Rom kein angemessenes Gehör gefunden haben. „Nicht Luthers Verständnis des Evangeliums und sein geistliches Anliegen der Reform als solche haben zur Trennung geführt, sondern die kirchlichen und politischen Auswirkungen seines Grundanliegens im Bereich des Verständnisses von Kirche, Amt und Lehramt."[52] War die Erneuerung der ganzen Kirche aus ihrem biblischen Ursprung das Kernanliegen der Reformation, so kommt es heute darauf an, dieses Anliegen im Zusammenhang einer geduldigen theologischen Aufarbeitung der entstandenen dogmatischen Gegensätze und Spaltungen auf dem Weg zur Wiedergewinnung der kirchlichen Gemeinschaft gemeinsam zu würdigen. Das schließt auch die Frage ein, ob die Luther selbst betreffenden kirchlichen Entscheidungen einer Revision bzw. eines gedenkenden Schuldeingeständnisses bedürfen. Reformationsgedenken heute heißt, sich die Schuld gegenseitig einzugestehen und in der Erinnerung an die Ereignisse vor 500 Jahren zu bekennen.[53]

(3.) Zum Verstehen der Reformation ist die Aufzählung der Verfallserscheinungen am Ende des späten Mittelalters allein nicht hinreichend. Zweifelsohne war die Kirche reformbedürftig. Sie war allerdings auch reformfähig. Luthers Reformanliegen lassen sich in diese Gesamtlage der damaligen Kirche einreihen. Luther knüpfte an die Reformbedürftigkeit der Kirche an und hielt dabei die Reformwürdigkeit und die prinzipielle Reformfähigkeit der Kirche fest. Somit können die vielfältigen spätmittelalterlichen und frühneuzeitlichen Reformbemühungen innerhalb der Kirche mit in die Beurteilung der Reformation einbezogen werden. Reformationsgedenken heute heißt deshalb auch, das Geschehen der Reformation nicht allein als ein gegen die katholische Kirche gerichtetes Anliegen zu verstehen.

(4.) Luthers Reformansatz bezieht sich auf eine Erneuerung der ganzen Theologie aus dem Geist der Heiligen Schrift. Diesen Ansatz teilte Luther mit den Humanisten, wie etwa Erasmus. Mehr noch muss aber heute erkannt werden, welchen Einfluss hier die monastische Theologie eingebracht hat. Luthers Reformanliegen wissen sich dem religiösen Ringen um ein zur damaligen Zeit angemessenes Gottesverständnis geschuldet. Sie gehen aus einem erneuerten Verständnis des Evangeliums als Botschaft von Gottes Barmherzigkeit hervor. Hier ist es vor allem Bernhard von Clairvaux, der Luther mehr als alle anderen inspirierte. Staupitz hat „die doctrinam angefangen", so brachte Luther seine Übereinstimmung mit der monastischen Grundhaltung in augustinischer Tradition zum Ausdruck.[54] Die Kirche steht ganz unter dem Wort Gottes und lebt aus diesem, ist eine gemeinsame Einsicht.

(5.) Luther hatte beständig an ein zukünftiges Konzil appelliert und den Aufruf hierzu immer wieder erneuert. Als das Konzil von Trient schließlich einberufen wurde, war es für eine Heilung der aufgebrochenen Streitfragen innerhalb der einen kirchlichen Communio zu spät. Trient ist weitgehend ein Kompromiss geblieben. Die Entscheidungen des Konzils bildeten aber die Grundlage für die Formung einer katholischen Identität im Zeitalter des Konfessionalismus. Katholisches Leben wurde von seinem Zentrum her normiert, weil die innerkirchlichen Reformbemühungen durch die anti-evangelische Ausrichtung bestimmt waren. Dies zeigte sich wirkungsgeschichtlich derart, dass nicht die positive Lehrbestimmung das theologische Denken und das kirchliche Handeln bestimmten, sondern die die falsche Lehre verurteilenden Kanones der Trienter Dekrete. Sie beherrschten Handeln und Denken dermaßen, dass diese geradezu durch den antithetischen Gegensatz geprägt wurden. Somit zeigte sich die katholische Kirche weitgehend durch die Reformation bestimmt, wenn auch in abgrenzender Absicht. Es ist erst dem Zweiten Vatikanischen Konzil gelungen (1962–1965), die von Trient ausgehenden Reformbemühungen und Anliegen von ihrer konfessionalistischen Prägung zu befreien und sich den von Luther vorgebrachten theologischen Reformbemühungen positiv zu öffnen. Auf die vom Konzil von Trient aufgeworfenen Fragen suchte das Zweite Vatikanische Konzil im Rückgriff auf das ganze apostolische Erbe der Kirche und „im Lichte des von der ökumenischen Bewegung ermöglichten neuen Bewusstseins des gemeinsamen Glaubens"[55] eine ausgewogenere Antwort zu geben. Reformationsgedenken schließt heute die Erkenntnis ein, dass die Verkündigung des Evangeliums frei sein muss von jeder konfessionellen Polemik und Auseinandersetzung.

(6.) Die Reformation zielte auf eine Erneuerung der ganzen Kirche aus dem Ursprung der Bibel. Die Spaltung der abendländischen Kirche im 16. Jahrhundert kann daher nicht als Erfolg der von Wittenberg ausgehenden Reformation verstanden werden, zumal die Augsburger Konfession ausdrücklich erklärte, den Glauben der einen, heiligen, katholischen und apostolischen Kirche zu bezeugen und an der Einheit der Kirche festzuhalten. Es geht diesem Bekenntnis gemäß nicht um die Gründung einer neuen Kirche, sondern um die Erneuerung des christlichen Glaubens im Einklang mit der Alten Kirche und in Übereinstimmung mit der Heiligen Schrift in der Einheit der Kirche.[56] Heute kann gemeinsam festgehalten werden, dass die im Augsburger Bekenntnis genannten Missstände in der damaligen Kirche die damals ausgesprochene harte Kritik aufgrund der im Leben und Urteil unserer Kirchen erfolgten Wandlungen weithin gegenstandslos geworden sind.[57] Reformationsgedenken schließt die Einsicht von der Katholizität der Augsburger Konfession ein. Die CA wollte nicht die Spaltung der Kirche, sondern ihre Einheit bewahren.

(7.) Die Reform der Kirche ist immer ein legitimes Anliegen der Kirche gewesen und hat sich bis in unsere Zeit hinein fortgesetzt. Das Wesen der Reform beschreibt das Zweite Vatikanum, das diesem Anliegen neuen Raum gewährt, mit der Bedürftigkeit der Reinigung, der Buße und der Erneuerung.[58] Es hat dem aus der späteren reformatorischen Bewegung hervorgegangenen Bekenntnis zum Grundsatz „Ecclesia semper reformanda" einen neuen Sinn beigefügt, insofern erkannt wurde, dass dieser einer alten katholischen Tradition entstammt. Reformatio als Wiederherstellung nach dem Urbild und renovatio als Erneuerung des Lebens der Kirche aus dem Geist des Evangeliums prägen die Haltungen des Konzils als Treue gegenüber der eigenen Berufung und als Dynamik des geschichtlichen Weges der Kirche aus.[59] „Reform muss beinhalten, an der Wahrheit des Evangeliums festzuhalten und sie immer authentischer zu verkündigen; das führte im 16. Jahrhundert zum Zerbrechen der historischen Bande der kirchlichen Gemeinschaft. Aber heute sollte eine solche Reform mit der Erinnerung Hand in Hand gehen, dass die Gemeinschaft der Christen untereinander wesentlich für ihr Zeugnis unter den Völkern ist."[60]

(8) Ist das Anliegen der Reform von jeher mit der katholischen Tradition verbunden, so muss umgekehrt die Frage erlaubt sein, ob die von Luther intendierten Reformbemühungen in Theologie und Kirche prinzipiell zur Spaltung der Kirche und damit zur Preisgabe seiner Katholizität führen mussten. Es kann hier nicht das Anliegen sein, Luthers Leben und Werk katholischerseits vollständig zu rehabilitieren, sondern hier kann lediglich die Frage erwogen werden, ob die einstmals ausgesprochenen und immer wiederholten Verurteilungen und Verdammungen von Person und Werk Martin Luthers auf Dauer aufrecht erhalten werden müssen. Sowohl die klassische katholische Lutherforschung wie schon eine in den 80er-Jahren des 20. Jahrhunderts vorgenommene historisch-theologische Prüfung haben zu dem Urteil geführt, dass die damals ausgesprochenen Verurteilungen von Person und Werk Luthers wie der Lehre der Bekenntnisschriften nicht immer sachgerecht erfolgten und teilweise auf Missverständnissen, Irrtümern, falschen Akzentsetzungen beruhten, so erlaubt das heutige Urteil, dass der Streit des 16. Jahrhunderts beendet ist und die Gründe für die wechselseitigen Verurteilungen entfallen sind.[61] Daraus erwächst die Erkenntnis, dass Martin Luther bleibend in der allerdings sehr vielfältige Traditionen wie theologische Schulmeinungen und unterschiedliche Lehrentwicklungen umfassenden katholischen Tradition verwurzelt war und ist, aus der er seine Reformanliegen bezog und in der er sie zur Geltung bringen wollte. Die eine Tradition der Kirche verwirklicht sich freilich immer zugleich in und aus den einzelnen theologischen und liturgischen Traditionen. Insoweit schließen sich Luthers Katholizität und seine Reformanliegen nicht aus, sondern ein. Das wiederum hat zur Folge, dass die so wiedergewonnene Einsicht in die Katholizität Luthers eine echte Herausforderung für die Katholizität der ganzen Kirche darstellt. Wenn die Katholizität Luthers nicht zu leugnen ist, so bleibt sie für die Katholizität der Kirche eine ständige und bleibende Herausforderung. Dass Luther mit seinen Reformforderungen eigene Wege gegangen ist und schließlich eine lutherische Konfessionskirche entstan-

den ist, ist wirkungsgeschichtlich nicht zu leugnen, stellt aber eine erstrangige ökumenische Herausforderung dar. Möglicherweise ließe sich diese Erkenntnis zu der These erweitern, dass, wer heute katholisch sein will, ökumenisch sein muss!

2. Kontroversen um Ablass, Buße und Gnade. Historisch-theologische Annäherungen an die Reformation[62]

2.1. Zum Begriff der Reformation

Die Reformation ereignete sich an der Schwelle vom Mittelalter zur Neuzeit.[63] Sie war das Ergebnis eines langfristigen historischen Prozesses, der die gesamte spätmittelalterliche Welt erfasst hatte. Dabei handelte es sich um ein alle Lebensbereiche umfassendes Krisengeschehen. Dem Verfall in Sitte und Moral in weiten Kreisen der spätmittelalterlichen Gesellschaft stand die Ausbreitung tiefgreifender Frömmigkeitsformen gegenüber. Dem Aufschwung religiöser Massenphänomene begegnete eine zunehmende, durch Bildung und Wissenschaft vermittelte Verweltlichung, vor allem in den deutschen Städten. Die Reformation ist daher weder allein die Antwort auf religiöse und politische Verfallserscheinungen im späten Mittelalter noch ein zufälliges Ereignis, von autoritätskritischen und innerkirchlichen Reformkräften mutwillig vom Zaun gebrochen.

Die Reformation in Deutschland ist von der Person und dem theologischen Werk Martin Luthers geprägt. Unter Reformation versteht man eine durch Luther bestimmte Epoche der deutschen und darüber hinaus auch der europäischen Geschichte. Sie kann als historischer Ereigniskomplex aufgefasst werden, der im engeren Sinne die Zeit von 1517–1555 umfasst, also die Zeit von der Verbreitung der Ablassthesen durch Martin Luther bis zum Augsburger Religionsfrieden. Im Kern als ein geistiger und religiöser Vorgang verstanden, greift die Reformation in ihrem weiteren Verlauf auf Politik, Gesellschaft und Staat aus. Damit lässt sie sich auf die Person Martin Luthers und sein Reformanliegen allein nicht mehr beschränken.

Luther selbst hat den Begriff „Reformation“ nur selten benutzt. Wenn Luther von Reformation spricht, hat er das Reformieren im Blick. In seiner Reformschrift „An den christlichen

Adel deutscher Nation" von 1520 richtet er seine Reformforderungen an den Papst, die Kardinäle und Bischöfe in Rom und hofft auf „ein rechtes, freies Concilium", das die Reformvorschläge disputieren soll.[64] Ausdrücklich von Reformation spricht Luther im Blick auf die Universitäten, deren Fakultäten er reformieren will.[65] Hier ist die Erneuerung einer akademischen Institution im Blick. Die Verwendung des Begriffs der Reformation zeigt, dass Luther traditionelle Vorstellungen verwendet. Der Begriff muss daher historisch als zusammenfassende Formel für durchaus sehr zahlreiche und einzelne Reformforderungen, wie sie im späten Mittelalter im Blick auf das Reich und die Kirche im Umlauf waren, verstanden werden.

Der Begriff der Reformation als Epochenbezeichnung und als Charakterisierung eines kirchenhistorischen Ereignisses in der Mitte des 16. Jahrhunderts ist Frucht der konfessionalistischen Auseinandersetzungen des 17. Jahrhunderts. Der Wortgebrauch von „der Reformation", den „reformatorischen Kirchen", der „reformatorischen Theologie" ist aus dem Geschehen des 16. Jahrhunderts nicht abzuleiten. Der mit dem Begriff von der Reformation einhergehende normative Anspruch auf ein einheitliches historisches und theologisches Phänomen ist ein Produkt der protestantischen Luther-Renaissance des 20. Jahrhunderts.[66]

2.2. Voraussetzungen der Reformation

Zu den stabilisierenden Phänomenen des ausgehenden Mittelalters zählten die neu aufkommenden Reformbewegungen.[67] Große religiöse und theologische Gestalten vermochten Menschen zu beeindrucken. Volksprediger der großen Reformorden belebten nicht nur die Klöster, sondern durchdrangen auch das Leben in den Städten. Daneben kamen Laiengemeinschaften auf, die sich vor allem der tätigen Nächstenliebe widmeten. Die Verbreitung religiöser Literatur begann schon vor der Erfindung des Buchdrucks.

Zweifellos gehörten auch zahlreiche Päpste und Kardinäle wie Pius II. (Enea Silvio Piccolomini) oder Nikolaus von Kues, die selbst den Reformbewegungen entstammten, zu den Exponenten der Erneuerungsbewegung. In Spanien kam es im Ausgang des Mittelalters zu einer geistig wie religiös motivierten Blüte des kirchlichen Lebens. Hier waren noch vor der Jahrhundertwende der Episkopat, die Mönchs- und die Bettelorden Träger der religiösen und kirchlichen Erneuerung. Entscheidend war, dass kirchliche Reformanliegen als nationale Aufgaben betrachtet wurden. Die Gründung des Jesuitenordens in der ersten Hälfte des 16. Jahrhunderts durch Ignatius von Loyola ist hierfür ein aufschlussreiches Beispiel.

Neben einer überwältigenden Fülle positiver Zeugnisse spätmittelalterlicher Frömmigkeit, vor allem in der Gebets- und Erbauungsliteratur, fallen religiöse Fehlhaltungen und -formen auf.[68] Verfallserscheinungen können nicht geleugnet werden. Zu den Faktoren, die Elemente der Auflösung waren, zählte im Umkreis der geistigen und gesellschaftlichen Strömungen der Umschwung im Lebensgefühl der Menschen. Renaissance und Humanismus brachten eine neue selbständige, von religiösen Bindungen weithin freie Betrachtung der menschlichen Lebensumstände in Literatur, Kunst und Wissenschaft zum Ausdruck. Dazu gesellte sich auf politischer und gesellschaftlicher Ebene das fiskalische System des Benefizialwesens, das zunehmend die Korruption des geistlichen Standes bewirkte. Nur Adligen standen Kanonikate an Kathedral- und Stiftskapiteln offen. Kirchliche Pfründe dienten der materiellen Versorgung nicht erbberechtigter Söhne einflussreicher Familien. In der Gewährung entsprechender Rechte sah die römische Kurie ein einträgliches Geschäft. Mit einem ausgeklügelten System von Gebühren, Steuern und anderen freiwilligen Spenden bemühte man sich in Rom immer wieder darum, leere Kassen zu füllen. So erhob die Kurie in Rom von jedem neu bestätigten Bischof Abgaben, die teils die Hälfte des ersten Jahreseinkommens ausmachten. Dazu kam das Ablasswesen, das Geld für römische Bauvorhaben herbeischaffen sollte. Ein düsteres Bild vermitteln schließlich die unmittelbar religiösen Vorgänge: Missachtung des Zölibats bis hinauf in das päpstliche Amt, Missstände in der theologischen Ausbildung, mangelnde Ehrfurcht vor den Sakramenten insbesondere der Kommunion. Der Konziliarismus, also die Frage, wem in der Kirche die oberste Gewalt zustehe, stellte ein eigenes Problem der Zeit dar. Besonders desolat waren die Verhältnisse an der Kurie. Das Renaissance-Papsttum war eher Ausdruck für die künstlerischen Belange der Epoche als Exponent der religiösen Erneuerung. Als besonders berüchtigt erwies sich das Pontifikat Alexanders VI., der sich einem ungehemmten Nepotismus zur Versorgung seiner Kinder hingab. Noch Paul III., der das für die katholischen Reformbemühungen grundlegende Konzil von Trient (1545–1563) einberief, zeigte sich dem System des Renaissance-Papsttums stärker verhaftet als den religiösen Motiven der Reformation gegenüber aufgeschlossen.

Dem im Spätmittelalter erhobenen Ruf nach Reform der Kirche hat sich das Papsttum weithin verschlossen. Hauptsächlicher Grund hierfür war die Furcht vor dem Konziliarismus. Dennoch kam es noch im zweiten Jahrzehnt des 16. Jahrhunderts zu einem Konzil, dem fünften Laterankonzil, das von 1512 bis 1517 tagte. Obwohl zahleiche Reformvorschläge verabschiedet wurden, welche die Käuflichkeit der Ämter (Simonie), die Kurienreform, die Residenzpflicht der Bischöfe und die Lebensart der Kleriker betrafen, brachte dieses Konzil keine wirklichen Reformen zustande. Das Konzil endete in dem Jahr, in dem Luther im Ablassstreit an die Öffentlichkeit trat. Nicht ohne Grund entzündete sich daher die Reformation am Konflikt mit dem Papsttum.

Neben äußeren Missständen in der spätmittelalterlichen Kirche traten Unsicherheiten und Unklarheiten in der theologischen Lehre auf. Die Zeit der großen theologischen Systeme war im Spätmittelalter vorüber. In den Vordergrund des theologischen Denkens rückten Erfahrung und Individualität, was Bedeutung und Geltung der Scholastik relativierte.[69] Die Offenbarung Gottes schließt sich an die menschliche Erfahrung an. In der Gnadenlehre räumte die spätmittelalterliche Theologie dem Handeln des Menschen für den Erwerb des ewigen Heils mehr Raum ein als die traditionelle scholastische Theologie. Gott werde demjenigen seine heiligmachende Gnade nicht vorenthalten, der tue, was in ihm ist, dekretierte der einflußreiche Theologe, der „letzte Scholastiker“[70], Gabriel Biel. Um das ewige

Leben zu erlangen, könne der Mensch im Laufe seines Lebens Verdienste anhäufen, die ihm die Kirche zum Nachlass der zeitlichen Sündenstrafen gewähre. Ob der Mensch durch seine sittliche Anstrengung dem Willen Gottes und seinem Gesetz entsprechen könne, war die große theologische Frage des ausgehenden Spätmittelalters. Luther selbst brachte sie später in die bekannte Frage: Wie bekomme ich einen gnädigen Gott? (Von der heiligen Taufe, Predigten: WA 37, 661). Hier setzte auch seine Kritik an Aristoteles an. Luther ging zum scholastischen Aristoteles-Verständnis auf Distanz, ohne sich selbst ganz aus dem Aristotelismus zu befreien. Die Abkehr von Aristoteles bestimmte auch seine universitären Reformforderungen. Doch bedeutet das nicht, dass Luther die Philosophie des Aristoteles gänzlich verworfen hätte. Seine Kritik richtete sich gegen einzelne Theoreme und Argumente des Aristoteles bzw. des scholastischen Aristotelismus. Luther blieb Aristoteles in vielem verpflichtet.[71]

Neben der traditionellen scholastischen Theologie bestimmte seit der Mitte des 14. Jahrhunderts zunehmend die Mystik das theologische Denken. Sie ist keineswegs ein einheitliches Phänomen und entzieht sich einer allgemeinverbindlichen Definition.[72] Ziel dieser neuen theologischen Richtung war die Erneuerung des menschlichen Willens zu einem Gott entsprechenden tugendhaften Leben in der Nachfolge Christi. In dieser vollendet sich die Tugend der Demut, die den Menschen von allen falschen Affekten reinigt. Durch die Betrachtung der Leiden Christi gelangt der Mensch zu einem tugendhaften Leben. Die Vollkommenheit des menschlichen Lebens besteht darin, durch die Liebe im Geist mit Gott eins sein zu wollen. Die Reinigung des Willens vollzieht sich in der Meditation der Passion Christi. Die Mystik bildete damit ein gewisses Gegengewicht zur scholastischen Theologie, insofern sie die Erfahrungserkenntnis mit einbezog.[73] Die Mystik hielt Vorstellungen bereit, die auf die reformatorische Theologie einwirkten.

Es ist aber nicht so sehr die Mystik, auf die sich Luther selber stützte, sondern die monastische Theologie, die, wie Melanchthon selbst bekannte, auf Luthers theologische Entwicklung Einfluss nahm.[74] Wichtige Einsichten prägten sich ihm im Noviziat in Erfurt ein. Herausregende Quelle seiner frühen theologischen Erkenntnisse bildet die Theologie des Bernhard von Clairvaux.[75] In Luthers Römerbrief-Vorlesung findet sich das längste je von einem anderen Autor übernommene Zitat, das von Bernhard stammt.[76] Es enthält, so erinnert sich Melanchthon später, in nuce die Grundelemente einer sich entwickelnden Rechtfertigungstheologie. An Luthers eigenen Schriften lässt sich diese Entwicklung zwischen dem Brief an seinen Ordensgeneral Johannes von Staupitz im Mai 1518 und seinem Selbstzeugnis aus dem Jahre 1545 ablesen.[77] Was 1517/18 noch ganz in den Kategorien der Bußtheologie entfaltet wird, ist fünfundzwanzig Jahre später eine gereifte Theologie der Rechtfertigung. Diese steckt in den Anfängen, in denen das Spätere schon da ist.

Zu den großen kulturellen Erneuerungsbewegungen der Renaissance zählte der Humanismus.[78] Es ist eine seiner großen Leistungen, Philosophie und Theologie auf die griechische und lateinische Literatur in ihren Urtexten neu verwiesen zu haben. Neben den quellenkritischen Editionen der Kirchenväter kamen bald Übersetzungen ins Lateinische und ins Deutsche hinzu. Der Humanismus kann als literarisch orientierte Geistesrichtung bezeichnet werden, der sich dem Ideal einer getreuen Erfassung des Urtexts verpflichtet weiß. Dies geschah keineswegs durch Antithese zum christlichen Glauben und zur Kirche. Der Humanismus veränderte allerdings die Grundlagen von Bildung und Wissenschaft tiefgreifend. Philologische Schulung statt Orientierung an der formalen Logik, ethische und lebenspraktische Fragestellungen gewannen gegenüber den traditionellen metaphysischen Problemlösungen an Gewicht. Das theologische Interesse des Humanismus blieb dagegen schwach. Eine eigenständige humanistische Theologie hat sich nicht entfalten können. Die Humanisten ebneten den Weg zur modernen historisch-kritischen Exegese. Die kritischen Impulse des Humanismus wirkten sich eher in den patristischen und kirchengeschichtlichen Forschungen aus. Die zahlreichen Katechismen des 16. Jahrhunderts sind Früchte der Bemühungen des Humanismus um die Entwicklung einer Laienfrömmigkeit. Als eine der großen Gestalten des Humanismus und führender Gelehrter seiner Zeit trat der in Basel lehrende Erasmus von Rotterdam

(1466/67–1536) hervor, der wohl einflussreichste humanistische Gegner Martin Luthers. Humanistische Einflüsse haben sich im Werk Philipp Melanchthons (1497–1560), des engsten Mitarbeiters Martin Luthers, ausgewirkt, der kein Theologe, sondern Philologe war.[79] Freilich bleibt der Einfluss des Humanismus auf die junge Wittenberger Reformbewegung beschränkt.

Aus den hier aufgenommenen Elementen einer Vorgeschichte der Reformation lassen sich geistes- und kulturgeschichtliche Voraussetzungen für die von Martin Luther in Gang gesetzte innerkirchliche Reformbewegung herauslesen. Zum Verstehen der Reformation ist freilich die Aufzählung der Verfallserscheinungen am Ende des späten Mittelalters allein nicht hinreichend. Missstände sind Faktoren, die Widerstände, Protest und Reformanliegen hervorrufen, aber nicht unmittelbar bedingen. Die Reform der Kirche war eines der großen Themen im späten Mittelalter. Zweifelsohne war die Kirche reformbedürftig. Sie war allerdings auch reformfähig.[80] In dieser politisch wie kirchlich brisanten Zeit, die in vieler Hinsicht Reformansätze, aber auch Reformhindernisse bereithielt, begann sich eine Reformbewegung durchzusetzen, die sich zur Reformation ausweitete. Weil die Reform der Kirche und des Reiches nicht gelang, kam es zur Reformation.

2.3. Die Kontroverse um den Ablass und Luthers theologische Reformforderungen[81]

Martin Luther fand seinen theologischen Standpunkt mitten im Ablasstreit. Unter einem Ablass[82] versteht man – wie es die katholische Theologie heute definiert – den Nachlass zeitlicher Sündenstrafen, die hinsichtlich ihrer Schuld bereits getilgt sind. Voraussetzung für die Gewinnung eines Ablasses war eine bußfertige Gesinnung und eine Eigenleistung des Betroffenen, die er durch Gebete, Wallfahrten, Almosen ableisten konnte. Der Ablass war an die kirchliche Lehre gebunden, nach der der Papst aufgrund eigener Vollmacht aus dem von Christus und den Heiligen erworbenen Gnadenschatz (Thesaurus Ecclesiae) autoritativ Nachlass der zeitlichen Sündenstrafen gewähren kann. Jede Sünde verlangt nicht nur Reue, Bekehrung und Genugtuung, sondern hinterlässt auch in der Gemeinschaft der Gläubigen Spuren. Die Sünde des einzelnen betrifft die Gemeinschaft der Kirche. Der Sünder ist daher auf das Gebet der Gemeinschaft der Gläubigen angewiesen, die fürsprechend für ihn eintreten. Für ihn kann und muss gebetet werden. Hier tritt ihm die Gemeinschaft der Kirche helfend entgegen, vor allem die Gottesmutter Maria und die Heiligen. Das ist der Sinn des Ablasses, der als ein Fürbitt-Gebet verstanden werden muss.

Der Ablass setzte sich in der Kirche seit dem 11. Jahrhundert durch.[83] Seit 1300 war der völlige oder auch Plenarablass zunächst an die Jubeljahre und an die Rom-Wallfahrt gebunden. Später konnte er auch in Santiago de Compostela oder in Assisi erworben werden. Der so genannte Portiuncula-Ablass war auch an die Wittenberger Schlosskirche verliehen worden. Aber erst nach 1500 nahm der Ablasshandel einen enormen Aufschwung. Papst Leo X. ließ in seiner Ablassbulle vom 31. März 1515 keinen Zweifel aufkommen, dass er in Verbindung mit dem seelsorgerlichen Anliegen finanzielle Interessen verfolgte. Der Ablass sollte acht Jahre lang in den Kirchenprovinzen Mainz und Magdeburg und auch in Brandenburg vertrieben werden. Er sollte Geld in die Kassen Roms bringen. Vor allem sollte mit ihm die Peterskirche in Rom zu Ende gebaut werden, deren Grundstein Papst Julius II. 1506 gelegt hatte. Der Reichskanzler des Deutschen Reiches, der Mainzer Erzbischof Albrecht, war für den Vertrieb des Ablasses in Deutschland zuständig. Erzbischof Albrecht durfte die Hälfte der Einnahmen zur Rückzahlung seiner Schulden behalten, während die andere Hälfte unmittelbar nach Rom fließen sollte. Der Erzbischof von Mainz beauftragte Kommissare mit dem Vertrieb des Ablasses in seinen Territorien. Der Leipziger Dominikaner Johannes Tetzel predigte Anfang des Jahres 1517 landauf landab den Ablass. Er fand besonders reißenden Absatz. Als Luther sich mit dem Ablass zu beschäftigen begann, war dieser bereits weit verbreitet.

Das Ablassproblem war Luther keineswegs neu. Luther war zu der Überzeugung gekommen, dass sich das gläubige Volk zu sehr auf Ablässe verlasse.[84] Die Ablässe ließen doch das Volk nur die Strafe fürchten, nicht aber die Sünde. Wer keine Angst vor der Strafe hätte, würde auch keinen Ablass erwerben. So drängen die Menschen vor allen Dingen zum Ablass, weil sie sich der Strafe entledigen wollen. Somit tritt die Sünde aus dem Blick, die Ehre Gottes gerät in Verruf. Schon verschiedentlich hatte sich Luther in Predigten mit dem Ablass auseinandergesetzt. Am 31. Oktober 1517 wagte Luther einen weiteren Schritt. Nach langem Zögern wandte er sich mit einem Brief an Erzbischof Albrecht von Mainz wegen des unter dessen Namen vertriebenen Petersablasses. Aus ihm wird Luthers Anliegen deutlich. Das Volk wolle sich nicht nur der Sündenstrafen auf dem Wege des Ablasses entledigen, sondern auch der Schuld. Für diese falsche Auffassung sei das Ablasswesen verantwortlich zu machen.

Luther übersandte im Anhang seines Briefes beigefügte Thesen, einen „Zettel mit den Streitsätzen", aus denen der Erzbischof entnehmen könne, um welch zweifelhafte Sache es sich beim Ablass handele. Die 95 Thesen sollen einer sachlichen Auseinandersetzung den Weg bereiten. Thesen sind zum Disputieren da, ist Luthers Auffassung. Somit ist historisch davon auszugehen, dass Luther die Thesen zunächst nur an Erzbischof Albrecht und seinen Ortsbischof Hieronymus Schulz versandt hatte. Ob Luther die Thesen an die Tür zur Wittenberger Schlosskirche nagelte, ist heute umstritten. Luther selbst jedenfalls sprach zeitlebens nicht von einem Thesenanschlag. In Luthers Erinnerung bleibt der 31. Oktober als der Tag, an dem er sich gegen den Ablass wandte. Erst im Februar 1518 wird Luther gewahr, was er mit den Ablass-Thesen ausgelöst hatte. Denn die Thesen waren inzwischen – übersetzt, gedruckt und vielfältig verbreitet – nicht nur in Deutschland, sondern auch in Rom angekommen. Die Kontroverse nimmt ihren Lauf.

In der Vorrede zu seinen Thesen macht Luther deutlich, dass sie disputiert werden sollen. Wenn keine persönliche Anwesenheit möglich war, solle man die Auseinandersetzung schriftlich wagen. Die Grundgedanken der Thesen lassen sich knapp zusammenfassen. Zunächst erinnert Luther an das Grundverständnis der Buße. Das ganze Leben auf Erden ist eine stete Buße.

Dann wendet sich Luther der päpstlichen Strafgewalt zu, schließlich den Themen Fegefeuer, Gewissheit, der Lehre vom Schatz der Kirche und anderen in der Theologie umstrittenen Themen der Ablasslehre. Auffallend ist hier bereits die von ihm später ausgearbeitete Kernthese: „Der wahre Schatz der Kirche aber ist das heilige Evangelium der Herrlichkeit und Gnade Gottes."[85] Luther spricht daher nicht von den Schätzen der Kirche, sondern von den Schätzen des Evangeliums. So wird schon in den Ablassthesen das Grundthema seiner reformerischen Theologie erkennbar. Seine Kritik richtet sich einerseits gegen die ins Willkürliche gesteigerte Macht des Papstes, die Sündenschuld zu vergeben, was allein Gottes Werk ist, andererseits sucht Luther die Verkündigung des Wortes Gottes vor falscher Ablasspredigt zu schützen. Schließlich geißelt er die finanzielle Seite durch die Worte: „Das ist gewiß, daß, sobald der Groschen im Kasten klingt, Gewinst und Geiz zunehmen können, die Hilfe aber oder die Fürbitte der Kirche steht allein in Gottes Wohlgefallen."[86]

Als der Streit um den Ablass anhob, war Luther reformerisch gesinnt. Seine Blickrichtung begann sich im Sommer 1518 zu schärfen. Im Vordergrund steht ihm die Vergebung der Schuld. Luther wird klar, dass es nicht auf das Handeln des Menschen ankommt, sondern allein auf das Handeln Gottes, durch das Wort des Evangeliums im Glauben. Werke des Menschen, auch gute Werke, verfallen dem Tod, ja sind selbst Todsünden, weil sie nach außen gut erscheinen, nach innen aber einer schlechten Wurzel entstammen. Je stärker Luther zwischen dem Werk des Menschen und dem Evangelium Gottes zu unterscheiden beginnt, umso klarer stellt sich sein theologischer Grundsatz heraus „wie eine Stimme vom Himmel": Die wahre Buße kann nur von der Liebe zu Gott und zu seiner Gerechtigkeit ausgehen und dies ist nur der Anfang der Buße. Echte und rechte Buße geht von dem „Hinzutreten der göttlichen Gnade"[87] aus. Nach Luther kommt es also nicht so sehr auf die bußfertige Gesinnung als darauf an, sich die Gerechtigkeit von Gott schenken zu lassen. Diese neu gewonnenen Einsichten teilte Luther seinem Ordensoberen Johannes von Staupitz im Mai 1518 mit und vergaß nicht, daran zu erinnern, dass es Staupitz war, der ihn darauf hingewiesen hatte.

Die Unterscheidung zwischen dem Gesetz Gottes, das nicht zum Heil führt, und Gottes Gerechtigkeit, die Gnade und Heil wirkt, arbeitet Luther in den Heidelberger Disputationsthesen vom April 1518 aus. „Wenn schon das heilige Gesetz Gottes, das unbefleckte, wahre, gerechte, das dem Menschen von Gott zur Hilfe gegeben ist, um ihn über seine natürliche Kraft hinaus zu erleuchten und zum Guten zu bringen, dennoch das Gegenteil erreicht, daß er vielmehr schlechter wird, wie kann er dann, seinen eigenen Kräften überlassen, ohne solche Hilfe zum Guten gebracht werden? Wenn er mit fremder Hilfe nicht das Gute tut, tut er es doch noch weniger aus eigener Kraft."[88] Auf die eigene religiöse Anfechtung, auf die Ablasspraxis in der Kirche suchte Luther eine genuin theologische Antwort, die mit einer Neuentdeckung der Bibel, und man muss es genauer sagen, seines Bibelverständnisses begann. Es markiert die Unterscheidung zwischen Gesetz und Evangelium, und dokumentiert damit den Beginn einer neuen Theologie, die schließlich – in den staats- und kirchenpolitischen Wirren der 30er-Jahre – reformatorisch wird.

Ausgangspunkt war Luthers Ringen mit Gott. Seine Frage war die nach einem gnädigen Gott. Wie kann man sich seines Heils sicher sein? Die Erfahrung der unüberwindlich bleibenden Sünde stellte sich ihm schließlich als eine unabdingbare theologische Erkenntnis ein. Luther erkannte die ganze Unerfüllbarkeit des ersten Gebotes. Wie kann es dem Menschen gelingen, Gott aus ganzem Herzen über alles zu lieben? Luther war in dieser Frage ganz religiöser Mensch des späten Mittelalters. Die Kirche hielt für die religiösen Dinge ein probates Mittel bereit. Wer sich den Anforderungen des ersten Gebotes nicht gewachsen zeigte, vertraute auf die von der Kirche angebotenen Gnadenmittel. Der Mensch darf des Heils gewiss sein, wenn er sich ganz in die Obhut der von der Kirche ausgeteilten Sakramente begibt. Sakramente sind kirchliche Hilfsmittel, durch die der Mensch sich sein Heil sichern kann. Dieser von der Kirche angebotene Heilsweg wurde von vielen Menschen begangen. Luther kämpfte demnach nicht den Kampf eines einzelnen, gegen die Kirche und ihre Heilsauffassung antretenden Reformers, sondern erlitt Angst und Ungewissheit eines religiös angefochtenen Menschen. Der Mensch steht vor Gott als Sünder da.

Vor diesem Hintergrund begann die Suche nach einer Lösung seines religiösen Angefochten-Seins. Luther hatte sich selbst zu seinen Lebensängsten bekannt: „Warum läßt denn Gott den Menschen so anfechten zur Sünde? Antwort: Daß der Mensch sich und Gott erkennen lerne; sich erkennen, daß er nichts vermag denn sündigen und übeltun, Gott erkennen, daß Gottes Gnade stärker sei denn alle Kreaturen, und also er lerne sich verachten und Gottes Gnade loben und preisen."[89] Eine Lösung suchte Luther auf theologische Weise. Dies dürfte das Spezifikum seines reformerischen Weges sein. Die tiefe Beschäftigung mit der Bibel, die ihm schon während seines Noviziates in Erfurt und später im Wege seiner Vorlesungen in Wittenberg aufgetragen worden war, ließ ihn dort fündig werden. Im Rückblick auf diese Anfänge bekennt Luther in seinem Selbstzeugnis von 1545: „Ich aber konnte den gerechten, den Sünder strafenden Gott nicht lieben, haßte ihn vielmehr; denn obwohl ich als untadeliger Mönch lebte, fühlte ich mich vor Gott als Sünder und gar unruhig in meinem Gewissen und getraute mich nicht zu hoffen, dass ich durch meine Genugtuung versöhnt sei. Ich war voll Unmuts gegen Gott, wenn nicht in heimlicher Lästerung, so doch mit mächtigem Murren und sprach: Soll es denn nicht genug sein, dass die elenden, durch die Erbsünde ewiglich verdammten Sünder mit allerlei Unheil bedrückt sind durch das Gesetz des Dekalogs? Muß denn Gott noch durch das Evangelium Leid an Leid fügen und uns auch durch das Evangelium mit seiner Gerechtigkeit und seinem Grimm bedrohen? So raste ich vor Wut in meinem verwirrten Gewissen, pochte aber dennoch ungestüm an dieser Stelle bei Paulus an, voll glühenden Durstes zu erfahren, was St. Paulus wolle."[90] Versagensängste, übermächtiges Sündenbewusstsein, drohender Zorn Gottes, das Gericht: Seine religiösen Anfechtungen ließen keine andere Lösung zu, als zur Bibel Zuflucht zu nehmen.

Luther entdeckte die Bibel in einer für die damalige Zeit unerhörten Weise, indem er die Barmherzigkeit Gottes inmitten seiner Ängste und der Ungewissheiten aufdeckte und auf einzigartige Weise zur Sprache brachte. Laut Luthers Selbstzeugnis von 1545 ließ ihn die Bibel letztlich Christus neu entdecken. So wurde Luther zum Zeugen der befreienden Botschaft des Evangeliums. „Da erbarmte Gott sich meiner. Unablässig sann ich Tag und Nacht, bis ich auf den Zusammenhang der Worte merkte, nämlich: ‚Die Gerechtigkeit Gottes wird im Evangelium offenbar, wie geschrieben steht: Der Gerechte lebt seines Glaubens.' Da fing ich an, die Gerechtigkeit Gottes als eine solche Gerechtigkeit zu begreifen, durch die ‚der Gerechte als durch Gottes Geschenk lebt', d. h. also ‚aus Glauben', und merkte, dass dies so zu verstehen sei: ‚durch das Evangelium wird die Gerechtigkeit Gottes offenbar', nämlich die so genannte ‚passive', d. h. die, durch die uns Gott aus Gnade und Barmherzigkeit rechtfertigt durch den Glauben, wie geschrieben steht: ‚Der Gerechte lebt seines Glaubens.' Nun fühlte ich mich ganz und gar neugeboren: die Tore hatten sich mir aufgetan; ich war in das Paradies selber eingegangen. Da zeigte mir sogleich auch die ganze Heilige Schrift ein anderes Gesicht .... Wie ich zuvor das Wort ‚Gerechtigkeit Gottes' mit allem Haß haßte, so erhob ich nun mit heißer Liebe das gleiche Wort als süß und lieblich über andere. So wurde mir diese Stelle bei Paulus eine rechte Pforte zum Paradies."[91] So erschließt Luther die ganze Heilige Schrift neu, indem er sie von Paulus her wie durch eine Pforte eintretend erfasst und von dorther ihren Sinn neu zu buchstabieren beginnt. Insoweit erweist sich Luther als Hörer des Evangeliums, dessen Inhalt die Botschaft von der dem Menschen jederzeit zuvorkommenden Barmherzigkeit Gottes ist. Dieses neue Verständnis der Schrift hatte Konsequenzen für die Schriftauslegung.

Luther entdeckte das Wort von der Gerechtigkeit Gottes im Zusammenhang von Römer 1,17. Er begann sie so zu verstehen, dass der Gerechte durch das Geschenk Gottes lebt, das heißt als Gerechtigkeit, die aus dem Glauben kommt. Es ist das Evangelium, das dem Menschen die passive Gerechtigkeit Gottes offenbart. Neu an dieser Erkenntnis ist, dass Gott dem Menschen seine Gerechtigkeit schenkt. Das Entscheidende ist: Der gerechte Gott ist nicht mehr der strafende, sondern der barmherzige Gott. Vergegenwärtigen wir uns nochmals die Ausgangssituation: Der Mensch steht vor Gott als Sünder da. Aber der Mensch weiß nicht um diese Situation. Gott offenbart dem Menschen seine Sünde, indem er ihm seine Liebe und Barmherzigkeit schenkt. Diese kann sich der Mensch nur schenken lassen, das heißt, er empfängt diese Liebe im Glauben. Hier liegt die ganze Radikalität von Luthers theologischer Erkenntnis: Nicht mehr auf dem Wege des gerechten Tuns gelangt der Mensch ins Paradies, sondern indem er sich von Gott beschenken lässt. Der Mensch muss sich selbst ganz aufgeben. Diese Einsicht unterscheidet Luther von großen Teilen der Tradition der Kirche, aber nicht von allen. Der Sinn von Römer 1,17 liegt also darin, dass der Mensch durch den Glauben an Christus der Gerechtigkeit Gottes innewird, nicht durch seine eigene, die menschliche Gerechtigkeit. Die heißt von nun an Werkgerechtigkeit. Das Reformerische an dieser Erkenntnis ist die Entdeckung, dass in Christus die Gerechtigkeit umsonst geschenkt wird. Das ist der Inhalt des Evangeliums. Dies glaubt der Glaube und damit wird der Mensch gerechtfertigt. Somit stehen als inneres Beziehungsgefüge Christus, Evangelium und Glaube im Zentrum. Das ist der Anker, das Prinzip und der Ansatz der Theologie Luthers. Der Glaube an das Evangelium bildet die neue Mitte seiner Theologie.

Ist diese Erkenntnis grundlegend neu? Bei der Beantwortung dieser Frage muss zugleich die Frage gestellt werden: Musste diesen neuen theologischen Einsichten Luther aus der Kirche herausführen? Dass das Evangelium eine aufdeckende Funktion hat, ist das Neue an Luthers reformerischer Theologie. So hält es Melanchthon 1546 in seiner eigenen Rückschau auf Luthers Leben und Werk fest.[92] Dass Melanchthon die Nachwelt über diesen Erkenntnisweg Martin Luthers aufklärt, erhellt die Tatsache, dass Luther keineswegs von einem punktuell zu denkenden Anfang seinen Ausgang nimmt, zu dem er in einem persönlichen Erlebnis durchgebrochen sei, sondern es zeugt von einem langen Ringen um diese Grundgestalt der Theologie. Dabei greift Luther selbst auf die ihm in seinem Orden vorgestellte monastische Theologie zurück. Sie ist in erster Linie biblisch orientiert. Erst später wird diese theologische Grunderkenntnis zu einem Theorem in der lutherischen Theologie ausgebaut; diese enthält dann die prinzipielle, fundamentaltheologische Unterscheidung von Gesetz und Evangelium, die schließlich als

Widerspruch zur traditionellen Bibelauslegung fungiert. Das Gesetz dient zum Aufweis der Sünde. Das Evangelium hat eine zweifache Funktion: Einerseits ist dem Menschen klarzumachen, dass er ein Sünder ist, andererseits wird ihm deutlich, dass er immer und jederzeit auf die rettende Gnade und Barmherzigkeit Gottes angewiesen ist. Diese Unterscheidung von Gesetz und Evangelium hebt die lutherische Theologie von der ganzen Tradition davor ab. Aber erst im Zusammenwirken mit politischen und kirchenpolitischen Ereignissen erweist sich diese Theologie schließlich als reformatorisch.

2.4. Der Streit um Luthers Standpunkt

Im Sommer 1518 wurde in Rom der Prozess gegen Luther eröffnet.[93] Er schleppte sich eine zeitlang durch verschiedene Instanzen hin, bis er durch die Bannbulle von 1521, Luthers Lossagung von Rom, die Verbrennung der Bannandrohungsbulle und schließlich mit seinem Ausstoß aus der römischen Kirche ein Ende fand. In diesem Prozess stellte Luther die Autoritäten des damaligen Christentums infrage. Zugleich bot er theologische Alternativen an, die dann zur Grundlage für die Entwicklung einer eigenständigen reformatorischen Theologie wurden. Dabei fand Luther zunehmend Resonanz unter Kollegen, Humanisten und Politikern, dann auch im Volke. Luther bezog sich immer noch auf die Darlegung der offenkundigen Missstände in der Kirche und die Fähigkeit oder Unwilligkeit zur Erneuerung in der Kirche durch die herrschenden kirchlichen Autoritäten. Deshalb fanden Luthers Alternativen Gehör.

War der Brief Luthers mit den 95 Thesen im November 1517 zunächst an Albrecht von Brandenburg, den Mainzer Bischof, gerichtet, so empfahl dieser, schon aus Gründen seiner Selbstverteidigung, um dem römischen Vorwurf mangelnder Tätigkeit bei den Einnahmen aus dem Ablasswesen zu entgehen, die Thesen den Theologen der Mainzer Universität, damit diese sich in Verbindung mit Rom um die Sache kümmern sollten. Zunächst erregte die Eingabe Albrechts in Rom kein weiteres Aufsehen, man hielt den Streit in Deutschland für Mönchsgezänk.

Die Dominikaner, vor allem Johannes Tetzel, reagierten anders. Sie beschlossen, Luther in Rom wegen Ketzerei anzuklagen. Ein Verfahren wegen des Verdachts auf Ketzerei wurde im Juni 1518 eröffnet. Luther erhielt die von einem päpstlichen Hoftheologen verfasste Anklageschrift, die ihm Häresie und Geringschätzung der kirchlichen und päpstlichen Gewalt vorwarf, am 7. August 1518. Luther wurde binnen 60 Tagen nach Rom vorgeladen. Rasch stellte sich heraus, dass die Frage der päpstlichen Gewalt über die Kirche den eigentlichen Anklagepunkt darstellte. So steuerte dieser erste ernsthafte Konflikt auf eine grundsätzliche Auseinandersetzung zu.

Als Luther die Vorladung nach Rom erhielt, war ihm klar, dass er in eine Auseinandersetzung mit Rom geraten war. Diese konnte er selbst nicht mehr alleine betreiben. Er begann, sich nach Mitstreitern umzusehen. Er war auf die Hilfe von Freunden und Politikern angewiesen. Im Oktober 1518 kam es durch die Vermittlung des Kurfürsten Friedrich von Sachsen, genannt der Weise, zum Schlagabtausch zwischen dem von Rom beauftragten Dominikaner und beschlagenen Thomisten Thomas de Vio aus Gaeta, genannt Cajetan, inzwischen zum Kardinal ernannt und einer der gebildetsten Theologen in Rom. Das Verhör fand im Anschluss an den Reichstag in Augsburg statt. Durch ein päpstliches Breve war Cajetan beauftragt, Luther zur Abkehr von seiner inzwischen offenkundigen Ketzerei zu bewegen. Verschiedene Initiativen, die von Rom ausgingen, hatten zum Ziel, Luther zur Umkehr zu drängen. Die Abmachungen zwischen Friedrich dem Weisen und Kardinal Cajetan brachten Luther dazu, nach Augsburg zu reisen.

Cajetan hatte fest zugesagt, mit Luther väterlich und mild zu verhandeln, und so begann das Gespräch zunächst eher vorsichtig und mit unterschiedlichen Erwartungen behaftet. Doch schnell steuerte das Gespräch auf den eigentlichen Dissenspunkt zu. Cajetan forderte Luther auf, er solle zum Herzen der Kirche zurückkehren, seine Irrtümer widerrufen und von allem absehen, was die Kirche verwirren könne. Zwei strittige Punkte stellte Cajetan heraus: Erstens stellte er die Frage, ob der Papst den durch das Verdienst Christi erworbenen Schatz der Kirche zum Erlass der zeitlichen Sündenstrafen verwenden dürfe.

Während sich Cajetan auf das von Rom erlassene Kirchengesetz berief, beharrte Luther auf der schriftgemäßen Begründung dieser Lehre. Der zweite Punkt betraf die Frage, ob für den Empfang der Sakramente der Glaube notwendig sei. Cajetan hielt dies nicht für schriftgemäß, während Luther genau hierauf beharrte. Cajetan hatte nämlich erkannt, dass die Bindung des Glaubens an das Wort die Bedeutung der Sakramente minimieren musste. Aber auch hier bestand das kritische Moment in der von Luther in Frage gestellten Anerkennung des Papstes. Im Verlauf der Gespräche bekannte Luther in einer feierlichen Protestaktion: „Vor allem erkläre ich, der Augustinermönch Martin Luther, dass ich die heilige römische Kirche in allen meinen Worten und Handlungen, gegenwärtigen, vergangenen und zukünftigen, verehre und anerkenne. Wenn ich aber etwas Abweichendes oder Entgegengesetztes gesagt haben oder noch sagen sollte, so will ich dies für nicht gesprochen halten und gehalten wissen.“[94]

Luther erschien mit einer schriftlichen Antwort vor Cajetan, die dieser aber zurückwies und geringschätzig behandelte. Luther sah sich von Cajetan zum Widerruf gedrängt, beharrte aber auf seinem Standpunkt. Vor Gott könne der Mensch nur durch den Glauben gerechtfertigt werden, führte Luther in seiner schriftlichen Antwort an Cajetan aus. Für Luther ist der Glaube die unerläßliche Bedingung, daß er gerecht werde. „Erstens ist es eine unfehlbare Wahrheit, daß niemand gerecht werden kann, der nicht an Gott glaubt, wie es im Römerbriefe (1,17) heißt ... Daher beruht die Gerechtigkeit und das Leben des Gerechten auf seinem Glauben ... Zweitens: der Glaube aber ist nichts anderes als das glauben, was Gott verheißt oder offenbart ... Drittens habe ich nun zu beweisen, daß der, welcher das Sakrament begehrt, notwendig glauben muß, er werde die Gnade erlangen, und nicht daran zweifeln, sondern in fester Zuversicht vertrauen; sonst empfängt er es sich selbst zum Gericht“[95]. Zuletzt hatte sich der Streit zugespitzt auf den Grunddissens zwischen Kirchenrecht und Schriftbeweis. Als Luther merkte, dass Cajetan von seiner Absicht nicht ließ, verließ Luther den Ort. Obwohl Staupitz noch zu vermitteln suchte, war eine Einigung nicht mehr möglich. Luther glaubte nicht mehr an eine gerechte Lösung des Streites. Die Atmosphäre verdüsterte sich, Luther geriet in banges Warten und qualvolle Unsicherheit. Schließlich gab Luther die Auseinandersetzung zu Protokoll und informierte auch Friedrich den Weisen, seinen Kurfürsten. Die Augsburger Verhandlungen waren gescheitert. Luther war nicht zum Widerruf gebracht worden, das Schriftprinzip kehrte sich mit seiner ganzen Wucht gegen die Autorität der Kirche und des Papstes.

Die Leipziger Disputation von 1519 mit Johannes Eck brachte eine neue, nunmehr entscheidende Eskalation im gespannten Verhältnis Luthers zur Kirche. Im Juli ließ sich der Ingolstädter Theologieprofessor Johannes Eck auf eine Disputation mit Luther ein. Eck hatte sich bereits früher ausführlich mit Luthers Schriften beschäftigt und dabei auf den Primat des Papsttums konzentriert. Auch Luther zögerte nicht, sich in Polemik gegen Eck zu wenden, und so kam der Konflikt in Leipzig zu seinem Höhepunkt. Die Disputation zerfiel in mehrere Gesprächsgänge. Die insgesamt 17 Verhandlungstage reichten allerdings nicht aus, um die bereits angeschnittenen Probleme auszudiskutieren. Es kam zu einer regelrechten Redeschlacht.

Die von Luther vorgelegten 13 Thesen, welche die Debatten zusammenfassten, beschäftigten sich zunächst mit den Themen Buße, Strafe, Schuld und Fegefeuer, kamen dann schließlich auf den Ablass zu sprechen. Das Verdienst Christi ist gewiss der Schatz der Kirche, hält Luther fest, aber dieser Schatz ist kein Schatz des Ablasses. Ein Christ muss daher den Ablass verwerfen, und zwar wegen seines Missbrauchs. Von dorther kommt Luther dann auf die entscheidende Sache zu sprechen: „Daß die römische Kirche über allen anderen sei, wird wohl aus den kahlen Dekreten der römischen Päpste begründet, die seit 400 Jahren aufgekommen sind; dawider aber stehen die beglaubigten Historien von 1100 Jahren, ebenso der Wortlaut der Heiligen Schrift und der Beschluss des Konzils von Nizaea, des heiligsten von allen."[96] Damit griff Luther zentral die Autorität des Papstes und die der Konzile an. Er bestritt das göttliche Recht des Papsttums. Luther selbst bekannte, dass es ihm ein leichtes gewesen wäre, mit Eck „übereinzukommen", hätte er nicht die Gewalt des Papstes in die Disputation gezogen. Nach dem Urteil Luthers war die Disputation schlecht verlaufen, denn er wollte bald darauf seine Resolutionen von neuem drucken lassen. Auch im Urteil seiner Freunde und erst recht der seiner Gegner war sich Luther über Sieg oder Niederlage in der Leipziger Disputation keineswegs sicher. Klar war er sich lediglich darüber, dass Rom seine Exkommunikation vorbereitete. Dass hatte auch sein Gegner Eck erkannt, der in einem Brief an den Papst Vorschläge für das weitere Vorgehen gegen Luther machte.

Luther war der Öffentlichkeit seit 1517 zunächst als Kritiker der scholastischen Theologie, der kirchlichen Ablasspraxis und des Papsttums bekannt geworden. Jetzt steuerte der Konflikt mit Rom auf eine letzte Entscheidung zu. Diese ließ nicht lange auf sich warten. Nach der im Sommer 1519 erfolgten Kaiserwahl, brauchte Rom in der Luthersache keine Rücksicht mehr auf den sächsischen Kurfürsten zu nehmen. Man machte aber nicht einfach kurzen Prozess mit Luther. Die Kurie nutzte die Zeit, sowohl den sächsischen Kurfürsten wie Luthers Orden um Bereinigung des Konfliktes anzugehen. Nachdem Eck im März 1520 in Rom eingetroffen war, trat das Verfahren gegen Luther in ein neues Stadium. In mehreren Konsistorien wurde die Bulle abschließend beraten. Die Bannandrohungsbulle „Exsurge Domine" („Erhebe dich Herr und führe deine Sache" – Ps 74,22) vom 15. Juni 1520 führt 41 Sätze auf, die sich bis auf einen, der nur sinngemäß wiedergegeben ist, alle in Luthers Schriften finden. Die Anordnung der Sätze ist nicht streng systematisch, doch lassen sich mehrere Blöcke erkennen. Es handelt sich um Aussagen Luthers zum Bußsakrament, zur Sündhaftigkeit des Menschen nach der Taufe, zur Beichtpraxis, zur Rolle des Glaubens im Bußsakrament. Es folgen Aussagen über die Bestreitung des Kirchenschatzes und der Ablässe. Nicht angesprochen werden Luthers grundsätzliche Positionen, die Rechtfertigungslehre oder die Auffassung vom Glauben. Die Bulle ließ offen, ob jeder der Sätze Luthers häretisch war oder nur anstößig klang. „Die vorgenannten Artikel bzw. Irrtümer verurteilen Wir samt und sonders ganz und gar als, wie vorausgeschickt wird, – je nachdem – häretisch oder anstößig oder falsch oder fromme Ohren verletzend oder einfache Gemüter verführend und der katholischen Wahrheit widerstrebend."[97] Die Bulle blieb die einzige Äußerung des päpstlichen Lehramtes zu Luther selbst. Im Konzil von Trient wurde Luther nicht namentlich verurteilt. Die Bulle wurde im September 1520 rechtswirksam publiziert.

Die Bulle löste im Deutschen Reich eine Vielzahl von Aktivitäten und Reaktionen aus. Luther ließ sich überreden, an Papst Leo X. eine Ergebenheitsadresse zu schreiben. Dem Sendbrief an Leo X. fügte er seine Schrift „Von der Freiheit eines Christenmenschen" bei. Luther suchte darin nochmals eine Übereinstimmung zwischen dem Evangelium und dem Papstamt zu entdecken. Die Bannandrohungsbulle wurde nicht in allen Städten positiv aufgenommen. Luther entschloss sich zur Gegenaktion. Vor den Toren Wittenbergs ließ er in Anwesenheit seiner Studenten ein Druckexemplar der Bannandrohungsbulle verbrennen. Zusätzlich wurde ein Exemplar des kanonischen Rechts dem Feuer übergeben. Der Bruch mit Rom war nun unvermeidlich. Nahezu automatisch folgte, da der Widerruf Luthers nicht erfolgte, die Bannbulle „Decet Romanum Pontificem" vom 3. Januar 1521. Nachdem Luther wusste, dass die Bannandrohungsbulle gegen ihn unterwegs war, sagte er sich innerlich von Rom los. Er legte keinen Wert mehr auf Aussöhnung oder Gemeinschaft mit der Kurie. Der Bruch mit Rom war innerlich und jetzt auch äußerlich vollzogen.

Nach mittelalterlichem Recht war Luther nun ein Gebannter. Die weltliche Obrigkeit hatte das Urteil zu vollstrecken. Aber dazu kam es nicht. Luther war inzwischen ein bekannter Mann. Er ließ sich nicht einfach aburteilen. Karl V. hatte den deutschen Fürsten zusichern müssen, dass kein Deutscher ohne vorheriges Verhör verurteilt werden dürfe. Schließlich hielt der sächsische Kurfürst Friedrich der Weise seine schützende Hand über Martin Luther. Dem Verhalten Friedrichs ist es zu verdanken, dass Karl V. Luther zum Verhör vor dem Reichstag in Worms die Zusicherung freien Geleits gab. Vor dem Reichstag in Worms am 18. April 1521 hielt Luther seine denkwürdige Rede, die er mit folgenden Worten abschloss: „Es sei denn, dass ich mit Zeugnissen der heiligen Schrift oder mit öffentlichen, klaren und hellen Gründen und Ursachen überwunden und überwiesen werde – denn ich glaube weder dem Papst noch den Concilien alleine nicht, weil es am

Tage und offenbar ist, dass sie oft geirrt haben und sich selbst widerwärtig gewesen sind – und ich also mit den Sprüchen, die von mir angezogen und eingeführt sind, überzeugt, und mein Gewissen in Gottes Wort gefangen sei, so kann und will ich nichts widerrufen, weil weder sicher noch geraten ist, etwas wider das Gewissen zu tun. Hier stehe ich, ich kann nicht anders. Gott helfe mir! Amen."[98] Der Kaiser war gewillt, jede Ketzerei im Reich auszurotten. Luther war für ihn ein Ketzer. Gleichwohl war der Kaiser bereit, das Luther gewährte freie Geleit zu respektieren. Danach aber wollte er unverzüglich handeln. Der Kaiser unterschrieb gegen Ende des Reichstags das Wormser Edikt, das auf den 8. Mai datiert war. Darin wurde über Luther die Reichsacht ausgesprochen. Das Wormser Edikt war für den Kaiser und die Altgläubigen über ein Jahrzehnt lang eines der wichtigsten Instrumente zur Unterdrückung der Reformation. Am Ende musste der Kaiser erkennen, dass er den Kampf für die Einheit des Glaubens im Reich verloren hatte.

2.5. Luthers theologisches Reformprogramm[99]

Luther entwickelte seine eigene Theologie zwischen 1518 und 1521. Er hat sie in teilweise sehr scharfer Sprache formuliert. Luther arbeitete freilich kein geschlossenes ethisches oder soziales Programm aus, es ergab sich eher aus der theologischen und kirchlichen Situation. Luther nahm häufig zu Fragen des praktischen Lebens Stellung und entwickelte dann im Ausgang seines Bibelverständnisses sein Konzept und bezog Stellung. So arbeitete Luther auch nicht zuerst eine Konzeption seiner neuen Rechtfertigungslehre aus, um daraus für das praktische Leben Konsequenzen zu ziehen. Vielmehr war es gerade umgekehrt. Seine neu ausgearbeitete Rechtfertigungslehre und die Fragen der Praxis des christlichen Lebens in der spätmittelalterlichen Kirche durchdrangen sich wechselseitig. War Luther durch eine tiefe Krise seiner ganzen religiösen Existenz, seines Glaubens, seiner Frömmigkeit, seines Betens zur Entdeckung des gnädigen, rechtfertigenden Gottes, seines neuen Gottesbildes gelangt, so musste dies zu radikalen Veränderungen des religiösen Lebens führen. Aber auch umgekehrt verlangte die Situation, in der er sich angefochten sah, nach einer neuen theologischen Antwort.

Inmitten seines Ringens um eine angemessene theologische Antwort auf die von ihm wahrgenommene Krise des religiösen Lebens legte Luther zwischen 1519 und 1521, vor allem Ende 1519, Anfang 1520 sein Reformprogramm vor. Wenn auch nur seine Schrift „An den christlichen Adel deutscher Nation von des christlichen Standes Besserung“ eine Programmschrift im strengen Sinne ist, so erfüllen auch die anderen von ihm in dieser Zeit verfassten Schriften den Charakter eines neuen Programms. Darunter zählt die in lateinischer Sprache verfasste Schrift „Von der babylonischen Gefangenschaft der Kirche“, ebenso aber auch die im Zusammenhang seines Prozesses in Rom verfasste und an Papst Leo X. gesandte Schrift „Von der Freiheit eines Christenmenschen“. Im Umfeld dieser in der Öffentlichkeit als Programmschriften des Jahres 1520 bekannt gewordenen Publikationen Luthers stehen kleinere Schriften, die im Vorfeld die theologischen Auseinandersetzungen präludieren. Hierzu zählen Predigten, katechismusartige Schriften, Trostschriften, Streitschriften, die sich vielfach konkreten Anlässen verdankten. In kürzester Zeit wurde Luther zu einem der meist gelesenen deutschen Autoren. Seinen Programmschriften folgten einige weitere, nicht weniger grundsätzliche Schriften wie „Vom unfreien Willen“ gegen Erasmus 1525 oder „Von weltlicher Obrigkeit, wie weit man ihr Gehorsam schuldig sei“ von 1523.

Die Schrift „An den Adel“ beinhaltet ein reformerisches Programm. Sie nimmt innerhalb der sonstigen Veröffentlichungen Luthers einen eigenartigen Platz ein. Sie will nicht Schriftauslegung und theologische Lehre bieten, sondern versteht sich als Ermahnung an den deutschen Adel. Sie erschien Mitte August 1520 in Wittenberg. Der Text besteht aus zwei Teilen, einem kürzeren theologischen und einem längeren praktischen Teil, in dem Luther in 26 Punkten Vorschläge zur Reform der Kirche und der weltlichen Gesellschaft macht. Die Reformvorschläge Luthers sind beachtlich.

Luther richtet sich gegen die Anhänger des Papsttums. „Die Romanisten haben drei Mauern mit großer Behändigkeit um sich gezogen, womit sie sich bisher beschützt, dass sie niemand hat können reformieren, wodurch die ganze Christenheit gräulich gefallen ist. Zum ersten: wenn man hat auf sie gedrungen mit weltlicher Gewalt, haben sie gesetzt und gesagt, weltliche Gewalt habe nicht Recht über sie, sondern wiederum: geistliche sei über die weltliche. Zum andern: hat man sie mit der Heiligen Schrift wollen strafen, setzen sie dagegen, es gebühre die Schrift niemand auszulegen denn dem Papst. Zum dritten: dräuet man ihnen mit einem Concilio, so erdichten sie, es könne niemand ein Concilium berufen denn der Papst. Also haben sie die drei Ruten uns heimlich gestohlen, dass sie mögen ungestraft sein, und sich in sichere Befestigung dieser drei Mauern gesetzt, alle Büberei und Bosheit zu treiben, die wir denn jetzt sehen."[100]

In den Mittelpunkt seiner theologischen Kritik stellt Luther seine Hauptaussage: „So werden wir allesamt durch die Taufe zu Priestern geweihet"[101]. Durch Taufe und Glauben sind alle Christen geistlichen Standes. Bischöfe und Priester unterscheiden sich von Christen nur dadurch, dass sie mit dem Amt der Evangeliumsverkündigung und der Sakramentenspendung beauftragt sind. Der Priester ist nichts anderes als ein Amtmann der Christenheit; solange er im Amte ist, geht er vor, ist er abgesetzt, ist er ein Bürger wie jeder andere. Durch das Priestertum aller Gläubigen bilden alle Christen den einen Körper der Kirche, nicht wie mittelalterliche Vorstellungen glauben machten, es gebe zwei; Priester und Ordensleute auf der einen, Laien auf der anderen Seite. Dieser Trennung entzog Luther mit seiner Argumentation die Legitimation. Priester, Bischöfe und Päpste sind von den anderen Christen „nicht weiter noch würdiger geschieden"[102]. Aus diesem Grundsatz folgert Luther eine zweite Hauptaussage, nämlich dass alle eine Macht haben und nicht nur einer. Nicht der Papst allein ist es, der die Schrift auszulegen oder ihre Auslegung zu bestätigen hat, sondern es ist dies die Aufgabe aller. Daraus folgt zuletzt, dass es keinen Grund gibt, allein dem Papst die Kompetenz zuzugestehen, ein Konzil zu berufen oder zu bestätigen. Ein rechtes und freies Konzil ist die Sache aller, die Glieder des Leibes Christi sind. Alle sind Mitchristen, Mitpriester, Mitgeistliche und Mitmächtige in allen Dingen, die die Kirche betreffen.

Im Anschluss an diese kurze Darlegung seiner drei Hauptaussagen, die er gegen die Romanisten zu Rom ausführt, führt Luther insgesamt 26 Reformvorschläge an, mit denen er die Kirche und ihre Organisation reformieren will. Ein gewählter Bischof soll von seinem Nachbarbischöfen und nicht von Rom bestätigt werden. Wallfahrten nach Rom, das Bettelmönchtum, der Zölibat der Priester sollen abgeschafft werden; die kirchliche Gesetzgebung soll eingeschränkt und überarbeitet werden; insgesamt eine Fülle von Vorschriften und Überlegungen zur Reform der Kirche. Luther richtete seine Schrift an den deutschen Adel, dem er die Aufgabe zutraute, sich für die Belange der Kirche einzusetzen. Der Widerspruch gegen seine Adelsschrift auf kirchlicher Seite blieb freilich nicht aus. Dennoch fand sie große Zustimmung, weil sie in der Tat die in der Kirche vorherrschenden Missstände und Missbräuche ohne alle Umschweife benannte und die Korrektur für bedürftig hielt.

Die zweite der drei großen Reformschriften Luthers beschäftigt sich mit der Sakramentenlehre der Kirche. Vorbereitet durch einige kleinere Schriften, unter anderem zur Messe, legt Luther seine grundlegende Auffassung vom Sakrament in seiner Schrift „Von der baylonischen Gefangenschaft der Kirche“ dar. Auch in dieser Schrift durchziehen Reformvorschläge und theologisch grundsätzliche Darlegungen den Text. Luther zeigt sich hier als Meister einer neuen literarischen Form, nämlich der an den jeweiligen Leser gerichteten Literatur. Es handelt sich also keineswegs um philosophisch und theologisch ausgearbeitete systematische Darlegungen der Sachthemen, sondern um Gelegenheitsschriften mit programmatischen Aussagen.

Luthers grundsätzliche Auffassung zur Sakramentenlehre orientiert sich an der mit seiner Rechtfertigungslehre einhergehenden Konzeption von Verheißung und Glaube. „Denn Gott ... hat mit den Menschen niemals anders gehandelt, handelt auch noch nicht anders mit ihnen denn durch das Wort der Verheißung. Hiergegen können wir mit Gott nicht anders handeln denn durch den Glauben an das Wort seiner Verheißung. Unserer Werke achtet er nicht, bedarf ihrer auch nicht, mit welchen wir vielmehr gegen die Menschen und mit Menschen und uns selbst handeln. Aber das bedarf er, daß er in seinen Verheißungen von uns für wahrhaftig gehalten und also mit Geduld erwartet und mit Glauben, Hoffnung und Liebe geehret werde. ... Denn es versteht ein jeder leicht, dass diese zwei Dinge zugleich nötig sind, die Verheißung und der Glaube. Denn ohne Verheißung kann nichts geglaubet werden. Und ohne Glauben ist die Verheißung nichts nütze, weil sie durch den Glauben befestiget und erfüllet wird."[103] Was Luther hier ausdrücken will, ist die unmittelbare Verbindung zwischen dem die Verheißung zum Ausdruck bringenden Wort Gottes einerseits und dem Glauben des Menschen andererseits, der sich dem Wort Gottes bedingungslos unterwirft. Unter diesem Vorzeichen steht das Verständnis der Zeichenhaftigkeit des Sakraments. Das Zeichen ist, wie Luther sich ausdrückt, ein Denkmal der Verheißung des Wortes. Somit geht ein Sakrament aus beiderlei, Wort und Zeichen, hervor. Das Wort ist das Testament, das Zeichen das Sakrament. Dabei ist an dem Worte mehr gelegen, denn an dem Zeichen, so auch mehr an dem Testament, denn am Sakrament. So ist das Wort der Verheißung das Hauptstück, dem der Glaube zu folgen hat.

Luther folgt hier einer offenkundigen Linie. Nacheinander handelt er die sieben Sakramente ab. Beginnend mit der Frage des Laienkelches, dessen Verweigerung für die Laien er scharf kritisiert, befasst er sich mit der von der Kirche vorgelegten Transsubstantiationslehre, mit dem Verständnis der Messe als Opfer, dessen Werkcharakter er massiv angeht. Die Messe ist ein Geschenk Gottes, und kein Gegenstand von Geschäftemacherei. Die Taufe ist für Luther das Fundament aller Sakramente, die Buße Ausdruck göttlicher Verheißung. Weil ohne Fundament in der Heiligen Schrift, verweigert Luther den anderen Zeichen der Kirche den Charakter eines Sakraments: der Ehe, der Weihe, der Firmung, der letzten Ölung. Wieder setzt sich Luther mit dem Grundsatz vom Priestertum aller Gläubigen auseinander, hier jetzt in Beziehung zum Dienstamt in der Kirche. Wohl lehnt Luther die Sakramentalität der Weihe ab, dennoch leugnet er nicht, dass es in der Kirche ein besonderes Dienstamt geben muss. Die Kirche entspringt aus dem Wort der Verheißung durch den Glauben und sie wird mit demselben Wort der Verheißung erhalten. Das Wort Gottes ist über der

Kirche. Die Kirche hat keine Macht über das Wort Gottes, deshalb ist auch die Weihe kein Sakrament. Was die Kirche braucht, ist der Dienst am Wort Gottes: „Der Dienst des Wortes Gottes macht einen Priester und Bischof.“[104] Nicht das äußerliche Gehabe, weder die Tonsur noch die Kleidung machen einen Menschen zum Priester, sondern der Dienst am Wort. Wenn auch alle Christen zugleich Priester sind, die alle gleiche Gewalt an dem Wort Gottes haben, kann doch niemand diesen Dienst, zu dem alle berufen sind, an sich ziehen. Das Sakrament der Weihe ist daher nichts anderes als ein gewöhnlicher Brauch, „jemand zu berufen in den Dienst der Kirche“. Somit kann Luther auch zwischen dem Priestertum aller Gläubigen und dem Dienstamt am Wort Gottes unterscheiden. Die Weihe, oder besser Ordination, lehnte Luther nicht entschieden ab. Anders als seine Adelsschrift traf seine zweite große Hauptschrift nicht auf ungeteilte Zustimmung. Die Wirkung der Schrift war zwiespältig.

Neben diese beiden großen Schriften Luthers traten eine Reihe kleinerer Schriften, die nicht weniger Aufmerksamkeit erlangten. Dazu zählte auch der Streit Luthers mit Augustin von Alveldt über das Papstamt. Die Streitfrage ist auch für Luther nicht neu. Wieder geht es darum, ob das Papstamt durch göttliches Recht begründet ist. Daher ist seine Auseinandersetzung mit Alveldt über diese Frage nicht das entscheidend Neue, sondern die in dieser Schrift entfaltete Darlegung seines reformerischen Kirchenverständnisses. Wieder setzt er zunächst bei seiner Kritik am Papstamt ein: die äußere Einigkeit unter dem Papst konstituiert nicht die Christenheit. Sie ist für Luther, und darin kommt sein neues Verständnis zum Tragen, eine Versammlung aller Christgläubigen auf Erden. Die Christenheit ist zunächst nicht eine leibliche Versammlung, sondern eine Versammlung der Herzen im einen Glauben. Gemeinschaft der Heiligen heißt bei Luther jetzt Gemeinschaft derer, die an Christus glauben. Die Kennzeichen der geistlichen Gemeinschaft sind Evangelium, Taufe und Abendmahl. Von dorther kommt Luther zu seiner charakteristischen Unterscheidung zwischen den zwei Kirchen. Die erste ist die natürliche, wesentliche und wahrhaftige, die geistliche innerliche Christenheit. Die andere ist die äußerliche, die leibliche Christenheit. Beide Dimensionen von Kirche will Luther nicht auseinander reißen, doch scharf voneinander unterscheiden. Ist die erste Christenheit die allein wahrhaftige Kirche, dann hat sie auf Erden weder einen Bischof noch einen Papst, allein Christus ist ihr Haupt und regiert allein. Die rechte Kirche ist die, die geglaubt wird, und deshalb ist sie eine Gemeinschaft im Glauben. Die äußerliche Kirche dagegen wird durch eine menschliche Ordnung regiert, und deshalb ist gerade sie nicht ohne solche Menschen wie Päpste, Kardinäle, Bischöfe, Priester und Mönche denkbar. Aber diese äußere Kirche macht keine wahren Christen, weil auch sie nicht ohne den Glauben bestehen können.[105]

Auch hier ergibt die Analyse des Textes die Einsicht, dass Luther eine Unterscheidung herbeiführt, die er für das Wohl und Wehe der Kirche unabdingbar hält. Luther unterscheidet zwei verschiedene Aspekte, den innerlichen und den äußerlichen. Die äußerliche Gemeinde ist nicht allein durch sichtbare Elemente darzustellen, sie ist Ausdruck der inneren Gemeinschaft, die durch den Glauben ausgezeichnet ist. Geistliche Gemeinschaft ist nicht einfach identisch mit der äußerlich sichtbaren und erfassbaren Gemeinde, die durch das Recht und die Ämter strukturiert ist. Freilich bleibt Luther auch hier wie an vielen anderen Stellen die genauere Verhältnisbestimmung von innerlicher und äußerlicher Gemeinde, von innerlichen und äußerlichen Aspekten schuldig. Klar ist jedenfalls, nicht allein das äußerliche Erscheinungsbild der Kirche ist alleiniger Ausdruck dessen, was Kirche im Ganzen genannt zu werden verdient.

In dieser Schrift erweist sich Luther wahrhaft als Polemiker. Gegen Alveldt äußert er: „Schelte, lästere, richte meine Person und mein Leben nur frisch, wer da will, es ist ihm schon vergeben. Aber niemand erwarte von mir weder Huld noch Geduld, wer meinen Herren Christus, durch mich gepredigt, und den heiligen Geist zu Lügner machen will. Es liegt nichts an mir, aber Christi Wort will ich mit fröhlichem Herzen und frischem Mut verantworten, ohne jemand anzusehen, dazu mir Gott einen fröhlichen, unerschrockenen Geist gegeben hat, den sie mir nicht betrüben werden, hoffe ich, ewiglich."[106] Seine Schärfe zieht Luther aus den zentralen Fragen des Glaubens; Luther ist Polemiker aus Glaubensgründen.

Noch in einer anderen Frage betrat Luther gegenüber der mittelalterlichen Tradition Neuland. In der Auslegung des ersten Gebotes, „Ich bin der Herr dein Gott, du sollst keine anderen Götter neben mir haben“, bot sich Luther die Gelegenheit, seine Vorstellungen einer neuen Ethik grundzulegen. Sowohl in seiner Schrift vom Februar 1520 „ Sermon von den guten Werken“ als auch in der bekannteren Schrift „Von der Freiheit eines Christenmenschen“, die dem Sendschreiben an Papst Leo X. beigefügt war, gelingt es Luther wiederum mit kräftigen Strichen, seine Auffassung darzulegen. Vielfach hatte er seine Vorstellungen über Ethik in Vorlesungen und Predigten bereits erprobt und vorgetragen; hier kann er sich mit scharfen Thesen an die Öffentlichkeit wenden. Ansatzpunkt seines neuen Denkens ist sein am Römerbrief gewonnenes intensives Verständnis der Rechtfertigungslehre und das aus ihm gewonnene Verständnis des christlichen Glaubens.

Im Sermon beginnt Luther seine Ausführungen mit zwei Thesen, die einander gegenüberstehen. Die erste These lautet: Es gibt keine guten Werke denn allein, die Gott geboten hat. Die zweite lautet: Es ist keine Sünde denn allein, die Gott verboten hat.[107] Hat Christus gesprochen, dass allein der selig wird, der die Gebote Gottes hält, und das sind die Zehn Gebote, so will Luther hier eine Unterscheidung der guten Werke lehren, die ihm notwendig erscheint. Nicht alle guten Werke sind auch wirklich gut. Wohl finden sich viele, die beten, fasten, stiften, ein gutes Leben führen. Aber ob alle diese Wege zu Gott führen, ist nicht gewiss. Denn das entscheidende Merkmal, ob gute Werke wirklich gut sind, entscheidet allein der Glaube an Christus. Gut ist allein das Werk, das aus dem Glauben geschieht. Der Glaube macht also die Werke gut. Der Glaube ist das Vorzeichen, das alle Werke gut macht. Das ist der Sinn der Forderung des ersten Gebotes. Diese Linie zieht Luther in seiner Freiheitsschrift weiter aus.

Auch hier beginnt Luther wieder mit einer grundsätzlichen Unterscheidung. Die erste These lautet: „Ein Christenmensch ist ein freier Herr über alle Dinge und niemand untertan“. Die zweite lautet: „Ein Christenmensch ist ein dienstbarer Knecht aller Dinge und jedermann untertan“[108]. Zum Verständnis dieser beiden Thesen, die sich zunächst gegenseitig aufzuheben scheinen, greift Luther auf eine ihm längst gängige Unterscheidung zurück, die er nun zur Grundlegung seiner Ethik heranzieht. Zunächst, schlägt Luther vor, schauen wir auf den inwendigen, den geistlichen Menschen, welcher ein frommer, freier Christenmensch heißen soll. Kein äußerliches Ding kann ihn frei oder fromm machen, sondern nur das Evangelium, das Wort Gottes, von Christus gepredigt. Die Seele hat kein anderes Ding als das im Evangelium offenbarte Wort Gottes. Wort und Glaube gehören zuhauf. Der Glaube allein kann fromm machen, ohne alle äußere Werke. Das ist der Sinn der ganzen Heiligen Schrift. Gebote lehren und schreiben uns lauter gute Werke vor, aber damit sind sie noch nicht geschehen. Sie weisen wohl, was man tun soll, geben aber keine Stärke dazu. Das allein macht der Glaube. „Allein das Wort und der Glaube regieren in der Seele.“[109] Die christliche Freiheit kommt aus dem Glauben. Um fromm und selig zu werden, bedürfen wir keines Werkes. Ein Christenmensch ist deshalb frei von allen Dingen und über alle Dinge, weil er aus dem Glauben lebt. Alles was der Mensch tut, richtet sich auf die Ordnung des menschlichen Lebens, nicht auf das Heil. Doch kann nicht geleugnet werden, dass der Mensch auf Erden lebt und handeln muss. Nun muss der Mensch nicht müßig werden, weil er glaubt, aber er ist frei, zu tun, was aus dem Glauben kommt. Wie immer der Mensch entscheidet und handelt, Werke machen niemals fromm. Zuvor muss der Mensch fromm sein, ehe er wirkt. Der Glaube macht die Person, nicht das Werk. Fides facit personam, heißt Luthers knappe Formel hierzu, der Glaube macht die Person.

Die gewiss nicht leicht verständliche Unterscheidung zwischen innerlichem und äußerlichem Menschen ist die wohl in der abendländischen Geistesgeschichte bekannteste Diktion Luthers geworden. Ohne hier auf die Wirkungsgeschichte dieser für das ethische Denken und Handeln wichtigen Grundunterscheidung einzugehen, will Luthers Konzeption, die er in einer paradoxen Doppelthese aufnimmt, den Weg für den Christen weisen. Der Weg zum christlichen Leben, der Weg zur Freiheit und Gerechtigkeit führt nicht über das Tun von frommen Werken, sondern einzig über das Evangelium von Jesus Christus. Das Gesetz, die Gebote Gottes, mögen zwar fordern, den Menschen binden, zu seinem Heil vermögen sie ihn aber nicht zu führen. Das Gesetz führt den Menschen zur Erkenntnis der Sünde, Christus allein führt ihn zum Heil. Dem Glauben rechnet Gott daher die Gerechtigkeit, die Freiheit, die Gewissheit und die Seligkeit zu, nicht mehr dem Werk. Gleichwohl lebt der Mensch in einer Welt, in der Gebote und Verbote bestehen und befolgt werden müssen. Niemand kann ohne Ordnung leben. Aber diese Ordnung ist frei von der Bindung an das Tun der guten Werke um des Himmelreichs willen. Aus der Gemeinschaft von Gott kommend ist der Mensch frei für das Leben in der Welt. Hier muss er nicht beweisen, dass er zur Gemeinschaft mit Gott gehört. Das allein weiß er aus dem Glauben an das Evangelium Jesu Christi. Freiheit wird möglich allein aus Glauben an Gott. Luthers Antwort auf die traditionelle Frage, was soll ich tun, lautet daher: Der Mensch lebt und handelt aus dem Geschenk der Freiheit, als Geschenk der Befreiung, und nicht durch aktivistische Selbstverwirklichung. Hatte die mittelalterliche Philosophie, vor allem Thomas von Aquin, sehr viel Wert auf die durch den Menschen zu ordnende, durch seine ordnende Vernunft bestimmte Welt gelegt, so tritt Luther gleichsam mit einem Rasiermesser an die Welt und trennt innerliches und äußerliches voneinander. Um es in eine knappe Formel zu bringen: Nach der Vorstellung des Thomas von Aquin gibt Gott dem Menschen das Gesetz, damit der Mensch dem Willen Gottes gehorsam ist, und die Gnade, um es in der Welt zu erfüllen[110]; nach Luther dient das Gesetz der Erkenntnis der Sünde, das Evangelium dagegen ist Geschenk der Freiheit, die allem Tun des Menschen vorausliegt. Wirken nach der ersten Vorstellung Gesetz und Gnade zusammen, treten nach der zweiten Gesetz und Evangelium um des Heils Willen auseinander. Schaut Thomas mit den Augen des Schöpfergottes auf Welt, Mensch und Gesellschaft, so Luther mit den Augen des gekreuzigten Christus auf Sünde und Tod des Menschen, die nur Christus überwinden kann.

Die Unterscheidung von innerlich und äußerlich hat Luther noch in einer weiteren charakteristischen Unterscheidung geltend gemacht, indem er zwischen zwei Regimenten unterscheidet, dem geistlichen und dem weltlichen Regiment. In seiner so genannten Obrigkeitsschrift führt Luther aus, dass man beide Regimente unterscheiden müsse, ohne sie gänzlich auseinander zu reißen. „Denn ohn Christi geistlich Regiment kann niemand fromm werden vor Gott durchs weltlich Regiment."[111] Auch hier dient die Unterscheidung dazu, klarzumachen, dass durch alles weltliche Handeln niemand sein Heil erwirken kann. Das eine Regiment macht fromm, das andere schafft äußerlich Frieden und wehrt den bösen Werken. Die äußere Ordnung ist nicht sich selbst überlassen, sondern ist Dienerin Gottes. Dennoch hat Gott dem Menschen zweierlei Gesetz gegeben. „Denn ein jeglich Reich muss seine Gesetz und Rechte haben, und ohn Gesetz kein Reich noch Regiment bestehen kann, wie das genugsam täglich Erfahrung gibt. Das weltlich Regiment hat Gesetz, die sich nicht weiter strecken, denn über Leib und Gut und was äußerlich ist auf Erden. Denn über die Seele kann und will Gott niemand lassen regieren, denn sich selbst alleine."[112] Die weltliche Ordnung ist sinnvoll, notwendig und unabdingbar, sie reicht aber nicht aus, den Glauben zu erlangen. Und deshalb kann niemand den Menschen in diesem Bereich mit äußerlicher Gewalt zwingen. „Zum Glauben kann und soll man niemand zwingen."[113] Auch hier steht für Luther klar und deutlich im Vordergrund, dass kein Gesetz der Kirche, auch kein Concilium, den Menschen zu irgendetwas zwingen vermag. Auch in der Kirche geht es letztlich um die menschliche Ordnung und diese erstreckt sich weder in den Himmel noch über die Seele. Damit ist klar, dass die weltliche Gewalt nicht über den Glauben verfügen kann. Hier hat jede äußerliche Ordnung ihre unüberwindbare Grenze. Die kirchenkritische Spitze dieser Aussagen kommt in folgendem Zitat zum Ausdruck: „Die Bischöf sollen das Wort Gottes lassen liegen und die Seele nicht damit regieren, sondern sollen den weltlichen Fürsten befehlen, dass dieselben mit dem Schwert daselbst regieren."[114] Unter den Christen ist kein Oberster, denn Christus allein. Priester und Bischöfe üben keine Obrigkeit und Gewalt aus, sondern ein Dienstamt. Die Christen müssen im Glauben regiert werden, nicht mit äußerlichen Werken. „Glaube kann aber durch kein Menschenwort, sondern nur durch Gottes Wort kommen."[115]

Im Anschluss an diese grundsätzlichen Überlegungen gibt Luther den weltlichen Fürsten einer Reihe von Anweisungen zur Hand, nach denen sie ihr weltliches Regiment auszuführen haben. Alle weltliche Gewalt findet ihre Grenze dort, wo das Wort Gottes allein regiert. Ob Luthers Obrigkeitsschrift als Summe seiner politischen Ethik gelten darf, ist heute umstritten. Freilich enthält seine Schrift auch viele zeitbedingte Überlegungen, so dass ihr grundsätzlicher Charakter damit leicht verwechselt werden kann. Nicht alle Fragen der politischen Ordnung und Verantwortung der Christen in der Welt können mithilfe seiner Obrigkeitsschrift beantwortet werden.

Schärfer noch als hier hat Luther in seiner Schrift gegen den Humanisten Erasmus von Rotterdam den grundsätzlichen Unterschied von Gesetz und Evangelium herausgearbeitet. Die 1525 erschienene Schrift „Vom unfreien Willen" (De servo arbitrio) arbeitet die Fundamentalunterscheidung von Gesetz und Evangelium heraus, welche Luther die „höchste Kunst in der Christenheit" nannte.[116] Von ihr kann behauptet werden, dass sie zu Luthers grundlegenden hermeneutischen Erkenntnissen gehört, mit der man die Eigenart von Luthers Reformtheologie erfassen kann. Ohne hier den Reichtum seiner Streitschrift gegen Erasmus ganz erfassen zu wollen, bietet Luther mit der Unterscheidung von Gesetz und Evangelium einen Schlüssel zur Interpretation der Heiligen Schrift. Nach Luther kommt es darauf an, die Funktion des Gesetzes im Blick auf das Evangelium zu erfassen. Das Gesetz bringt den Menschen zur Erkenntnis seiner Ohnmacht. Ohnmächtig ist der Mensch im Blick auf das Erlangen des Heils. Gott besitzt kein anderes Heilmittel als das Gesetz, das er dem Menschen vor Augen stellt, damit dieser erkennt, dass er ein Sünder ist. „Die Schrift aber definiert: Der Mensch ist verderbt und gefangen, außerdem verachtet er stolz Gott und weiß nicht um seine Verderbtheit und Gefangenschaft. Deswegen zupft sie ihn mit jenen Worten und weckt ihn auf, damit er sogar aus unbestreitbarer Erfahrung erkennt, wie er nichts davon vermag."[117] Der ganze Sinn und die Kraft des Gesetzes liegen in der Erkenntnis der Sünde. Das Gesetz belehrt ihn und zeigt, was seine Schwachheit letztlich ist. Durch die Worte des Gesetzes wird der Mensch ermahnt und belehrt: Erkenne, dass du ein Sünder bist. Das Evangelium dagegen beschreibt den Menschen als den, der glaubt, der frei ist, der erlöst ist. Will man also die Heilige Schrift verstehen, so muss man die Unterscheidung von Gesetz und Evangelium anwenden. Dieser Unterscheidung folgt jede rechte Theologie.

Die von Luther ausgearbeitete Lehre führt zur reformatorischen Neufassung der zuerst durch Augustin vorgenommenen Unterscheidung zwischen Gesetz und Gnade. Sie ist dialektisch antithetisch strukturiert, ihr folgen eine Reihe von charakteristischen Unterscheidungen reformatorischer Theologie, wie die von Philosophie und Theologie, Buchstabe und Geist, Person und Werk, Glaube und Liebe, Reich Christi und Reich der Welt, Christperson und Weltperson. Will man den Unterschied zwischen Luthers Neuformulierung der Theologie und der aus der Tradition herkommenden Theologie auf einen einzigen Punkt bringen, so liegt er womöglich in der von Luther scharf gezeichneten fundamentalen Unterscheidung von Gesetz und Evangelium. Ob diese Unterscheidung zugleich eine konfessionsspezifisch trennende Unterscheidung ist, wie dies in der modernen protestantischen Lutherforschung dargestellt wird, ist im ökumenischen Dialog der Gegenwart die entscheidende Frage.

2.6. Reformatorische Bewegungen

Die reformerischen Ideen begannen sich von Wittenberg ausgehend zu verbreiten. Rasch konnte man von reformatorischen Bewegungen sprechen, die in der Breite die Wittenberger Reformansätze aufnahmen und umzusetzen suchten. Die von Luther ausgelöste reformerische Bewegung fand breite Resonanz in allen Bevölkerungsschichten. Schnellen Eingang fanden die Reformen vor allem in Teilen des niederen Adels. Religiöse Entscheidungen zeigten sich oftmals beeinflusst von politischen Erwägungen und sozialen Herausforderungen. Hier bot die Reformation Ansatzpunkte für eine sich gegenüber den Landesherren allmählich durchsetzende neue Politik. Mancher Adlige ließ sich durch die neue Lehre dazu verleiten, mit militärischen Mitteln für sie zu kämpfen. Aufsehen erregten so spektakuläre Aktionen des Adels in den Jahren 1522 und 1523.

Eine führende Rolle bei der Durchsetzung der Reformation spielten die Städte. Waren sie vor allem im späten Mittelalter zu sozialen, politischen und kulturellen Zentren herangewachsen, fühlten sich die Bürger gleichermaßen für das irdische wie für das ewige Heil verantwortlich. Allmählich wuchs der Einfluss des Bürgertums auf die Geschicke der Kirche. Konflikte mit den zuständigen Bischöfen ergaben sich dann, wenn machtversessene Bürger darauf sannen, Pfarrer nach Gutdünken in die von ihnen gestifteten Kirchen einzusetzen. Bischöfen blieb dann meist nichts anderes übrig, als ihre Pfarrkirchen außerhalb der Städte anzusiedeln. In den Städten wirkten dann von Bürgern angestellte Theologen, die das Evangelium predigten, nicht aber die Messe hielten. Bürgerschaften beanspruchten auch die Aufsicht über das kirchliche Vermögen und weitere Patronatsrechte, wie die Pfarrerwahl. In dieser Gemengelage fasste die Reformation rasch Fuß und gewann schnell an Bedeutung. Hier verbanden sich Kirchenkritik und Antiklerikalismus und gaben den Stadtherrn die Legitimation zu einem von ihnen bestimmten Kirchenwesen.[118] Bis zum Frühjahr 1525 waren Städte aus dem gesamten Reich bereits der Reformation zuzurechnen, so vor allem Bremen, Magdeburg, Breslau, Nürnberg, Konstanz, Straßburg, Reutlingen, Ulm und Zürich.

Zentrum der reformatorischen Bewegung war zunächst Wittenberg. Von hier aus dehnte sich die Reformation in den Städten aus, in denen die besten Möglichkeiten zur Verbreitung der reformerischen Ideen lagen. Eigene Ansätze gelangen der Reformation in Süddeutschland. Zentrum dieser Bewegung war die Schweiz, insbesondere die Stadt Zürich. Treibende Kraft der dortigen Reformation war Ulrich Zwingli, geboren am 1. Januar 1484. Nach Ausbildung in Bern, Wien und Basel war er Pfarrer in Glarus. Im Januar 1519 trat er sein neues Amt als Pfarrer des Großmünsters in Zürich an. Durch den Humanismus beeinflusst, von Luther herkommend wurde Zwingli vor allen Dingen durch eigenes Schriftstudium zum Reformator. Zwingli betrieb weniger theologische Studien, als vielmehr praktische Reformen auf der Grundlage der Heiligen Schrift. Darüber hinaus trat er für die Abschaffung des Zehnten und für die Reform der Armenfürsorge ein. Schon 1522 kam es zum Eklat mit den kirchlichen Behörden. Zwingli legte sein Pfarramt nieder, der Rat der Stadt richtete ihm daraufhin eine eigene evangelische Pfarrerstelle ein. Alsbald ging Zwingli daran, seine Ansichten in umfangreichen Abhandlungen und Disputationen zu verteidigen. Seine Hauptschrift „De vera et falsa religione commentarius“ erschien 1525. Zwar ist Zwinglis Lehre in Abhängigkeit von Luther entstanden, seine Radikalität im Umgang mit der Bibel und seine reformerischen Maßnahmen aber ließen ihn bald von Luther Abstand nehmen. Zwinglis theologisches Denken zeichnet sich durch eine strikte Unterscheidung zwischen Schöpfer und Geschöpf, zwischen Himmel und Erde, Geist und Fleisch, Seele und Leib aus. Diese Unterscheidung wirkt sich auch auf die Frage der Vermittlung des Heils aus. Weil der Mensch als Sünder dem Vollkommenheitsanspruch Gottes niemals gerecht zu werden vermag, kann die Kreatur in keinem Fall Trägerin des göttlichen Heils sein. Dies trifft auch auf das Sakramentsverständnis zu. Das Heil verleiht allein Gott dem Glauben. Äußere Mittel sind dazu nicht notwendig. Die Taufe ist daher ein Zeichen für den Gnadenbund Gottes, das Abendmahl ist Zeichen der Erinnerung an das Opfer Christi, indem Gläubige für die erwirkte Erlösung Dank sagen und sich zur Gemeinschaft mit Christus verpflichten. Nach der Festigung in Zürich trieb Zwingli die Ausbreitung der Reformation in der Schweiz und in Süddeutschland voran.

Neben den beiden Hauptorten der Reformation, Wittenberg und Zürich, trat in den 40er-Jahren des 16. Jahrhunderts Genf als drittes Zentrum der Reformation hinzu, dessen Ausstrahlungskraft bald die von Zürich überdeckte und auch Wittenberg den Rang als Hauptzentrum der reformatorischen Bewegung streitig machte. Johannes Calvin wurde 1509 in Noyon (Frankreich) geboren und starb 1564 in Genf. Zunächst studierte Calvin Jura, später Theologie, indem er die Bibel und die Kirchenväter zu lesen begann. In Paris vertiefte er die Kenntnisse der biblischen Sprachen, des klassischen und christlichen Altertums. Bald musste er aber, der Häresie verdächtig, nach Basel fliehen, und hier vollzog sich dann seine entschlossene Hinwendung zur Reformation. Hier begann er die Arbeit an seinem theologischen Hauptwerk „Christianae Religionis Institutio“[119]. Als Quellen dienten ihm dabei die beiden Katechismen Luthers sowie dessen Schriften über die Freiheit und über die babylonische Gefangenschaft der Kirche. Calvin wurde aufgrund seines enormen Erfolges zum Lektor der Heiligen Schrift in Genf ernannt und verfasste dort eine Kirchenordnung, die zur Grundlage für die Erneuerung des Kirchenwesens diente. Aus Genf ausgewiesen begab sich Calvin nach Straßburg, später nach Frankfurt, Worms und Regensburg. Hier lernte er Melanchthon kennen. Luther dagegen ist er nie persönlich begegnet. Die Genfer riefen ihn 1541 zurück und der Rat genehmigte seine Kirchenordnung, die vier Ämter vorsah: die Pastoren zum Dienst am Wort und Sakrament, die Lehrer zur Erziehung, die Ältesten zur Überwachung der Lebensführung und als Verantwortliche für die Politik, die Diakone zur sozialen Fürsorge. Calvin betrieb auch einige Lehrzuchtverfahren, unter anderem gegen Michel Servet, der auf dem Scheiterhaufen endete. Es gelang Calvin jedoch nie, seine Kirchenordnung ganz umzusetzen. Er starb noch nicht ganz 55jährig aufgrund der enormen Arbeitsbelastung.

Calvins Theologie kann durch eine Synthese von Weisheit und Wissenschaft charakterisiert werden.[120] Verstand und Herz, Individuum und Gemeinschaft sollen von Gott her und auf das Heilige angesprochen werden, wissenschaftlich setzt seine Theologie die Bibel- und die Altertumskunde, sowie Logik und Dialektik voraus. Trug der Mensch einst das göttliche Ebenbild in sich, so ist dieses zwar nicht völlig zerstört, aber irrtumsanfällig. Durch Rechtfertigung und Erneuerung hat Gott den Menschen ein neues Ebenbild eingegeben. Als Schöpfer bestimmt Gott alles im Voraus. In Christus steht dem Menschen das Bild des unsichtbaren Gottes vor; nunmehr wird die Beziehung zwischen Gott und Mensch durch Evangelium, Schrift, Predigt und sakramentale Worttat vermittelt. Durch die Taufe werden Menschen in die Gemeinschaft der Kirche aufgenommen, im Abendmahl wird uns Christus durch die Zeichen von Brot und Wein wahrhaft gegeben. Beide Sakramente versteht Calvin als Kommunikationsvollzüge. Das in der Kirche wirksame Amt ist unabdingbar, es ist ein Amt am Wort Gottes. Das gemeinsame Priestertum ist nicht die Grundlage seiner Ämterlehre. Calvin hält an der Ordination durch Handauflegung fest, die er als drittes Sakrament anzuerkennen bereit ist. Obwohl Calvin großes Gespür für die Transzendenz Gottes entwickelte, muss seine Theologie heute sicher mehr vom Gedanken der Vermittlung, nicht von dem des dialektischen Gegensatzes aus interpretiert werden. Insgesamt betrachtet kann seine Theologie nicht im eigentlichen Sinn als schöpferisch verstanden werden, er ist ganz der Mann der zweiten reformatorischen Generation, wohl der größte Schüler Luthers, der ihm sehr viel verdankt. Eigentümlich ist die im Gegenüber zu Luther strengere Fassung der Prädestinationslehre.

Der Calvinismus hat sich in Europa gegen katholische Obrigkeiten in einem harten Kampf durchsetzen müssen. Dies geschah in der reformatorischen Bewegung in Frankreich und den Niederlanden. Hier hat sich der Calvinismus auf Dauer durchgesetzt und die katholische Kirche aus der Position der Staatskirche verdrängen können. Calvinistische Glaubensflüchtlinge, vor allem nach der so genannten blutigen Bartholomäusnacht 1572 in Frankreich, fanden Zuflucht in Brandenburg-Preußen. Aber auch in der Pfalz konnte sich der Calvinismus, wie in anderen kleineren Territorien im Alten Reich durchsetzen. Der deutsche Calvinismus hat schließlich Kirchenordnungen und Bekenntnisschriften hervorgebracht, von denen der Heidelberger Katechismus die bedeutendste ist.

2.7. Die Confessio Augustana als Ausdruck eines reformerischen Katholizismus

Von Anfang an war die reformatorische Bewegung ein politisches Phänomen. Zwar zielte Luthers religiöser Erneuerungswille auf die Reform der Kirche und der hergebrachten Theologie, aber die von ihm ausgelösten Reformbestrebungen weiteten sich auf alle Gebiete des öffentlichen Lebens aus. Wohl hatte es schon in den vorausliegenden Jahrhunderten immer wieder Reformbestrebungen gegeben, aber erst deren Bündelung im

Rückgriff auf den theologischen Erneuerungswillen Luthers gab diesen die nötige Durchschlagskraft. Einmal in Gang gesetzt, lösten sich viele der Reformbestrebungen von ihren theologischen Anliegen und führten daher ein fast selbstständiges Dasein. Zusehends gewannen alle Arten von Reformwünschen Gestalt. Hinzu kam der Umstand, dass je länger je mehr der theologische Veränderungswille erlahmte und die von ihm angestoßenen Ziele theologisch nicht umgesetzt werden konnten. Am Ende war die Durchsetzung der Reformation ein politisches Anliegen geworden.

Hatte es zunächst so ausgesehen, dass nach dem Tode von Papst Leo X. selbst ein Erneuerer in der Petrusnachfolge tätig werden konnte, so blieb Hadrian VI. nicht genügend Zeit, einen entscheidenden Beitrag zur Durchführung berechtigter Reformanliegen zu leisten. Hadrian war es nicht vergönnt, die Kirchenspaltung zu vermeiden. Durch ein von ihm selbst initiiertes Schuldbekenntnis wollte Hadrian zur Erneuerung der Kirche und zur Vermeidung der Kirchenspaltung beitragen. Schließlich waren aber die politisch Verantwortlichen nicht bereit, seine Reformanliegen mitzutragen. Clemens VII., der schon ein Jahr später die Nachfolge Hadrians übernahm, stellte alle zuvor aufgestellten Überlegungen zurück und erwies sich als entschiedener Gegner des Konzilsgedankens. Eine Lösung der drohenden Kirchenspaltung schien daher nicht in Sicht.

Nun versuchten die Fürsten und die Reichsstädte, eine Lösung herbeizuführen, während Kaiser und Papst dies verhindern wollten. So kam es zu konfessionellen Sonderbünden. Zuerst schlossen sich die katholischen Fürsten zusammen, dann waren es die evangelischen, die sich zu einem lutherischen Bekenntnis zusammenzuschließen begannen. Der Kaiser dagegen suchte die von ihm ursprünglich angestrebte Politik, die Spaltung der Kirche zu verhindern, auf seine Weise durchzusetzen. Hier lag sein Schwergewicht auf der Durchsetzung des Wormser Ediktes. Evangelisch gesinnte Fürsten wie auch die städtischen Obrigkeiten, die den evangelischen Glauben bereits angenommen hatten, suchten seine Umsetzung zu verhindern.

Um einen größeren Konflikt zu vermeiden, ließ der Kaiser zu, dass in einigen Territorien eigene Kirchenordnungen von den

Landesfürsten aufgestellt wurden. In den bereits reformierten Gebieten sollten freilich auch die alten Bräuche und die katholische Messe wieder eingeführt werden. Gegen diesen auf dem Reichstag beschlossenen Entscheid der Mehrheit legten die evangelischen Reichsstände im April 1529 Protest ein. Es waren fünf Fürstentümer: Hessen, Kursachsen, Brandenburg-Ansbach, Braunschweig-Lüneburg, Anhalt, und 14 Städte, unter anderem Straßburg, Nürnberg, Ulm und Konstanz, die unter den 400 Reichsständen ihren Protest einlegten. Aber auch zwischen den selbstständiger gewordenen evangelischen Fürstentümern und ihren theologischen Eigenheiten war inzwischen theologischer Streit aufgekommen. Luther und Zwingli hatten sich in den Jahren 1526 bis 1528 über der Abendmahlsfrage zerstritten. An diesem Streit nahm eine Vielzahl von Reformatoren teil, eine Lösung konnte nicht gefunden werden.

Kaiser Karl V. suchte auf dem Mitte 1530 angesetzten Reichstag eine Lösung des Konflikts herbeizuführen. Um der drohenden Türkengefahr entgegentreten zu können, brauchte er die Einigung im Inneren und auch die finanzielle Unterstützung der inzwischen evangelisch gewordenen Landesfürsten. Andererseits suchten sich die evangelischen Reichsstände in Augsburg auch in theologischer Hinsicht zu rechtfertigen. Zur Vorbereitung auf den Reichstag kamen im März 1530 Wittenberger Theologen in Torgau zusammen, um ein neues Bekenntnis zu formulieren. Aus diesem ging schließlich die so genannte Confessio Augustana hervor, deren Hauptverfasser der engste Mitarbeiter Luthers war, Philipp Melanchthon. Melanchthon, in Bretten 1497 geboren, suchte die Hauptpunkte der neuen Lehre darzulegen und fasste sie in einem Kompendium der evangelischen Lehre zusammen. Die Confessio Augustana wurde am 25. Juni 1530 dem Kaiser von lutherischen Fürsten und Städten übergeben.

Der erste Teil der Confessio Augustana umfasst die Artikel des Glaubens und der Lehre. Enthalten sind darin Artikel über den dreifaltigen Gott, Gott den Schöpfer, Christus, den Geist, die Kirche, die Sakramente und das kirchliche Amt (Ordo). Der zweite Teil umfasst diejenigen Artikel, die offensichtliche Missstände in der Kirche zu beheben suchten, so die Frage des Ehestands der Priester, der Gestalt der Sakramente und ihres liturgischen Gebrauchs. Richtungsweisend erwies sich Art. 4 der Confessio Augustana über die Rechtfertigungslehre sowie Art. 7 über die Einheit der Kirche.[121] So verband die Confessio Augustana den Willen zur Reform mit dem Festhalten an der Einheit der Kirche Jesu Christi. Insoweit war die Confessio Augustana kein Dokument der Spaltung, sondern Ausdruck des Erneuerungswillens innerhalb der Kirche. Daher kann die Confessio Augustana durchaus als katholisch bezeichnet werden, wenn man hinzufügt, dass es sich um eine reformerische, ja konfessorische Katholizität handelt.[122] Beredtes Zeugnis für diesen Einheitswillen ist der Hinweis, an der Jurisdiktion der katholischen Bischöfe festzuhalten, aber auch das Amt in der Kirche neu zu ordnen. Freilich gelang es der Confessio Augustana nicht, Grundlage der Einigungsbestrebungen zu werden, vielmehr bot sie bald den Boden für die Ausbildung eines eigenen, nunmehr lutherischen Bekenntnisses. Die in Augsburg anwesenden 20 katholischen Theologen, darunter Johannes Cochlaeus, Johannes Eck, Johannes Fabri, Konrad Wimpina betrieben eine eigenständige Antwort und damit eine Widerlegung der Confessio Augustana. Diese Confutatio fand die Billigung des päpstlichen Legaten Campeggi, nicht aber die des Kaisers. Sie hielt sich eng an die Confessio Augustana und suchte die Differenzen mit Hinweis auf die Heilige Schrift und die Kirchenväter aufzuarbeiten. Eine offizielle Übergabe an die lutherischen Stände unterblieb auf ausdrücklichen Befehl des Kaisers. Melanchthon selbst, in Kenntnis der Confutatio, suchte darauf noch einmal eine Verteidigung der Confessio Augustana. Diese Apologie war bereits im Oktober des Jahres 1530 fertig und legte ihr Hauptaugenmerk auf die Rechtfertigungslehre. Die Apologie wurde schließlich zur Grundlage der lutherischen Bekenntnisschriften.

Während die frühe reformatorische Bewegung eine innerkirchliche Erneuerungsbewegung darstellte, ging die Einrichtung eines eigenen evangelischen Kirchenwesens auf politische Entscheidungen zurück. Vorangeschritten waren die Städte, die bereits in den 20er-Jahren des 16. Jahrhunderts die Reformation einführten und eigene Vorstellungen von der Ordnung der Kirche umzusetzen begannen. In den 30er-Jahren folgten dann die ersten Territorien. Durch die Einführung der Reformation gelang es den evangelischen Kirchenfürsten, ihre Machtbasis im Reich gegenüber dem Kaiser zu stärken. Die Einführung der Reformation bedeutete zunächst die Unabhängigkeit von der Jurisdiktion der zuständigen Bischöfe. Die Aufsicht über die Kirche bekam nun der Landesfürst in die Hand. Damit übernahm er auch das Vermögen der Kirche und deren Grundbesitz. Das eingezogene Kirchengut wurde sowohl für kirchliche, soziale als auch pädagogische Zwecke, wie der Einrichtung von Internaten und Seminaren, verwendet. Auch Luther sah mehr und mehr die Notwendigkeit, die Sache der Visitation klarer und deutlicher zu regeln. Obwohl Luther an der episkopalen Ordnung der Kirche festzuhalten gewillt war, gelang ihm dies nicht. Hatte er im Hinblick einer Konzeption des Landesfürsten als eines Bischofs nur von einer Notordnung gesprochen, setzte sich gerade diese Lösung auf der ganzen Linie durch. So setzte sich bald das landesherrliche Kirchenregiment durch, das auf spätmittelalterliche Vorformen zurückgreifen konnte. Somit übernahmen die Fürsten die führende Rolle bei der Gestaltung der Kirche. Wichtigstes Instrument hierzu war die Ausbildung eines evangelischen Kirchenwesens durch Visitation.

Die Schwerpunkte der kirchlichen Neuordnung bestanden in folgenden Maßnahmen:[123]

1. Verfestigung der Lehrgrundlage: Die Herausbildung der lutherischen Bekenntnisschriften (auf der Grundlage der drei altkirchlichen Symbole die Confessio Augustana von 1530, die Apologie der Konfession, die Schmalkaldischen Artikel, der kleine und der große Katechismus Luthers und Melanchthons Traktat über die Gewalt und Obrigkeit des Papstes, zusammengefasst im Konkordienbuch von 1580) stellte die entscheidende Basis für die Entstehung eines eigenständigen Kirchenwesens dar.

2. Neuordnung des Gottesdienstes: Für die lutherischen Kirchen wurde die Ordnung der Messe durch Streichung des Messkanons und die Eliminierung aller Hinweise auf den Opfercharakter der Messe neu geregelt. Stilbildend hierfür wurden Luthers noch lateinische Gottesdienstordnung „Formula missae et communionis“ von 1523 und schließlich seine „Deutsche Messe und Ordnung des Gottesdienstes“ von 1526.

3. Sorge um die Ausbildung und soziale Sicherung der Pfarrer: In erster Linie mussten für die Pfarrer und ihre Familien die soziale Sicherung geregelt werden. Dies gelang durch Ordnung der kirchlichen Pfründe und Einnahmen. Um die Ausbildung der Pfarrer zu sichern, wurden neue Studiengänge und insgesamt das Universitätsstudium an protestantischen Universitäten neu organisiert.

4. Förderung des Schulwesens: Mit der Einführung der Reformation gingen auch die Ordnung und Reform des Bildungswesens einher. In den evangelischen Gebieten entstanden Schulen unter der Aufsicht der weltlichen Territorien. Die Ausbildung sollte junge Menschen sowohl für den geistlichen Stand wie auch für weltliche Berufe qualifizieren. Großer Wert wurde auf das Erlernen der alten Sprachen, vor allem Griechisch und Latein, gelegt. In den Schulen erlernten Schüler auch Grundelemente des christlichen Glaubens. Die Entwicklung des aus der Reformation hervorgegangenen Bildungswesens führte zur Etablierung eines typisch protestantischen Kulturwesens.

5. Neuordnung des Kirchenwesens: Grundlage des evangelischen Kirchenwesens wurden die Pfarreien. Luther hatte zwar für Naumburg und Merseburg Bischofsweihen vorgenommen, die Episkopal-Verfassung setzte sich aber nicht durch. Als dem bischöflichen Amt vergleichbar wurde das Superintendentenamt eingeführt. An der Spitze der Kirche stand ein von den jeweiligen Landesherren eingesetztes Konsistorium. Im 19. Jahrhundert schließlich wurden Synoden etabliert.

Durch die weitgehende politische Formierung der Reformation setzten sich deren Anliegen seit den 30er-Jahren auch außerhalb der Reichsgrenzen vor allem in Nordeuropa immer stärker durch. Hier waren es ganze Kirchen, die den neuen Glauben übernahmen. Auch in England wurde die römische Jurisdiktion zurückgedrängt, ohne jedoch die innere Reformation durchzuführen. Im Reich versuchten die evangelischen Landesherrn sich gegenüber dem Kaiser und seiner katholischen Politik zu behaupten. Karl V. setzte alles daran, die evangelischen Reichsstände zu unterwerfen. Diese gingen jedoch dazu über, untereinander einen Bund zu bilden. Im Schmalkaldener Bund verpflichteten sich die protestantischen Fürsten zur gegenseitigen Waffenhilfe im Verteidigungsfall. Dieser Bund stand in den ersten Jahren unter der Führung des hessischen Landgrafen Philipp. Dennoch drängte der Kaiser darauf, die faktische Spaltung der Kirche rückgängig zu machen. Mittel dazu war ihm die Einberufung eines Konzils. Zeitgleich lancierte er Verhandlungen mit den evangelischen Fürsten, in sogenannten Religionsgesprächen die Chance für eine erneute Einigung in religiösen Sachen auszuloten. Freilich gelang es dem Kaiser nicht, seine Ziele zu erreichen. Schließlich kam es Mitte 1546 zu einem Krieg, in dem Karl V. die Protestanten schlagen und unterwerfen konnte. Dennoch erlangte er die Wiederherstellung der Einheit des Reiches unter dem Papst und den einen Glauben nicht. Seine grundsätzliche Intention, die Religionsfrage in Deutschland aus eigener Machtvollkommenheit zu lösen, ist Karl V. nicht gelungen. Verbittert zog er sich aus dem Reich zurück.

Der Reichstag von Augsburg im Jahr 1555 brachte schließlich eine Lösung der Religionsfrage, die annähernd 250 Jahre Bestand hatte. Nunmehr wurde der Religionsfriede politisch ohne einen theologischen Vergleich und ohne Lösung der eigentlichen Glaubensfragen herbeigeführt. Der Friede im Reich wurde möglich durch einen Vertrag, der die Ordnung der Religionsfrage an die jeweiligen Landesfürsten band. Entsprechende Regelungen konnten die jeweiligen Landesfürsten ohne Übernahme von Bestimmungen eines Reichstages selbst gestalten. Bestimmungen des Religionsfriedens galten für die Anhänger des alten Glaubens, das heißt für die Katholiken und für die Anhänger der Confessio Augustana. Alle anderen wurden ausdrücklich vom Religionsfrieden ausgenommen. Der Religionsfriede wird ausschließlich zwischen den Reichsständen geschlossen. Religiöse Toleranz war damit nicht gewollt. Die Untertanen mussten der Religion ihrer Herren folgen, und wenn sie dies nicht wollten, konnten sie auswandern. Das Prinzip dieses Religionsfriedens, der von allen Reichsständen geteilt wurde, bringt eine Formulierung zum Ausdruck, die zwar nicht im Vertrag auftauchte, aber über die Jahrhunderte hinweg den Geist des Augsburger Reichstages zum Ausdruck brachte: Cuius regio, eius religio. Diese Regelung sorgte im Alten Reich allmählich für eine homogene religiöse Prägung der jeweiligen Territorien. Zwar konnte die Religionsfrage nicht theologisch entschieden werden, aber der Friede im Reich konnte auf diesem Wege gesichert werden. Bestand hatte diese Ordnung bis zur Auflösung des alten Reiches im Jahre 1806.

2.8. Das Konzil von Trient und die katholische Reform

Die Reform der Kirche war eines der Hauptthemen des späten Mittelalters. Vermochten weder das Konzil von Konstanz (1414–1418) noch das letzte Lateran-Konzil (1512–1517) berechtigte Reformforderungen umzusetzen, gelang es erst der Reformation, die vielfältigen Reformforderungen aufzunehmen und zum Inhalt einer schließlich von der Kirche sich abwendenden Bewegung zu machen. Mit den gescheiterten Reformbemühungen ging seit dem Ausgang des 15. Jahrhunderts die Festigung der päpstlichen Autorität einher. Der Konziliarismus wurde zurückgedrängt. Dennoch hielt sich die Hoffnung auf Einberufung eines Nationalkonzils, wenn schon kein Universalkonzil möglich erschien. Nachdem sich die Reformation durch die politische Entwicklung im Reich durchgesetzt hatte, ließ sich der Konzilsgedanke nicht mehr aufhalten. Freilich stand dieses Konzil von Anfang an unter einer gegenreformatorischen Ausrichtung.

Der deutschen Kirche und den deutschen Theologen war es nicht gelungen, angemessen auf die von Luther ausgelöste Reformbewegung zu reagieren. Sie vermochten die von Luther erhobenen Reformanliegen nicht in ein plausibles und verständliches Konzept einer erneuerten Theologie aufzunehmen. Sie sahen in Luther lediglich den auf die äußere, juristisch fixierte Ordnung der Kirche gerichteten Gegner. Für sie stand der Autoritätskonflikt im Vordergrund. Erst nachdem sich die römischen Päpste dem innerkatholischen Reformanliegen gegenüber aufgeschlossen zeigten, war die Zeit reif für ein Konzil.

Luther hatte schon nach seinem Verhör durch Cajetan 1518 an ein zukünftiges Konzil appelliert und den Aufruf hierzu immer wieder erneuert. Luther selbst, der seine Bemühungen stets als Kampf um das Konzil zu deuten verstand, erlebte wohl seine Einberufung, nicht jedoch mehr den Abschluss des Konzils von Trient. Er starb 1546 in Eisleben. Gründe für die zögerliche römische Haltung, ein Konzil einzuberufen, dürften in dem das 15. Jahrhundert beherrschenden Konziliarismus liegen, der aus der Sicht römischer Päpste eine enorme Gefahr und eine Bedrohung ihrer Existenz bedeuten musste. Dagegen waren die Forderungen nach einem Konzil im Deutschen Reich anders gelagert. Hier lagen die Missstände offen zu Tage und deren Behebung war hauptsächliches Ziel eines einzuberufenden Konzils. Zwar gab es schon 1537, 1538 und in den folgenden Jahren immer wieder neue Konzilsberufungen, die aber letztlich erfolglos blieben. Erst die Einberufung des Konzils durch Papst Paul III. führte schließlich zum Erfolg. Das Konzil wurde fast 30 Jahre nach den Thesen Martin Luthers am 13. Dezember 1545 in Trient eröffnet. Anwesend waren zunächst nur etwa 31 meist italienische Bischöfe, aus Deutschland gar nur zwei. Erst allmählich stieg die Zahl der Teilnehmer am Konzil.[124] Das Konzil tagte in drei Perioden. Die erste umfasste die Jahre von 1545 bis 47, beziehungsweise 1549, nachdem es von Trient nach Bologna verlegt worden war. Im September 1549 wurde das Konzil suspendiert. Die zweite Periode begann 1551 und dauerte etwa ein Jahr. Die dritte Periode schließlich wurde 1562 eröffnet und dauerte etwas mehr als ein Jahr.

Trient ist die theologische Antwort auf die Reformation. Das Konzil reagierte zwar auf Probleme, die durch die Reformation aufgeworfen worden waren, es ließ sich daher von Anfang an durch den Gegensatz zur reformatorischen Theologie leiten, richtete seinen Blick aber auf die innerkirchliche Reform. Insoweit ist Trient ein Reformkonzil geworden. Drei wesentliche Themenkreise hatte das Konzil zu bearbeiten. Zunächst war es die Frage nach dem Verhältnis von Schrift und Tradition, eine Frage, die durch Luthers Autoritätskritik besondere Bedeutung gewonnen hatte. Dann war es der gesamte Fragenkomplex von Erbsünde und Rechtfertigung, der im Zentrum von Luthers und Melanchthons Theologie stand. Schließlich ging es um die Sakramente, nachdem Luther schon 1520 die Einführung des Laienkelches, die Abschaffung und Eliminierung des Opfercharakters der Messe und die Ablehnung der Lehre von der Transsubstantiation gefordert hatte. Darüber hinaus wurden Fragen des kirchlichen Lebens, das Fegefeuer, die Reliquien- und Bilderverehrung betreffend, behandelt.

Luthers Forderung nach Einführung des Schriftprinzips war eine Kampfansage an das Traditionsverständnis der Kirche. Im späten Mittelalter war die Autorität der Schrift uneingeschränkt von allen zugestanden worden, während kirchlichen Traditionen selbstverständlich ein nachgeordneter Rang zugemessen wurde. Noch Luther war sich zumindest dahin mit Erasmus von Rotterdam einig gewesen, nicht über die Autorität der Heiligen Schrift, sondern über deren Auslegung und die Auslegungskompetenz des Lehramtes zu streiten. Doch mehr und mehr stellte sich für Luther die einzig mögliche Lösung ein, die alleinige Autorität der Heiligen Schrift, gegen die Lehrkompetenz des Lehramtes gerichtet, zu behaupten. Die Konzilsväter richteten aber ihr Augenmerk nicht so sehr auf die Autoritätsfrage, sondern legten im „Dekret über die Annahme der Heiligen Bücher und der Überlieferungen" den Umfang der Schrift genau fest. Dagegen blieb die Bestimmung der Tradition offen. Es wurde lediglich festgelegt, dass die Wahrheit des Evangeliums und die Lehre der Kirche „in geschriebenen Büchern und ungeschriebenen Überlieferungen enthalten sind"[125]. Die Mehrheit der Väter verstand daher Tradition als eine neben der Schrift bestehende Quelle der Offenbarung. Sowohl Schrift als auch Tradition gelten als Quellen der Offenbarung. Gleichwohl formulierte das Konzil nicht die Zwei-Quellen-Theorie. Erst dem Zweiten Vatikanischen Konzil gelang es, die Unsicherheiten in der Auslegung der Formulierungen des Konzils von Trient auszuräumen und zu bestimmen, dass die Heilige Schrift das Wort Gottes sei, wohingegen die Tradition das Wort Gottes weitergebe. Von einer materiellen Insuffizienz der Schrift ist nicht mehr die Rede.

Im Mittelpunkt der Auseinandersetzung mit der reformatorischen Theologie stand der Fragenkomplex von Ursünde und Rechtfertigung. Das Konzil hielt fest, dass die Ursünde durch Adam in die Welt gekommen sei und durch Fortpflanzung, nicht durch Nachahmung, auf seine Nachkommenschaft übertragen werde. Die Strafwürdigkeit der Ursünde wird durch die Gnade

Jesu Christi in der Taufe vergeben. Deshalb bleibe im gerechtfertigten Menschen nicht die Sünde zurück, sondern nur das, was zur Sünde geneigt macht, nämlich die Begehrlichkeit, oder auch Konkupiszenz genannt. Diese auch nach der Taufe zurückbleibende Begehrlichkeit sei nicht im eigentlichen Sinne Sünde zu nennen.

Die Klärung der Rechtfertigungslehre kann als Hauptaufgabe des Konzils von Trient bezeichnet werden. In ihr sah Luther den Schlüssel zur Reform der Theologie und der Kirche. Auf sie musste die Kirche eine Antwort finden, wenn sie der Reformation entgegentreten wollte. Diese Aufgabe bildete eine klare Herausforderung, da die Konzilsväter nicht auf eine schon fertig formulierte kirchliche Lehre zurückgreifen konnten. Das „Dekret über die Rechtfertigung" vom Januar 1547 kann angesichts der Schwere der Aufgabe als ein durchaus gelungenes Dokument der Kirche verstanden werden. Zunächst greift das Dekret auf das Verständnis der Ursünde zurück, welches das Konzil bereits geklärt hatte, um von daher in 16 Lehrkapitel die Grundauffassung der Kirche darzulegen. Rechtfertigung ist „nicht nur Vergebung der Sünden ..., sondern auch Heiligung und Erneuerung des inneren Menschen durch die willentliche Annahme der Gnade und der Gaben, aufgrund derer der Mensch aus einem Ungerechten ein Gerechter und aus einem Feind ein Freund wird"[126]. Als Ursachen dieser Rechtfertigung wird zunächst die Ehre Gottes, als Wirkursache der barmherzige Gott selbst, als Verdienstursache Jesus Christus, als instrumentale Ursache die Taufe festgehalten. Die Taufe ist das Sakrament des Glaubens, „ohne den keinem jemals Rechtfertigung zuteil wird". So entsteht ein Verständnis von Rechtfertigung, das in der Sprache der scholastischen Tradition auf die wesentlichen Aussagen des Paulus zurückgreift, um von dorther die Aussagen des Rechtfertigungsgeschehens darzulegen, nämlich Rechtfertigung geschieht durch den Glauben und umsonst, Glaube oder Werke können selbst die Gnade der Rechtfertigung nicht verdienen. Sünden werden nur umsonst, allein durch die göttliche Barmherzigkeit um Christi willen vergeben. Den Glauben hierzu erbitten die Katuchemenen vor dem Sakrament der Taufe. Somit hat das Konzil von Trient den Zusammenhang von Heil, Vergebung und Erneuerung auf der Grundlage des Glaubens und der Sakramente entfaltet.

Hält das Dekret zunächst die Aussagen der Schrift zur Rechtfertigung fest, bestimmt es gegenüber der lutherischen Auffassung vor allem die anthropologische Seite des Rechtfertigungsgeschehens, indem es die Bedeutung und Wirkung der Taufe, das sakramentale Geschehen in den Vordergrund stellt. Das Dekret versteht Rechtfertigung als ein umfassendes Heilsgeschehen, dass von Gott ausgeht, den ganzen Menschen, das heißt mit Leib und Seele, umfasst, und schließlich zu Gott zurückkehrt. Insoweit bleibt die Rechtfertigung im Leben des Menschen eine stetige Herausforderung. Im Gegensatz zu Luther suchte das Dekret die Rechtfertigung als einen das Leben umfassenden ganzheitlichen Prozess zu verstehen. Luther dagegen sieht in der Rechtfertigung ein eher prinzipielles Geschehen, das den Menschen im Glauben rechtfertigt. Insoweit die Rechtfertigungslehre von den Reformatoren als derjenige theologische Artikel bezeichnet wurde, mit dem die Kirche steht und fällt, mussten sich gerade hier die augenscheinlichen Unterschiede zwischen den sich herausbildenden Traditionen zeigen. Wirkungsgeschichtlich betrachtet, worauf noch zurückzukommen sein wird, setzten sich schließlich nicht die 16 Lehrkapitel des Dekrets über die Rechtfertigung durch, sondern die 33 Kanones, die den Lehrkapiteln angehängt wurden. In ihnen wurde die Auffassung der Reformatoren über die Rechtfertigung, anhand vorliegender Kern- oder Spitzenaussagen, verurteilt.

Im Anschluss an die Vorlage des Rechtfertigungsdekretes nahmen sich die Konzilsväter noch in der ersten Sitzungsperiode das Dekret über die Sakramente vor, indem sie die Siebenzahl der Sakramente feststellten und die Lehre Luthers, die Sakramente wirkten das Heil allein durch den Glauben, zurückwiesen.

In der zweiten Tagungsperiode stand die Lehre von den Sakramenten im Vordergrund, vor allen Dingen die Lehre über die Eucharistie. Hier suchten die Kirchenväter das Problem der wirklichen Gegenwart Jesu Christi im Sakrament der Eucharistie zu lösen. Festgehalten und lehramtlich definiert wurde auch die

Lehre über die Wesensverwandlung, die so genannte Transsubstantiationslehre. Die Konsekration des Brotes und Weines geschieht durch eine Verwandlung der ganzen Substanz des Brotes in die Substanz des Leibes Christi, und der ganzen Substanz des Weines in die Substanz seines Blutes. Diese Wandlung wird von der Kirche als Wesensverwandlung, als Transsubstantiation bezeichnet. Damit ist jene Auffassung gemeint, die es erlaubte, zwischen der Gestalt des Zeichens einerseits und der Realität der Verwandlung andererseits zu unterscheiden, beides aber im Begriff des Sakramentes als Geschehen festzuhalten. Wenn auch mit dieser Lehre nicht alle Fragen zu beantworten waren, so bildete sie doch den Ausgangspunkt für ein an der Wirklichkeit orientiertes Verstehen der realen Gegenwart Jesu Christi in, mit und unter den Elementen von Brot und Wein. Freilich zeigten sich hier für die Zukunft, neben der Frage nach dem Opfercharakter der Messe, jene eine Kirchentrennung zum Ausdruck bringenden Hauptunterschiede in der Lehre der Kirchen. Sowohl mit dem Sakrament der Buße als auch mit dem Sakrament der Letzten Ölung beschäftigte sich die zweite Tagungsperiode.

In der letzten Tagungsperiode wendeten sich die Konzilsväter dem wohl schwierigsten Punkt der reformatorischen Auseinandersetzung zu, in dem schon Luther einen der wesentlichen Unterschiede festzumachen gesucht hatte, wenn er davon sprach, dass gerade hier die Kirchen wesentlich und auf immer voneinander geschieden wären. Im Zentrum stand die Frage nach dem Opfercharakter der Messe. Suchte Luther von früh an jeden Hinweis auf die Messe als Opfer der Kirche zu eliminieren, sah das Konzil gerade die Eucharistie als Opfer der Kirche. So wurde in der „Lehre und Kanones über das Messopfer" festgehalten, dass Christus der Kirche ein sichtbares Opfer hinterlassen habe, „durch das jenes blutige (Opfer), das einmal am Kreuze dargebracht werden sollte, vergegenwärtigt werden, sein Gedächtnis bis zum Ende der Zeit fortdauern und dessen heilbringende Kraft für die Vergebung der Sünden, die von uns täglich begangen werden, zugewandt werden sollte"[127]. Wird also das Messopfer wahrhaft als ein Sühnopfer bezeichnet, treten zwei Dinge in den Vordergrund: die Eucharistie als Opfer der Messe, das vom Priester dargebracht wird, und das Opfer Christi, das er selbst als Hingabe seines Lebens dargebracht hat. Von hier ausgehend soll sein Opfer vergegenwärtigt, erinnert und zugewandt werden. Verstanden werden konnte zur damaligen Zeit freilich nicht ausreichend, dass das Opfer der Messe eine sakramentale Vergegenwärtigung des einmaligen Kreuzesopfers Jesu Christi darstellt. Dem Konzil ist es letztlich nicht gelungen, die Zweiteilung von Opfer und Sakrament zu überwinden. So erscheint in der Wirkungsgeschichte des Konzils das Opfer als eine reale Wiederholung des Kreuzesopfers Christi, nicht aber als seine Vergegenwärtigung im Sakrament, wie das Konzil von Trient allerdings formuliert und intendiert hatte.

Noch in einer weiteren Frage suchte das Konzil eine Klärung herbeizuführen, nämlich in der Lehre über das Sakrament der Weihe. Die Einsetzung des Priestertums wird in enger Anbindung an das Verständnis der Eucharistie und den Opfercharakter der Messe begründet. „Opfer und Priestertum sind nach Gottes Anordnung so verbunden, dass es in jedem Bunde beides gibt. Da also die katholische Kirche im Neuen Testament das heilige Opfer der Eucharistie aufgrund der Einsetzung des Herrn sichtbar empfangen hat, muss man auch bekennen, dass es in ihr ein neues sichtbares und äußeres Priestertum gibt.“[128] So gehen Priestertum und Eucharistiefeier ein enges Verhältnis ein, und in der Wirkungsgeschichte des Konzils wird daraus die einseitige und ausschließliche Verbindung von Opfer und Amt. Somit ist der Dienst des Priestertums etwas Göttliches, das den Priester weit aus der Schar der Gläubigen heraushebt. Dem Priester ist gerade die Vollmacht übergeben, Christi Leib und Blut zu konsekrieren. Daraus erwächst auch die Bedeutung des priesterlichen Lebens und Wirkens, die mit dem Sakrament der Weihe verbunden ist. Hatte Luther das priesterliche Amt als einen Dienst an der Verkündigung des Evangeliums und in der Kirche bezeichnet und festhalten wollen, so wird durch die Lehre des Konzils von Trient der Charakter des Opferpriestertums geradezu festgeschrieben. Die Gründe für die gegenseitigen Verurteilungen, die Bestandteil der jeweiligen konfessionellen Festlegungen geworden sind, dürften in dieser äußerst gegensätzlichen Bestimmung des Priestertums beziehungsweise des durch Ordination übertragenen Dienstamtes im Luthertum liegen.

Zur Krise kam es während des Konzils gerade in den mit der Frage des Priestertums verbundenen Fragen des Bischofsamtes. Auch in dieser Frage hatte Luther bereits festgestellt, dass es keinen prinzipiellen Unterschied zwischen Bischöfen und Priestern gebe, sondern nur denjenigen der unterschiedlichen Funktion. Unter den Konzilsvätern gab es zwei Auffassungen. Die eine sah in der Bischofskonsekration die Verleihung einer Vollmacht, die der Priester nicht besitze, nämlich das Priestertum weiterzugeben, weshalb die Bischöfe höher stehen als die Priester. Die anderen dagegen vertraten die Auffassung, dass die Bischofskonsekration lediglich die Weihegewalt, nicht jedoch die Leitungsgewalt übertrage. Die werde allein vom Papst übertragen und stamme von ihm ab. An dieser Frage drohte das Konzil ganz zu scheitern. Zu einer Klärung über das Wesen des Bischofsamtes, seine Stellung innerhalb der Hierarchie und sein Verhältnis zum päpstlichen Primat konnten vom Konzil nicht mehr geklärt werden. Das Dekret über den Ordo trägt daher Züge einer theologischen Verlegenheitslösung.

Mit den Dekreten über Schrift und Tradition, über die Ursünde, die Rechtfertigung, Sakramente und Amt sah das Konzil seine Aufgaben als erfüllt an. Das Konzil schloss im Dezember 1563. Neben diesen die Hauptfragen der Reformation betreffenden Lehrdokumenten verabschiedete das Konzil eine Reihe von Reformdekreten, mit denen die Ordnung der Messe, die Ausbildung der Priester, das Ablasswesen und viele andere das liturgische Leben der Kirche betreffenden Fragen geregelt werden sollten.

Hatte Papst Paul III. dem Konzil von Trient die Aufgaben gestellt, zur Beseitigung der Zwietracht im Glauben, zur Reform des christlichen Volkes, der Friedensstiftung unter den Völkern des Abendlandes beizutragen, so musste am Ende der dritten Konzilsperiode nüchtern festgestellt werden:

1. Das Konzil von Trient hat sich intensiv mit den durch die Wittenberger Reformbewegung hervorgetretenen theologischen Reformforderungen beschäftigt. Hervorgerufen durch die Art und Weise der Abgrenzung des in den Reformforderungen

entdeckten Irrtums ist die Haltung des Konzils darin insgesamt noch nicht recht gewürdigt. Sieht man nämlich genauer zu, hat das Konzil von Trient nicht in jedem Fall nur den als Irrtum erkannten Reformforderungen widersprochen, sondern in spezifischer und differenzierender Weise darauf gerade reagiert. Das wird aber meist erst dann deutlich, wenn man das Konzil von Trient mit den theologischen Klärungen des Zweiten Vatikanischen Konzils zusammen liest. In der über die bloße Abgrenzung hinausgehenden Würdigung von Reformforderungen kann so erst das Potenzial der Erneuerung erschlossen werden.

2. Die Einheit der Kirche im Abendland war zerbrochen und eine neue Kirche im Entstehen begriffen. Freilich trat neben die römisch geprägte katholische Kirche keine neue geschlossene, zentral geführte Kirche, sondern eine Vielzahl von konfessorisch geprägten, durch landesherrlisches Kirchenregiment gestützte und institutionalisierte Kirchenorganisationen. Basis des neuen Kirchenwesens bildete die Gemeinde. Erst nach dem Zusammenbruch des Alten Deutschen Reiches wächst in den evangelischen Kirchen die Erkenntnis eines über das geordnete Gemeindewesen hinausgehenden Anspruchs, einer universalen christlichen Kirche anzugehören.

3. Die Friedensfrage im Reich war wohl vorgeklärt, aber längst nicht erledigt. Der Augsburger Religionsfriede von 1555 sicherte dem Reich zunächst stabile politische Verhältnisse, konnte aber den großen abendlänischen Konflikt im 17. Jahrhundert, den Dreißigjährigen Krieg, nicht verhindern. Die Ausbildung eines säkularen Nationalstaates mit starken Konfessionen und konfessionalistischen Abgrenzungen blieb eine Hypothek des Reformationszeitalters. Erst die mit der Verfassung der Bundesrepublik Deutschland einhergehende Erkenntnis einer allen religiösen Bekenntnissen zugrundeliegenden Grundordnung, deren Kern die Religionsfreiheit bildet, bildet die Voraussetzung für die endgültige politische Klärung des konfessionellen Streites.

4. Das Konzil von Trient leitete eine lang andauernde innerkirchliche Reformbewegung ein. Allmählich setzten sich die vom Konzil angeregten Reformvorschläge, vor allem in der Frage der Ausbildung und der Auswahl der Priester und Bischöfe, durch.

Teilweise dauerte es aber noch Jahrhunderte, bis die Reformvorschläge in den Ortskirchen umgesetzt werden konnten.

5. Was das innerkirchliche Leben betraf, so konnten hier die weitgehendsten Wirkungen des Konzils verfolgt werden. So setzte sich das Trienter Konzil entscheidend im seelsorgerlichen und missionarischen Bereich durch. Die Entfaltung eines reichen sakramental bestimmten Lebens in den Gemeinden war Frucht der Konzilsentscheidungen.

2.9. Konfessionsbildung und Konfessionalisierung

Die Herausbildung konfessionell unterschiedener Kirchen gehört zu den Hauptvorgängen des Zeitalters der Reformation.[129] In einem langen Prozess von über 100 Jahren, in Form und Gestalt je verschieden in den Ländern, in denen die Reformation Fuß gefasst hatte, vollzog sich die Konfessionsbildung. Dieser Prozess betraf aber nicht nur kirchliche, sondern ebenso politische, gesellschaftliche und kulturelle Lebensbereiche gleichermaßen. Die Konfessionalisierung führte schließlich zur geistigen und organisatorischen Verfestigung auseinander strebender christlicher Bekenntnisse. Sie führte zu in Dogma, Verfassung und religiös-sittlicher Lebensform stabilen Kirchentümern, auf Grund der Augsburger Regel bezogen auf ein bestimmtes Territorium. Gestalt und Auftreten der Konfessionen werden weithin durch das Gegeneinander in Glaube, Lehre und Leben der Kirchen bestimmt. Art und Ausmaß, in denen die weltliche Obrigkeit die religiösen Verhältnisse beeinflusste, waren je nach Konfession verschieden. Dieser Prozess der Konfessionsbildung und der Konfessionalisierung bestimmte die Gestalt und das Auftreten der Konfessionen auf Dauer. Ihr Wesensmerkmal ist der Gegensatz, die Abgrenzung. Der Widerspruch gegen die von der anderen Seite behauptete Auffassung gehörte zur eigenen Identität hinzu.

War das Trienter Reformwerk weitgehend ein Kompromiss geblieben, so bildeten die Entscheidungen des Konzils die Grundlage für die Formung einer katholischen Identität im Zeitalter des Konfessionalismus. Katholisches Leben wurde von seinem Zentrum her normiert, weil die innerkirchlichen Reformbemühungen durch die anti-evangelische Ausrichtung bestimmt waren. Dies zeigte sich wirkungsgeschichtlich derart, dass nicht die positive Lehrbestimmung das theologische Denken und das kirchliche Handeln bestimmten, sondern die die falsche Lehre verurteilenden Kanones der Trienter Dekrete. Sie beherrschten Handeln und Denken dermaßen, dass diese geradezu durch den antithetischen Gegensatz geprägt wurden. Die kontroverstheologische Abgrenzung ließ auch die katholische Kirche zur Konfessionskirche werden. Somit zeigte sich diese Kirche ganz durch die Reformation bestimmt, wenn auch in negativer und abgrenzender Absicht. Es ist erst dem Zweiten Vatikanischen Konzil (1962–1965) gelungen, die von Trient ausgehenden Reformbemühungen und Anliegen von ihrer konfessionalistischen Prägung zu befreien und sich den von Luther vorgebrachten theologischen Reformbemühungen positiv zu öffnen.

3. Der Streit um die Ablassthesen als Ausgang der Theologie der Rechtfertigung bei Luther

3.1. Spätmittelalterliche Ablasskritik als Voraussetzung des Ablassstreits

Seit dem 11. Jahrhundert war der Ablass zu einer der zentralen religiösen Handlungsformen des Mittelalters geworden.[130] Die Verbreitung des Ablasses im Mittelalter war freilich von Anfang an mit schweren Missbräuchen verbunden. Das geht im Wesentlichen aus den Arbeiten von Nikolaus Paulus hervor, der zwischen Theologie und Praxis des Ablasses zu unterscheiden vorschlug, weil er nachweisen konnte, dass viele Ablässe missbräuchlich vergeben und auch gefälscht worden waren.[131] Selbst bei der durchaus missverständlichen Formel eines Ablasses a poena et culpa war in Theologie und Erbauungsliteratur immer klar, dass nicht an einen Schulderlass zu denken war, sondern an den Nachlass der zeitlichen Sündenstrafen. In dieser Sicht ist Paulus auch die protestantische Geschichtsschreibung gefolgt, wenngleich seine Hauptthese, wonach der Ablass den Gläubigen immer korrekt vorgetragen worden sei[132], heute wohl deutlich kritischer eingeschätzt werden muss.[133] Während J. Lortz für die katholische Reformationsgeschichtsschreibung des 20. Jahrhunderts im Ablass einen Spiegel des Verfalls der spätmittelalterlichen Kirche gesehen hatte, vor dessen Horizont er den Einspruch Luthers gegen einen verderbten Katholizismus besser darstellen konnte,[134] urteilt der evangelische Kirchenhistoriker Bernd Moeller weitaus differenzierter, wenn er festhält, dass von einer Auflösung der mittelalterlichen Welt im Blick auf das religiöse Leben in Deutschland im späten 15. Jahrhundert nicht die Rede sein kann.[135] Das 15. Jahrhundert kann als eine „der kirchenfrömmsten Zeiten des Mittelalters"[136] genannt werden. Vor dieser Einschätzung erweisen sich die Missstände in der Frömmigkeitspraxis um 1500 als „ein komplexer Tatbestand"[137]. Trotz der Allgegenwärtigkeit des Ablasses und der vielfachen Kritik an seinen Missbräuchen möchte auch der evangelische Theologe urteilen, dass angesichts rigoroser Bußbestimmungen in der Erfindung des Ablasses eine „Spur des Evangeliums" wirksam wurde und zutage trat.[138] Aber auch Moeller leugnet nicht, dass im Rahmen der Konzentration der wirklich großen Ablässe in der Hand des Papstes der Ablass selbst „zu einem universal einsetzbaren Finanzierungsmittel" geworden war.[139] Muss in der zweiten Hälfte des 15. Jahrhunderts der Ablass, wenn auch nur in manchen Gebieten, als omnipräsent bezeichnet werden[140], so besteht an der Reichweite und der Intensität der ablasskritischen Stimmung in Deutschland heute kein Zweifel mehr. Hinweise auf zunehmende Ablassverachtung finden sich in zahlreichen Quellen, nicht nur bei Luther.[141] „Der volkstümliche, alle Gesellschaftskreise umspannende Ablaßverdruß war ... der entscheidende Nährboden für Luthers Erfolg."[142] Der ablasskritische Diskurs ist wohl schon vor Luthers Auftreten Realität. Aber auch bei dieser These von Wilhelm Ernst Winterhager ist Vorsicht geboten. Die Ablasskritik zwischen 1500 und 1517 verdankt sich unterschiedlichen Motiven, Anlässen und Zwecksetzungen. Wie Christoph Volkmar nachweisen konnte, ist für Herzog Georg von Sachsen der Ablass nicht an sich fragwürdig, sondern die Verkündigungspraxis eines einzelnen Ablasspredigers, in diesem Fall Johannes Tetzels. Herzog Georg, der die 95 Thesen Luthers in Sachsen verbreiten ließ, verfocht keine generelle Ablasskritik, sondern er nutzte Luthers Kritik am Ablass für seine eigenen Zwecke. Was Herzog Georg letztlich kritisierte, war die ausufernde Verbreitung reichsweiter Ablasskampagnen, die seine eigenen Ablasskampagnen finanziell bedrohten und dringend benötigte Einnahmen außer Landes führten. Insoweit kam Herzog Georg Luthers Ablasskritik entgegen, freilich wird diese Kritik nur vorgeschoben, um fremde Ablässe abzuwehren. „Eine grundsätzliche Distanz Herzog Georgs zum Ablasswesen kann hieraus kaum abgeleitet werden."[143] Zwar ist die Formel, ohne Ablass keine Reformation, trotz ihrer Knappheit nach wie vor richtig, aber das Reformanliegen war keineswegs das Grundmotiv der Reformatoren allein. Somit gehen allgemeine kirchliche Reformbestrebungen und die Anliegen der Wittenberger Reformbewegung durchaus gleichzeitig und in gewissem Maße auch gleichsinnig miteinander einher.

3.2. Die Ablassthesen im Kontext des spätmittelalterlichen Bußwesens

Wer die Ablassthesen Martin Luthers verstehen will, muss die Auseinandersetzung um das Ablassinstitut der frühneuzeitlichen Kirche vor dem Hintergrund der spätmittelalterlichen Praxis und Lehre der Kirche zur Buße angemessen rekonstruieren. Das sich aus monastischen Wurzeln entwickelnde Bußwesen in Form der Mönchsbeichte zeichnet sich durch das Fehlen der Rekonziliation als der einmaligen Wiedereingliederung des Pönitenten in die Kirche aus. An deren Stelle tritt als ein ordentliches Mittel der Seelsorge die Satisfaktion, die Bußleistung, die durch das westliche Bußsystem in starkem Maße verrechtlicht wird. Die Berechnung der Bußleistung durch die in sog. Bußbüchern verzeichneten Tarife hat die Auffassung von einer Tathaftung zum Hintergrund, „wonach die Schuld nur auf Grund der objektiv geschehenen Tat bewertet und durch eine berechenbare kompensatorische Leistung wiedergutgemacht wird“[144]. Die Praxis, statt der Ableistung der Buße diese durch Redemptionen (Loskauf) und Kommutationen (Umwandlung) abzulösen oder gar durch Stellvertreter verrichten zu lassen, bildet den Nährboden für die Herausbildung des Ablasses.[145] Wenngleich das Festsetzen, Erleichtern und Erlassen von Bußleistungen durch kirchliche Amtsträger schon immer mit dem kirchlichen Bußwesen verbunden war, stellt der Ablass nach den Forschungen von N. Paulus doch eine Neubildung in der Geschichte der abendländischen mittelalterlichen Kirche dar. Generelle, außerhalb des Bußaktes erteilte Ablässe lassen sich erst im 11. Jahrhundert nachweisen.[146] Der Ablass (indulgentia) richtet sich nicht auf den Nachlass der auferlegten Bußleistungen, also nicht auf die Tilgung der Schuld, sondern auf die auch nach der Sündenvergebung verbleibenden zeitlichen Sündenstrafen, auf die der Priester und auch die Gemeinde durch Gebet und Fürbitte Einfluss auf den Pönitenten nehmen können. Im Ablass muss man daher einen Straferlass sehen, der sich eindeutig und klar auf die Satisfaktion, also den nach Reue (contritio) und Bekenntnis (confessio) dritten Wesensteil der sakramentalen Buße, richtet. Im Zuge der Interiorisierung der Buße nach der ersten Jahrtausendwende verlagerte sich der Akzent des Bußgeschehens auf das Bekenntnis und der diesem zugrunde liegenden Reue, durch welche die Schuld vor Gott vergeben, die Satisfaktion hingegen abgewertet wird.[147] Das entscheidende Gewicht der Strafe und Schuld tilgenden Umkehr bildet die wahre Liebesreue; infolgedessen kommt es auch zu einer Unterscheidung von contritio und attritio.[148] An die Stelle des fürbittenden individuellen Strafnachlasses für den Pönitenten (absolutio) tritt die „allgemeine, möglichst gleichmäßig zu taxierende und rechtskräftige Zuteilung (dispensatio) von Gnaden an jeden bußwillig Gesinnten, gespeist aus dem von der Kirche verwalteten unendlichen Fundus geistlicher Verdienste“[149]. Sie beruht auf der Grundlage einer Unterscheidung der Sündenstrafen, nämlich der zwischen ewigen und zeitlichen Sündenstrafen. Damit wird das schwierige Problem aufgeworfen, welche Wirkung noch von der vom Priester auferlegten Bußleistung ausgeht.[150] Die Schwerpunktverlagerung von der Satisfaktion auf die Reue führt zu einer Veränderung der Bußpraxis. Innerhalb dieser Veränderung der kirchlichen Frömmigkeitspraxis gewinnt der Ablass eine für die spätmittelalterliche Frömmigkeit geradezu allgegenwärtige Funktion.[151]

3.3. Luthers Beweggründe im Ablassstreit

Zu den Schlüsselsituationen der Kirchengeschichte gehört der Beginn des Ablassstreits im Herbst 1517.[152] Schon Zeitgenossen wie Melanchthon haben im Rückblick auf die Ereignisse von 1517 in ihnen die entscheidende Weichenstellung für jene geschichtlichen Entwicklungen wahrgenommen, die schließlich als Reformation bezeichnet werden.[153] Der Gothaer Superintendent Friedrich Myconius charakterisierte den Ablassstreit rückblickend als Folge eines seelsorgerlich motivierten Widerspruchs gegen die bestehende Ablasspraxis.[154] Das Bild des um seine Beichtkinder besorgten Seelsorgers bestimmt, wie Lothar Vogel jüngst herausgearbeitet hat, bis heute wissenschaftliche wie populäre Darstellungen des Reformators. Wenngleich die Zusammenhänge zwischen Ablassstreit und anderen, gesellschaftlichen und politischen Faktoren inzwischen von der Forschung herausgearbeitet wurden, so bleibt hinsichtlich der Ursachen des Ablassstreits und der unmittelbaren Beweggründe für das Handeln Luthers das seelsorgerliche Motiv im Vordergrund. Doch lässt sich diese Charakterisierung auch in Eigenaussagen Luthers verifizieren?

Folgt man Luthers Aussagen, so wird rasch deutlich, dass die 95 Thesen für Luther ein akademischer Text sind, der zunächst nicht für die allgemeine Öffentlichkeit bestimmt war.[155] Die Thesen sollten eine Disputation ermöglichen, die eine lehramtlichen Definition vorbereiten sollte. Als Fazit ergibt sich: Nicht der Beichtstuhl, sondern „Kanzel und Katheder waren der entscheidende Sitz im Leben für Luthers Einstieg in den Ablassstreit“[156]. Nicht seiner Übung als Beichtvater, der Luther zweifelsohne war, sondern seiner eigenen Bußpraxis entsprang wohl seine entscheidende soteriologische Erkenntnis, dass „die wahre Buße nur aus der Liebe zu Gott und zu seiner Gerechtigkeit ausgehen kann“[157]. Als Luther diese von Staupitz empfangene Einsicht mit der Heiligen Schrift zu kombinieren beginnt, erschließt sich ihm der Sinn der Buße aus dem griechischen Wort „metanoia“ als Sinnesänderung, als Erkenntnis der eigenen Sündhaftigkeit. Die erste Ablassthese enthält eine entscheidende theologische Einsicht, die Luther gerade nicht in Gegensatz zu scholastischer Theologie und mittelalterlicher Bußtheologie insgesamt bringt, sondern auf den Spuren spätmittelalterlicher Theologien eine neutestamentliche Einsicht wiedergewinnen lässt, die in der Entwicklung zum mittelalterlichen Bußinstitut als sakramentale Beichte beinahe untergegangen war, nämlich die Übung der lebenslangen täglichen Buße im Hören auf das Wort Gottes als einer eigenständigen Realisierungsweise von Umkehr und Versöhnung im Leben der Kirche und des einzelnen Christen. Damit scheint sich der Problemzusammenhang von Bußtheologie und Ablasskritik zu bestätigen. Ob sich in der Rückführung auf die biblische Kernbotschaft neuzeitliche theologische Rationalitätserwägungen und christliche Heilssuche im Zeichen des Schriftprinzips zusammenführen lassen, mag dabei nur ein Nebenaspekt sein.[158]

3.4. Luthers Intentionen im beginnenden Ablassstreit

Luther hat mehrfach ausführlich selbst Stellung zum Ablassstreit bezogen. In Briefen an verschiedene Personen innerhalb eines halben Jahres gab er Einblick in seine Motive. Luther wandte sich gegen den seit dem Jubeljahr 1500 verstärkt aufgekommenen Ablasshandel. Er kritisierte aber nicht nur den dabei aufgetretenen Missbrauch, sondern die den Ablasshandel begleitenden Schriften, in erster Linie die „Instructio summaria" Albrechts von Mainz und die von Johannes Tetzel verbreiteten Predigten und die Gegenthesen von Wimpina-Tetzel. Um das entstandene Ärgernis für die Gläubigen zu beseitigen, verstand Luther die Thesen als Warnung an einige Kirchenfürsten. Er zweifelte deren theologische Positionen an und schlug eine Disputation unter Gelehrten vor. Dazu gab er einen, wie er selbst ihn nannte, Disputationszettel heraus, mit dem er die Gelehrten aufforderte, die Streitsache zu disputieren. Luther sah sich dazu durch die Tatsache berechtigt, dass er Professor an einer vom Papst bestätigten Hochschule sei, der dem akademischen Brauch folge, öffentlich über strittige Sachen zu disputieren.[159]

Ablässe bedeuten Luther eine „Selbsttäuschung der Seelen". Um diese Einbildung zu beseitigen und aus Liebe zur Wahrheit sei er in das „gefahrvolle Labyrinth dieser Disputation" eingestiegen.[160] Ablässe nützen „überhaupt niemanden etwas ... als den Schläfrigen und Trägen auf dem Kreuzeswege Christi". Aber nicht nur über Ablässe wollte Luther disputieren, „sondern auch über die von Gott verliehene Vollmacht zum Erlaß der Strafe und Vergebung der Sünden, also über unvergleichlich wichtigere Fragen", wie Luther selbst befindet.[161] Damit rückt er die Buße selbst in das Zentrum seiner Disputation. Luther richtet seine Aufmerksamkeit auf die drei Teile der Buße, der contritio, der confessio und der satisfactio, insbesondere aber auf deren dritten Teil. Er hält die Ansicht derer für verkehrt, „die den Werken der Bußfertigkeit soviel Gewicht beilegen, dass uns von der ganzen Buße fast nichts übrig bleibt als einige rein äußerliche Leistungen der Genugtuung und die höchst umständliche Beichte“[162]. Indem er Anstoß nimmt an dem geringfügigsten Bestandteil der Buße, allerdings nicht an der Genugtuung selbst, sondern am „Erlaß dieser minderwertigen Leistung“, will er zur Lehre von der wahren Buße durchstoßen.

Luther will nicht normieren, sondern disputieren. Das ist sein ausdrückliches Ziel. Dazu beruft er sich selbst auf die Ansicht und Lehre der ganzen Kirche, indem er den Scholastikern, den scholastischen Philosophen, die Mystiker und die Bibel vorzieht.[163] Er sieht sein Amt nicht darin, in dieser Sache eine verbindliche Lehre aufzustellen, sondern Bedenken vorzutragen, um denen zu widersprechen, „von denen ich dringend wünschte, daß sie in ihren Predigten nichts als die Wahrheit verkündet hätten“[164]. Er sucht dabei die „wissenschaftliche Verkehrtheit und Haltlosigkeit jener Lehren nachzuweisen“. Er verwirft nicht alle von deren Ansichten, kann sich aber auch nicht alle zueigen machen.[165] Er will weder der einen noch der anderen Seite zustimmen, sondern wichtige Fragen in der Disputation erörtern, „bis die heilige Kirche festsetzen würde, wie man in Zukunft darüber zu denken habe“[166]. Luther will dazu die Bibel, die Kirchenväter und das kirchliche Recht heranziehen, mit denen er sich in den von ihm aufgeworfenen Fragen nicht im Widerspruch sieht. Vielmehr scheint ihm widersinnig zu sein, dass in Gottes Kirche Dinge gepredigt werden, „die wir nicht rechtfertigen können“[167]. Er sieht es daher als Pflicht seines Amtes als Professor an, diese strittigen Fragen zu Erörterung zu bringen.

3.5. Die Bedeutung der Ablassthesen im Kontext der Bußtheologie

Für das Verständnis der Ablassthesen unabdingbar sind die Resolutionen, die Luther nur wenige Monate später den Thesen zur Absicherung und weiteren Erläuterung folgen ließ. Im Zusammenhang damit steht eine Reihe von Predigten, die Aufschluss über die in Entwicklung befindliche Bußlehre Luthers geben. In einem engeren Zusammenhang stehen die beiden Sermones „De poenitentia" und „De indulgentiis". Inhaltlich gehören sie deshalb zusammen, weil Luther zum Beschluss seiner Predigt über die Buße auf den „Sermon von dem Ablass und der Gnade" selbst hinweist und darin den dritten Teil seiner Ausführungen über Buße vorlegt. Entstanden sind sie nicht zur selben Zeit, sicher aber vor Ostern 1518. In unmittelbarem Zusammenhang mit den Ablassthesen scheint aber ein immer schon weniger beachteter Text zu stehen, den Luther mit seinen Ablassthesen an Erzbischof Albrecht sandte. Es handelt sich um den Traktat über die Ablässe (Tractatus de indulgentiis) aus dem unmittelbaren Vorfeld des Ablassstreites. Erzbischof Albrecht weist auf diesen Tractatus hin[168] und auch Luther selbst gibt einen Hinweis in den „Resolutionen"[169] Von besonderer Bedeutung erweist sich heute der vom 30. Mai 1518 datierte Brief Luthers an Johannes von Staupitz.[170] Dieser Text ist deshalb so interessant, weil er offenbar als Paralleltext zu Luthers rückblickender Einschätzung der reformatorischen Anfangsjahre aus der Vorrede zum ersten Bande seiner lateinischen Schriften gelesen werden kann.

Geht es im Text von 1545 um den iustitia-Begriff, so in seinem Brief an Staupitz um das richtige Verständnis der Buße. Luther beschreibt hier mit teilweise denselben Worten ganz ähnliche Vorgänge.[171] Entscheidend ist der bußtheologische Zusammenhang der christologisch-soteriologischen Entdeckung. Von dorther fällt unmittelbar Licht auf die erste Ablassthese. Die wahre Buße kann nur von der Liebe zu Gott und zu seiner Gerechtigkeit ausgehen.[172] Das ist der zentrale, von Staupitz übernommene Satz, wie Luther selber bekennt. Lassen sich diese Zusammenhänge so deuten, dass Luthers Ringen um das Bußverständnis ihn zu seinen reformerischen theologischen Entdeckungen führt, nämlich dass die wahre Reue aus der Gnade Gottes kommt? Durch das Gesetz kommt die Erkenntnis der Sünde, damit die Gnade geschenkt und erlangt wird.[173] Die wahre Reue kommt nicht aus uns, sondern aus der Gnade Gottes. Trifft diese von Luther vorgenommene Ordnung der Gedankenführung wirklich zu, so bleibt zu fragen, ob er diese Einsichten ohne den iustitia-Begriff gewonnen hat. Anzudeuten bleibt hier, dass Luther im Rahmen der Disputation um Ablass und Buße eine wichtige, im späten Mittelalter umlaufende theologische Auffassung aufnimmt, welche in Reformkreisen schon längere Zeit diskutiert worden war. Im Hintergrund standen jedenfalls die Kirchenväter, natürlich Augustinus, die neuere, durch den Humanismus geprägte Bibelexegese und mystische Einflüsse, wie sie offenbar über Tauler vermittelt wurden. Auch der Einfluss des Bernhard von Clairvaux und damit die monastische Tradition sind nicht zu unterschätzen. Das geht jedenfalls aus Luthers eigenen Schriften hervor, die im Zusammenhang gelesen eine solche bußtheologische Rekonstruktion des reformerischen Anliegens ermöglichen.

Auf eine solche Spur führt uns nicht zuletzt Melanchthon. In seiner Historia Lutheri, der Vorrede zum zweiten Band der lateinischen Werke Luthers[174], rückt er den Zusammenhang von Ablassstreit, Buße und Rechtfertigung in den Kontext einer überraschenden Entdeckung, nämlich eines Ausspruchs von Bernhard von Clairvaux. In dessen Predigt über die Verkündigung Mariens habe Luther, Melanchthon zufolge, den Satz entdeckt, der ihn zu Paulus und danach zu Augustinus führt. „Deine Sünden sind dir vergeben." Luther habe diesen Satz so verstanden, dass man nicht im Allgemeinen glauben solle, die Sünden seien vergeben, sondern dass jeder Mensch für sich glauben müsse, seine Sünden seien vergeben. Die Hinzufügung des „DIR"[175] macht den ganzen Unterschied klar; denn Luther deutet diesen Satz nun im Sinne des Paulus: „Wir werden durch den Glauben gerecht gemacht"[176]. Augustinus habe ihm dann gelehrt, dass die Sünden um des Sohnes willen umsonst vergeben würden.[177] Die Gnade der Vergebung müsse man im Glauben annehmen. Darauf deutet das „DIR" hin. Nach Melanchthon tritt an dieser Stelle der ganze Unterschied von Gesetz und Evangelium hervor. Melanchthon verweist uns hier nur allgemein auf Luthers Römerbrief-Erklärung, ohne die Stelle genau auszuweisen.[178]

Schon in seiner frühen Psalmenauslegung findet sich ein Hinweis auf Bernhard von Clairvaux. In der Erläuterung von

Psalm 31[179], in dem es um die Sündenvergebung geht, führt Luther ein Bernhard-Zitat an, ohne es hier genau auszuweisen.[180] Auf die richtige Spur wird man schließlich von Luther selbst gelenkt. In seiner Vorlesung über den Römerbrief weist uns Luther auf einen Bernhard-Text hin, der ihn offenbar fasziniert haben muss, so dass selbst Melanchthon noch drei Jahrzehnte später auf dieses Faktum hinweist. In der Vorlesung über Röm 8,16 zitiert Luther einen längeren Text aus einer Predigt zum Fest der Verkündigung Mariens.[181] Das ist exakt die Stelle, die Melanchthon in seinem Rückblick auf Luthers Leben 1546 präsentiert.[182] In der Erinnerung lenkt Melanchthon unseren Blick auf die Anfänge von Luthers Theologie zurück. Melanchthons Intention ist hierbei klar: In der Erinnerung geht der Blick zurück auf die Ursprünge; in den Ursprüngen ist das Spätere bereits angelegt. Über diesen langen Zeitraum wird eine Entdeckung mitgeteilt, die offenbar keine Neu-, sondern eine Wiederentdeckung ist: „So glaubt nämlich der Apostel, dass der Mensch ohne Verdienst durch den Glauben gerecht wird (Röm 3,24)."[183] Kontext ist die Frage der Sündenvergebung. In diesem bußtheologischen Zusammenhang stellt Luther mit Bernhard-Zitaten drei Dinge heraus: (1.) Durch den Glauben wird der Mensch gerecht (sola fide).[184] (2.) Die Gnade Gottes ist der Anfang und die Grundlage des Glaubens (sola gratia).[185] (3.) Das ewige Leben wird dem Menschen aus lauter Gnade, nicht aufgrund seiner Werke (sine operibus) zuteil.[186] Mit diesen drei Bernhard-Zitaten und ihrer Zuspitzung durch Luther[187] befinden wir uns zweifelsfrei im Zentrum von Luthers Theologie. Mit ihnen erläutert Luther die Auffassung des Apostels zur Stelle. Durch die Zitate wird klar, dass Luther wie Bernhard auch auf die Kernstelle des Römerbriefes hinweist. Schon Bernhard macht auf den inneren und unlösbaren Zusammenhang von Glaube, Gnade und Rechtfertigung aufmerksam. Diese Theologie der Rechtfertigung ist bei Luther schon vor dem Ablassstreit 1515/16 vollständig und ganz da. Das hat Melanchthon richtig gesehen.[188] Luther geht bereits als gereifter Theologe in den Ablassstreit hinein, dieser ist lediglich der Auslöser für die öffentliche Wirksamkeit seiner Theologie der Rechtfertigung.

Luther hat im Ablassstreit keine neue Theologie erfunden, sondern mit Hilfe von Bernhards Theologie der Rechtfertigung aus Gnade durch Glauben allein seine theologischen Entdeckungen zum Ausdruck gebracht.[189] Bernhard führt ihn zu Paulus und dann zu Augustinus. Im Ablassstreit wird Luther Melanchthon zufolge über die Bußtheologie hinaus auf die anderen Felder der Auseinandersetzung geführt: die Abendmahlslehre, die Lehre von den Sakramenten insgesamt, die Lehre von der Gewalt des Bischofs von Rom. Bei all diesem Streit hielt Luther dem Zeugnis Melanchthons zufolge das apostolische, nizänische und athanasianische Glaubensbekenntnis bei und ließ sie unangetastet.[190] Luthers reformatorischer Durchbruch ist in Wahrheit ein Durchbruch zu Paulus, keine reformatorische Umorientierung[191], sondern eine von Bernhard angeleitete Zuspitzung auf das Verständnis der Sündenvergebung im Glauben: allein aus Gnade im Glauben, nicht aufgrund unseres Verdienstes werden wir von Gott gerecht gemacht und erlangen Vergebung der Sünden. Luther ist demnach ein reformerisch gesinnter Theologe innerhalb der einen katholischen Kirche.

3.6. Der wirkungs- und bedeutungsgeschichtliche Kontext

Luther beklagt im Februar 1518 gegenüber Spalatin, dass die Streitsache noch in der Schwebe sei. „Meine Streitsätze werden mit einer Flut von Schmähungen beantwortet.“[192] Luther hat sich offenbar durch seine Veröffentlichung, wie er sich selbst eingestehen muss, „furchtbaren Haß zugezogen“[193]. Er bedauert, dass seine Sätze als „feststehende Behauptungen“ aufgefasst worden seien, nicht als „Ausgangspunkte der Erörterung“. So sucht er gegenüber seinem Bischof Hieronymus Schulz die Abfassung der Resolutionen zu rechtfertigen.[194] Nicht alles sei schon feststehende Wahrheit, sondern unreif und unzulänglich. Da trotz seiner öffentlichen Aufforderung niemand zum Redekampf erschienen sei, gehe die Disputation nun weiter, aber auf anderem Wege. Der Versuch einer Erklärung seiner Streitsätze diene der Besänftigung seiner Gegner, ist seine Hoffnung, die er

Papst Leo gegenüber äußert.[195] Luther ist aber im Frühjahr 1518 bereits gewiss, dass er nicht widerrufen könne; dennoch ist er auch willens, sich vertrauensvoll in die Hände des Papstes zu begeben. Von einer willentlich und wissentlich vom Zaun gebrochenen Auseinandersetzung mit dem Papst kann in dieser Zeit noch nicht gesprochen werden. Über die Reaktionen zeigt er sich betroffen, aber er beginnt zu ahnen, welche Wirkungen er mit den Thesen ausgelöst haben könnte.

Luthers 95 Thesen lassen sich im Kontext seiner bußtheologischen und seiner rechtfertigungstheologischen Argumentationen verstehen und deuten. Zwar enthalten sie keine expliziten Darlegungen zu seiner Theologie der Rechtfertigung; das ist aber kein Hinweis auf eine Abkehr von der Bußtheologie.[196] Luther fährt hier offenbar zweigleisig. Ganz auf die Ablassfrage konzentriert, rückt die Bußterminologie in den Vordergrund seiner Argumentation. Da er seine rechtfertigungstheologische Grundperspektive schon voraussetzen kann, bleibt sie hier verständlicherweise unerörtert, aber mitgesetzt, da sie ihm bereits gewiss war. Der Ablassstreit und seine Nachwirkungen führen ihn schließlich über die bußtheologischen Erörterungen hinaus. Der Streit dehnt sich auf andere Fragen aus, schließlich ist es die Autoritätsfrage, die im Zentrum der Auseinandersetzungen Luthers mit seinen Gegnern steht. Angesichts dieser Entwicklungen bezeugt Melanchthon kurz nach dem Tode Luthers sowohl die Notwendigkeit der Reform von Leben und Lehre der Kirche als auch das Festhalten an der Bekenntnistradition der Kirche. Angeleitet durch die Schriften Augustins, den er mit den Augen Bernhards liest, erschließt sich ihm eine Reinigung der Quellen des Evangeliums, in dem die für die Menschen heilbringende Lehre enthalten ist.

Zweifelsohne haben Luthers 95 Thesen zum Ablass vom Oktober 1517 Weltgeschichte gemacht. Ihre bis heute ungebrochene historische Bedeutung erklärt sich vorrangig im Blick auf den anhebenden geschichtlichen Prozess, der schließlich zur Reformation und damit zur Spaltung der abendländischen Kirche führte. Luthers Thesen haben nicht nur unmittelbare Konsequenzen in der Verurteilung der Bannandrohungsbulle „Exsurge Domine“ nach sich gezogen, sondern auch in der Widerlegung durch Wimpina, Cajetan, Eck und andere katholische Gegner bis hin zum Konzil von Trient und darüber hinaus. Jede Annäherung an die Ablassthesen ist daher von den nachfolgenden kirchenamtlichen Verurteilungen und theologischen Auseinandersetzungen nicht losgelöst zu betrachten. Dass der Finanzablass, das wichtigste kulturelle und religiöse Finanzierungsmittel der mittelalterlichen Kirche, sang- und klanglos verschwindet, ist nur einer der Hinweise auf die Bedeutung der Ablassthesen und der durch sie ausgelösten theologischen und kirchenpolitischen Diskussionen der nachfolgenden Zeit. Dass Luthers Thesen vom Oktober 1517 das spätmittelalterliche kirchliche System selbst bereits bedrohten oder gar zwangsläufig sprengen mussten, weil sich darin eine reformatorische Neu- oder Umorientierung der traditionellen kirchlichen Lehre zeige, kann nach dem hier Gesagten füglich bezweifelt werden. Zu groß waren für Luther der Respekt und auch die Faszination der Kirchenväter bis zur Zeit Bernhards, welche die „Norm des Augustinus" befolgten[197], als dass Luther vergessen konnte, wem er seine theologischen Entdeckungen am Apostel Paulus verdankte. Melanchthon hat dieses Zeugnis getreu bewahrt und überliefert. Sowohl Luther wie Melanchthon legten nach diesem Selbstzeugnis größten Wert auf die Überzeugung, dass ihre Entdeckung der Rechtfertigung des Menschen aus Gnade durch Glauben allein keinen Bruch mit der Tradition der Kirche darstellt. Luther selbst hat den Ablass zur damaligen Zeit nicht verworfen, sondern nur seinen maßvollen Gebrauch gefordert.[198]

4. Grund-Differenz in der Anthropologie?

4.1. Die abendländische Grunddifferenz in der Frage der Anthropologie?

„Die abendländische Frage betrifft lediglich die christliche Anthropologie.“[199] Während der Tübinger Theologe Josef Robert Geiselmann noch Mitte des letzten Jahrhunderts Johann Adam Möhlers bekanntes Diktum ganz in den Kontext der geistigen Auseinandersetzungen mit dem deutschen Idealismus zu Beginn des 19. Jahrhunderts zu stellen suchte, lässt sich das Umfeld der Aussage Möhlers heute klarer auf die kontroverstheologische Auseinandersetzung beziehen.[200] Möhler selbst zieht aus seiner These unmittelbar die Konsequenz, „daß Alles, was sich noch Anderes daran knüpfte, nur nothwendige Folgerungen aus der Antwort sind, welche auf die von den Reformatoren aufgeworfene anthropologische Frage gegeben wurde“.[201] Die Anlage seines Werkes richtet er auf den Zusammenhang von Urstand, Fall und Rechtfertigung aus. Diese Frage ist schließlich der entscheidende Fokus, an dem sich nach Möhler im 16. Jahrhundert die kontroverstheologischen Auseinandersetzungen entzündeten. Alle Differenzen zwischen Katholizismus und Protestantismus lassen sich im Lehrstück von der Rechtfertigung konzentrieren.[202] Damit beansprucht Möhler, den Nerv der konfessionellen Gegensätze getroffen zu haben. So kommt er schließlich zu der Einsicht: „In manchem aufmerksamen Leser dürften die bisherigen Darstellungen von selbst den Glauben hervorgerufen haben, daß der Catholizismus das gesammte Christenthum und die nächsten Zwecke der Ankunft des Erlösers wesentlich anders auffasse, als der Protestantismus.“[203] Möhler beklagt die Gegensätze, die sich in der Gesamtauffassung des Christentums zwischen Katholiken und Protestanten zeigen, doch er hält die Differenzen für so gravierend, dass eine Einigung nicht im Blick steht. Es ist diese Kernfrage, die in der Reformationszeit aufgebrochen ist, an der sich alle weiteren Fragen anhängen lassen.[204]

Unschwer können heute weitere Belege für die von Möhler aufgestellte These auf beiden Seiten aufgefunden werden. Nicht nur im Kontext der an Spätmittelalter und früher Neuzeit orientierten christlichen Metaphysik und Philosophie, sondern auch im Bereich der modernen christlichen Sozialethik hält sich die Erkenntnis, dass im Verständnis des Menschen ein konfessionsspezifischer Unterschied hervorsticht.[205] So scheint auch zu Beginn des 21. Jahrhunderts die Anthropologie als eine der entscheidendsten kontroverstheologischen Problemkonstellationen zwischen den beiden großen abendländischen Kirchen zu stehen.[206] Diese Auffassung lässt sich von der Einsicht leiten, dass es keinen theologischen Traktat gebe, in dem sich die Differenzen klarer und eindeutiger zu erkennen geben als in der Auffassung vom Menschen. Wohl zeigen sich Differenzen in der Rechtfertigungs- und in der Gnadenlehre, in der Sakramentenlehre, in der Lehre vom Amt und von der Kirche, natürlich in der Lehre von Maria und den Heiligen, aber das wohl wichtigste Stück bleibe die Anthropologie. A.-E. Buchrucker begründet seine Auffassung mit dem Diktum, die Soteriologie gehe bei Luther der Anthropologie voraus und stehe über ihr. Damit werde die geläufige dogmatische Reihenfolge umgekehrt und damit auch der Unterschied und die Differenz zur katholischen Tradition markiert. Nicht eine Stufenfolge zwischen dem status integritatis, dem status peccati und dem status salutis bestimme die Anthropologie, sondern allein das Verhältnis des Menschen zu Gott.[207]

Auch der Lutherforscher und Systematiker Gerhard Ebeling sieht in dem Verhältnis von Natur und Gnade – einer Verhältnisbestimmung mit anthropologischem Charakter – ein Koordinatenkreuz aller theologischen Aussagen, in dem die Grunddifferenz zwischen den Konfessionen scharf hervortrete.[208] Wohl kaum ein anderer als Martin Luther habe sich eindeutiger gegen die hierarchische Ordnung und stufenweise harmonische Verhältnisbestimmung von Natur und Gnade gewandt und damit seinen Gegensatz zur Scholastik und ihrer Philosophie signalisiert.[209] Gesetz und Evangelium ist die Luther geläufige Formel, mit der er den Unterschied zwischen Natur und Gnade zu einer konfessionsspezifischen Grunddifferenz mache. Nach Ebeling ist es also nicht nur die Sprache, die anders gelagert ist, sondern die Sache selbst. Hier und da wird das theologische Denken anders gesteuert. Gegen die verwirrende Vermischung der im Verhältnis stehenden Größen und die hierarchische Ordnung von Theologie und Philosophie tritt Luther für eine klare Unterscheidung zwischen Gott und dem Menschen, zwischen der Ratio und der Fides ein.[210] Der katholische Lutherforscher Otto Hermann Pesch hat demgegenüber schon vor Jahrzehnten die Behauptung gewagt, dass sich in der Anthropologie gerade nicht die Grunddifferenz der Konfessionen zeige. Eine auf das Gemeinsame gerichtete Auseinandersetzung zeige vielmehr die Ähnlichkeit, ja die Komplementarität der Argumentationen eines Thomas von Aquin und eines Martin Luthers auf.[211] Otto Hermann Pesch versteht die von Thomas und Luther unterschiedlich verwendete Sprache als Hinweis auf eine zwischen ihnen liegende Gemeinsamkeit im Verständnis des Menschen.[212] Gibt es eine gemeinsame Blickrichtung oder ist sie a limine ausgeschlossen?

Die „Gemeinsame Erklärung zur Rechtfertigungslehre“ von 1999 lenkt die kontroverstheologische Auseinandersetzung zwischen dem Luthertum und der katholischen Theologie auf den Kernpunkt der reformatorischen Auseinandersetzungen. Die „Gemeinsame Erklärung“ will auf Grund des zwischen beiden Kirchen geführten Dialogs zeigen, dass ein gemeinsames Verständnis der Rechtfertigung durch Gottes Gnade im Glauben an Christus vertreten werden kann. Deshalb umfasst die „Gemeinsame Erklärung“ einen Konsens in Grundwahrheiten der Rechtfertigungslehre und zeigt zugleich auf, dass die weiterhin bestehenden unterschiedlichen Entfaltungen der jeweiligen Lehren nicht länger Anlass für Lehrverurteilungen sind. Wohl beschränkt sich die „Gemeinsame Erklärung“ ganz auf die Kernfragen der klassischen Rechtfertigungslehre und ihrer kontroversen Auffassungen, zugleich aber scheint natürlich auch ihr Verhältnis zu Themen theologischer Anthropologie durch. Keine Frage: Die Rechtfertigungslehre kann auch als theologische Anthropologie gelesen werden. Wenn sich also in der Rechtfertigungslehre ein Konsens in Grundwahrheiten abzeichnet, so liegt die Frage nahe, ob sich dieser Konsens nicht auch in der

Anthropologie ausweisen lassen müsse. So hätte der durch den Dialog erzielte Konsens zur Folge, dass die behauptete Grunddifferenz in der Anthropologie zumindest überprüft werden muss. Wird gemeinsam festgehalten, dass die Lehre von der Rechtfertigung nicht nur ein Teilstück der christlichen Glaubenslehre ist, sondern in einem wesenhaften Bezug zu allen Glaubenswahrheiten steht und sie damit ein unverzichtbares Kriterium für die gesamte Lehre und Praxis der Kirche ist, so liegt auf der Hand, den in der Rechtfertigungslehre erzielten Konsens auch auf die Frage nach dem Verständnis des Menschen auszudehnen. So noch einmal klarer formuliert: Hat der in der „Gemeinsamen Erklärung" erzielte Grundkonsens in der Rechtfertigungslehre Konsequenzen für die Frage nach dem Menschen? Die folgenden Ausführungen suchen dieser Frage vor dem Hintergrund der Auseinandersetzung um Luthers Disputationsthesen von 1536 „De Homine" nachzugehen.

Die Fragestellung lässt sich von diesem Ansatz aus noch weiter zuspitzen: Ist die von Luther getroffene Abwendung von der bisherigen Kennzeichnung des Verhältnisses Gottes zum Menschen im Schema von Natur und Gnade eine hermeneutische Wende, die dem klassischen Verständnis so fundamental entgegengestellt ist, dass es zu diesem keinerlei Entsprechung gäbe und das damit auf alle Zeiten den Grundunterschied zur bisherigen Tradition markierte?[213] Wenn es sich bei dieser von Luther herausgestellten Grunddifferenz um eine solche hermeneutischer Art handelt, so lässt sich wohl kein Argument nennen, dass diese Differenz zu überbrücken vermöchte. Denn jedes Sachargument, das angeführt wird, muss sich der hermeneutischen Konsequenz stellen. Wer aber Hermeneutik und Sachargument derart zusammenfügt, der baut die Grunddifferenz in die Sachaussage ein. Umgekehrt argwöhnt G. Ebeling: Wer zwischen Denkinhalt und Denkform so unterscheide wie O. H. Pesch, der fange den geschichtlichen Wandlungsprozess mit einer Konvergenzhermeneutik ab, die der Sache nicht angemessen erscheint. Hier lautet dann das Urteil Ebelings: „Nicht alles ist in beliebiger Sprache aussagbar, nicht alle Denkformen für alle beliebigen Denkinhalte geeignet".[214] Offenbar hat auch Johann Adam Möhler die von Luther überkommene Grunddifferenz dergestalt aufgefasst, dass er seinerseits die Grunddifferenz zwischen den Konfessionen im Verständnis des Menschen festzumachen suchte. Muss dies das letzte Wort in der Sache sein? Wenn es sich so verhält, und darauf deutet einiges hin, so müsste umgekehrt formuliert werden: Die Grunddifferenz im Verständnis des Menschen muss auch Rückwirkungen auf das Verständnis der Rechtfertigung hervorrufen. Wäre dies der Fall, so steht der Konsens in der Rechtfertigungslehre wohl selbst zur Disposition.

4.2. Das rechtfertigungstheologische Verständnis des Menschen nach Luther

Luthers „Disputatio De Homine“ behauptet sich im Umfeld theologischer und anthropologischer Fragen seit Jahrzehnten mit besonderer Intensität. Luthers Thesen sind scharf profiliert, sie bestechen durch die Dichte der Gedanken, durch die Genialität der Komposition. Erstaunlicherweise sind Luthers Thesen über den engeren Bereich der Lutherforschung hinaus freilich lange Zeit unbekannt geblieben. Bis in die 70er-Jahre hinein findet man nur vereinzelt Spuren und Hinweise auf Luthers Thesen. Erst die epochale Kommentierung durch Gerhard Ebeling Ende der 70er Jahre macht die Thesen Luthers über den engeren Bereich der Lutherforschung hinaus bekannt.[215] Aufgrund ihres umfassend systematischen Anspruchs und ihrer klaren Diktion eignen sie sich für die Diskussion des in Frage stehenden Problems.

Historisch betrachtet verdanken sich Luthers Disputationsthesen den in Wittenberg mit einiger Regelmäßigkeit seit 1535 stattfindenden Doktorpromotionen. Zu diesen stellte Luther Thesen auf, die der Promovend zu verteidigen hatte. Luthers frühere Thesen erfreuten sich in Wittenberg großer Hochschätzung. Melanchthon gab sie 1534 gesammelt heraus. Er bezeichnete die Disputationen als evangelische Fragmente, die er für wert hielt, gesammelt zu werden, da sie die Hauptartikel des Evangeliums enthielten. Die Disputation „De Homine“ verdankt ihre Bedeutung vor allen Dingen der Nähe zur Rechtfertigungslehre, auf die sich Luther in den 30er-Jahren konzentrierte. Gerade auf die späten Thesen verwandte Luther sehr viel Sorgfalt, und deshalb gerieten sie auch zu großen und wichtigen Dokumenten seiner Theologie.[216] Zu den Disputationen über die Rechtfertigung zählt auch die „Disputatio De Homine“ vom 14. Januar 1536.[217]

Luthers „Disputatio“ stellt uns vorab vor eine Reihe von grundsätzlichen Fragen. Die 40 Thesen umfassende Disputation geht in einem ersten Teil (Thesen 1–20) auf die philosophische Definition des Menschen ein, in einem zweiten Teil (Thesen 21–40) auf die theologische. So ergibt sich zunächst von dieser Grundanlage her die Frage, ob es sich hierbei um den Streit zweier Definitionen handelt. Geht es im Wesentlichen um Philosophie oder Theologie? Eine zweite Perspektive ergibt sich aus der Frage, ob sich hinter diesen beiden Definitionen ein Streit um das Verhältnis zwischen Mensch und Gott ergibt, ob es hier also um die Frage nach dem Verhältnis von Gnade und Freiheit geht? So stünde das gnadentheologische Thema im Vordergrund. In einer dritten Perspektive könnte auch die Fragestellung leitend sein, was unter der Wesensdefinition des Menschen zu verstehen sei. Handelt es sich in dieser um einen Streit ontologischer Art? Damit stünde die Frage im Vordergrund, ob es sich hier nicht eher um einen Streit zwischen Theologie und Theologie handelt.[218]

Schwerlich handelt es sich um eine pure Konfrontation zwischen Theologie und Philosophie. Dies zeigt bereits der von Luther gewählte Aufbau der Thesenreihe. Rasch stellt man fest, dass Luther die zunächst offensichtliche Konfrontation zwischen Theologie und Philosophie nicht auf die Thesen 1–20 und Thesen 21–40 aufteilt, sondern den Konflikt zwischen Theologie und Philosophie in den jeweiligen Bereichen der Thesen selber nochmals führt. Man könnte deshalb die Anordnung der Thesenreihe im Sinne einer chiastischen Ordnung deuten. Luther will also die Auseinandersetzung um die theologische Definition des Menschen immer vor dem Hintergrund der Auseinandersetzung um den Menschen als Menschen selbst führen. An einer puren Entgegensetzung zwischen Philosophie und Theologie ist er dabei nicht interessiert.

Luther eröffnet die Thesenreihe mit einer knappen Darlegung der philosophischen Definition des Menschen. Die Philosophie – sapientia humana – definiert den Menschen seit alters her als animal rationale (These 1). Der Mensch erscheint als ein mit Sinnen und Körperlichkeit ausgestattetes Lebewesen. Diese gängige von der Scholastik her überlieferte Definition beschränkt Luther freilich auf den sterblichen und irdischen Menschen (tantum mortalem et huius vitae hominem – These 3). In diesem Rahmen erscheint die Vernunft, die dem Menschen gegeben ist, als das Beste im Vergleich mit den übrigen Dingen des Lebens. Luther scheut sich nicht, die Vernunft als etwas geradezu Göttliches (divinum quiddam – These 4) zu bezeichnen. Sowohl die Philosophie als auch die Heilige Schrift können die durch die Vernunft geleitete Lebensführung des Menschen nach Art einer göttlichen Macht verstehen. Ja, selbst die Schrift nimmt der Vernunft nichts von ihrer Hoheit, sie bestätigt sie vielmehr, auch nach Adams Fall. Soweit die Vernunft auf den Menschen dieses Lebens bezogen ist, kennt sie freilich weder den Grund noch die Ursache, dessen der Mensch sich verdankt. Wir wissen über den Menschen nahezu nichts (nos de homine paene nihil scire – These 11). In dieser Sicht bleibt die Vernunft eingeschränkt auf ihre quasi instrumentelle Verfügungsmacht, die nicht über dieses Leben hinausweist. Das ist für Luther der entscheidende Punkt der philosophischen Definition, er entzieht ihr jeden Transzendenzbezug. So besteht überhaupt keine Aussicht, dass der Mensch von sich aus sein Wesen erkennen könne, nicht in der Quelle, nicht von seinem Ziel her. So mündet die philosophische Erörterung der Definition des Menschen in die Erkenntnis, dass sie eben allzu sehr an der Stofflichkeit (nimio materialis) orientiert ist.

Mit Entschlossenheit und Schärfe unterzieht Luther die philosophische Definition des Menschen seiner theologischen Kritik. Luther durchbricht die bisher gängigen Deutungskategorien und vollzieht eine radikale Gewichtsverschiebung.[219] Luthers Ausführungen zur philosophischen Definition versteht man nach Ebeling nur dann richtig, wenn man unterstellt, dass Luther überhaupt gar nicht an einer Auseinandersetzung mit Aristoteles, den er verschiedentlich nennt, und seiner Rezeption in der Scholastik interessiert ist. Thomas von Aquin wird überhaupt gar nicht erwähnt. So bleibt nur eines: Luther verfolgt von vornherein eine theologisch kritische Intention.[220] Luthers Umgang mit der philosophischen Definition des Menschen hinterlässt insofern ein eher ambivalentes Bild. Ist der Mensch bezogen auf die ihm mitgegebene Vernunft und im Blick auf die ihm zur Verfügung stehende Lebensmacht seiner selbst mächtig, so versagen alle seine Kräfte, sobald er seinen Blick auf Gott und die Ursache seines Lebens zu richten beginnt. Der Mensch erscheint dann ganz und gar in der Gebrochenheit seines Lebens. Er ist dem Zufall und der Nichtigkeit unterworfen.

Es ist keine Frage: Luther, betrachtet man seinen Umgang mit der philosophischen Definition des Menschen, vollzieht einen Bruch mit der ihm vorgegebenen philosophischen Tradition. Indem er der menschlichen Vernunft jeden Transzendenzbezug nimmt, unterwirft er das Leben des Menschen ganz der Zwiespältigkeit. Letztlich führt Luthers Kritik an der scholastischen Anthropologie seiner Zeit zur Einsicht, dass die Identität des handelnden Subjekts selbst gebrochen ist. Natur und Vernunft des Menschen erscheinen gerade nicht als natürlich, sondern als korrupt und wesenswidrig, weil sie zum Gegenspieler Gottes und seiner Gnade werden. Die Natur erscheint in sich selbst geschlossen und bar jeder Form von Transzendenz. In dieser Sicht aber ist die Natur ihrer selbst beraubt.[221] Nicht nur, dass Luther mit seiner Darlegung der philosophischen Definition der ihm vermittelten aristotelischen Tradition widerspricht, nein, er nimmt auch das Menschsein selbst nicht ernst – so ließe sich die philosophische Auseinandersetzung mit Luther auf einen knappen Punkt bringen. Wenn es an dieser Stelle auch nicht um ein Gespräch zwischen scholastischer Philosophie und Luthers Diktion geht, so bleibt der Einspruch deswegen zu berücksichtigen, weil die von Luther in die Debatte geführten Gegensätze gewollt sind und sich nicht zufällig aus seiner theologischen Diktion ergeben. Damit hängt auch die Interpretation zusammen, die heute in der ökumenischen Diskussion vielfach verwendet wird. Lassen sich Luthers Ausführungen als eine für Luther typische Denkfigur verstehen, die eine unterschiedliche Perspektive an ein und demselben Menschsein zur Darstellung bringen will, so ließen sich die behaupteten Differenzen wohl überwinden. Umgekehrt aber erscheint die Differenz als unüberwindbare Grunddifferenz, wenn die mit der philosophischen Definition gegebene Differenz der Sache selbst inhäriert. Danach ist das Menschsein letztlich nur als Christsein zu definieren. Das aber heißt: Die Grunddifferenz zur gängigen philosophischen Definition lässt sich überhaupt gar nicht beheben, weil ihr die Differenz als Wesensdefinition innewohnt. Gilt das aber, so sind alle Versuche einer komplementären, unter heutigen hermeneutischen Gesichtspunkten vorgehenden Annäherung zum Scheitern verurteilt.

Luther beginnt die theologische Definition (These 20) mit einer klaren Entgegensetzung: Der Mensch tritt als Ganzer und Vollkommener (hominem totum et perfectum) in den Blick, wo die Theologie ihr Geschäft erhebt. Anders als die philosophische Definition führt Luther die theologische Definition des Menschen ein: Sie steht unter der Fülle ihrer Weisheit, wohingegen die Philosophie schlichtweg auf den Menschen als mit Sinnen und Körperlichkeit ausgestattetes Lebewesen erscheint. Zunächst bringt er in drei aufeinanderfolgenden Thesen eine geschichtstheologische, quasi chronologische Sicht ein. Nach ihr ist der Mensch erstens Gottes Geschöpf, von Anbeginn zum Bilde Gottes gemacht ohne Sünde (ab initio ad imaginem Dei facta sine peccato, These 21), zweitens ist der Mensch nach Adams Fall der Macht des Teufels unterworfen und damit der Sünde und dem Tode ausgesetzt (These 22) und drittens: Nur durch den Sohn Gottes, Jesus Christus, wird der Mensch befreit, sofern er an ihn glaubt (These 23). In dieser theologischen Perspektive erscheint die Vernunft noch einmal unter der Macht des Teufels, der Mensch ist der Sünde und dem Tod verhaftet, seine natürlichen Kräfte erlauben ihm nicht, Gottes Gnade und das Leben zu verdienen. Im Blick auf Gott vermag die Vernunft ihr Sehnen nicht auf das Beste zu richten, sie besitzt weder das freie Entscheidungsvermögen, noch weiß sie, was der Mensch ist (Thesen 24–31).

Luther fügt im Unterschied zu den philosophischen Ausführungen in den ersten zwanzig Thesen nochmals eine kurze Definition an, die wie eine Pointe der heilsgeschichtlichen Darlegung das Wesen des Menschen aus theologischer Perspektive geradezu exponiert: Der Mensch wird durch Glauben gerechtfertigt: Hominem iustificari fide (These 32). Unter Hinweis auf die paulinische Rechtfertigungslehre in Röm 3 bringt Luther die theologische Sicht des Menschen auf diese einsichtige Kurzformel. Um den Menschen theologisch definieren zu können, muss man den Menschen von Gott her ansprechen. Nur in der Perspektive der Rechtfertigungslehre, so könnte man hier pointiert ausführen, lässt sich der Mensch verstehen, wenn auch wohl nicht letztlich definieren. Allein Christus ist es – solus Christus – der den Menschen befreit. Es ist der Sohn Gottes, der den Menschen befreit. Dahinter steht das Bekenntnis zu Christus als wahrer Gott und wahrer Mensch. Luther zieht hier – und das wäre gegen die vereinfachende These von der Soteriologie als Antwort auf die Definition des Menschen zu sagen – die Christologie und die Soteriologie in knapper Weise zusammen. Was macht den Christen zum Menschen? Das ist der Glaube: sola fide. Mit einem anderen Wort Luthers gesagt: Christus und Glaube „gehören zuhauf". Damit ist klar: Es ist Luthers Glaubensverständnis, das zum Schlüssel zu seiner Theologie wird. Glaube ist Teilhabe an Jesus Christus. Glaubst du, so hast du, das ist der Schlüssel, mit dem Luther das Verständnis des Menschen eröffnet. So wird die theologische Definition zum Kreuzpunkt zweier Linien, der theologischen und der anthropologischen. Luther zieht dabei die Anthropologie ganz in die Theologie hinein und drückt ihr einen theozentrischen Stempel auf.

Es kann nun nicht mehr übersehen werden, dass Luther auch in dieser Hinsicht einen radikalen Bruch mit der Tradition vollzieht: Der Mensch ist Gottes bloßer Stoff für die künftige Gestalt (pura materia Dei ad futuram suam formam – These 36). Unter Verwendung der aristotelischen Kategorien nimmt Luther eine theologische Deutung des Menschseins vor: Die von scholastischer Philosophie unternommene Unterscheidung zwischen imago und similitudo zieht Luther zusammen und entzieht damit dem Menschen jede Möglichkeit, dem Werk Gottes mit seinen Kräften wenigstens anfanghaft – und mit Gottes Hilfe – entgegenzukommen. Das kommt auch in der Spitzenaussage der These 27 zum Ausdruck. Danach verwirft

Luther die spätscholastische Aussage, die er bei Biel findet: Wenn der Mensch tut, was in ihm ist, dann versagt Gott ihm die Gnade nicht (Facienti quod in se est deus non denegat gratiam). Alle Differenzen, die in den 40er- und 50er-Jahren des 16. Jahrhunderts diskutiert werden, lassen sich in diesem Punkte zusammenfassen. Seine radikale Theozentrik lässt sich mit dieser traditionellen Aussage nicht mehr vereinbaren. Luther liegt alles an der richtigen Darstellung der Theologie. Die Grunddifferenz zwischen Theologie und Philosophie ist die Grunddifferenz zwischen wahrer und falscher Theologie, sie liegt in der Unterscheidung der Theologie selbst, nämlich zwischen Gesetz und Evangelium. Luther wendet sich von dem seiner Ansicht nach stufenweisen Aufbau der Natur des Menschen und der Gnade Gottes ab und ersetzt sie durch eine Grundunterscheidung von Gesetz und Evangelium. Somit wird die Unterscheidung zur Tradition zugleich zu einer Unterscheidung innerhalb der Theologie selbst. Die Erfassung dieser Grundsituation, in der der Mensch sich theologisch vorfindet, wird damit zum konfessionellen Unterschied schlechthin.

Der Mensch wird durch das definiert, was an ihm geschieht. Diese eher seltsam anmutende Definition des Menschen vollzieht Luther mittels passivischer Aussagen.[222] Erst in dieser geschichtlichen Bewegung von Gott zum Menschen hin wird das unumkehrbare Gefälle zwischen Gott und dem Menschen erkennbar. Der Mensch steht vor Gott, weil Gott sich vor den Menschen stellt. Dieses Gefälle darzustellen, ist die Funktion der Rechtfertigungslehre in Luthers Theologie. Sie beansprucht damit nicht nur eine theologische Neuorientierung, sondern auch einen hermeneutischen Sinn. Sie ist das Unterscheidungsmerkmal, an dem die Theologie als falsche von der wahren unterschieden werden kann. Die Rechtfertigung vor Gott kommt allein dem Glauben dank dem Evangelium zu. Lässt sich von hier aus überhaupt eine vermittelnde Sicht kennzeichnen? Was könnte ein Vergleich mit der katholischen Position erbringen?

Für die weiterführende Debatte erscheint es sinnvoll, Luthers Theologie im Blick auf den Menschen pointiert wie folgt zusammenzufassen:

1. Luther führt die Auseinandersetzung zwischen Philosophie und Theologie als Auseinandersetzung um die Bedeutung und die Rolle der Heiligen Schrift. Nach Luthers Auffassung redet die Schrift offenbar anders vom Menschen als es die Philosophie zu seiner Zeit getan hat. Die Philosophie definiert den Menschen als ein esse, die Theologie aber definiert den Menschen nicht im eigentlichen Sinne des Wortes. Sie beschreibt den Menschen als ein lebendiges Wesen: carne et anima spirante constans (These 21). Der von Gott geschaffene Mensch ist ein lebendiges Wesen. Dieses Wesen ist in aller Radikalität der Ambiguität des menschlichen Daseins unterworfen, so als ob es scheine, dass der Mensch dem Teufel, der Sünde und dem Tod gänzlich unterworfen wäre.

2. Im eigentlichen Sinne des Wortes definiert der Glaube den Menschen gerade nicht. Dennoch aber ist der Glaube „seins"-bestimmend.[223] Somit wäre auch ein kritischer Gebrauch des Begriffes der Definition angebracht: Es ist nicht eine Wesensbestimmung, die Luther theologisch einführt, sondern eine Geschehensbestimmung. Der Mensch erscheint in theologischer Perspektive gerade als der, an dem etwas geschieht. Daraufhin, dass etwas an ihm geschieht, erwächst die Gestalt und die Form des Glaubens. Der Glaube ist die Antwort auf das Geschehen am Kreuz. Das ist die Bewegung, in die der Mensch hineingenommen wird. Der Mensch kommt unter der Perspektive seiner Gottesbeziehung zum Zuge.

3. Die von Luther vollzogene Unterscheidung zwischen philosophischer und theologischer Definition muss man als eine Unterscheidung im Wirklichkeitsverständnis des Menschen aufnehmen. Die Bibel denkt offenbar in Unterscheidungen, die Philosophie dagegen operiert im Modus des harmonisierenden Unio-Gedankens.[224] Die unter der Perspektive der Philosophie ihrer Zeit operierende Theologie der Kirche bringt diese Sicht in die Formel: gratia supponit naturam et perficit eam. Luther dagegen unterstreicht die distinctio zwischen Natur und Gnade.

Liest man Luthers Disputatio in dieser Perspektive, so stellt sich die Frage, ob aus katholischer Sicht und unter den Bedingungen der heutigen Theologie überhaupt eine gemeinsame Perspektive entwickelt werden kann. Ist etwa die Rückkehr zu einer gemeinsamen biblischen Perspektive die Antwort auf die historisch wirksam gewordene Grundunterscheidung?

4.3. Christologie und Anthropologie in katholischer Perspektive

Eine systematische Zusammenfassung der Sicht des Menschen, wie Luther sie in seiner „Disputatio De Homine" von 1536 vorgelegt hat, kennt die katholische Theologie nicht. In der scholastischen Philosophie und Theologie gibt es keinen Traktat „De Homine". Das Menschsein des Menschen wird unter bestimmten Perspektiven dargestellt, in der Schöpfungslehre, in der Christologie, in der Gnadenlehre, in der Eschatologie. Hier ergeben sich durchaus verschiedene Gesichtspunkte, die aber traditionellerweise nicht mehr einer dogmatischen Systematisierung zugeführt werden. Diese von Thomas her eingeübte Verständigung über das Menschsein des Menschen in theologischer Perspektive hat sich bis in die heutige dogmatische Theologie durchgehalten. Leo Scheffczyk hat in seiner mit Anton Ziegenaus herausgegebenen „Katholischen Dogmatik" sowohl in der Schöpfungslehre als auch in der Gnadenlehre Grundlegendes zur christlichen Anthropologie ausgeführt.[225] Dogmatische Theologien, die sich eher dem Ansatz Karl Rahners verdanken, fügen seit einiger Zeit eine eigenständige theologische Anthropologie ein. Diese hat dann die Aufgabe, die protologischen und gnadentheologischen Stücke miteinander in einem eigenständigen Duktus zu verarbeiten.[226]

Für die ökumenische Verständigung ist die Frage relevant, ob die heutige katholische Theologie ihrerseits eine mit der theologischen Anthropologie einhergehende Grunddifferenz ausweist, die eine komplementäre Sicht auf das Verständnis des Menschen unmöglich macht. Sucht man in dieser Richtung den katholischen Lehrbestand durch, so fällt einem der recht umfangreiche Textkorpus innerhalb der Pastoralkonstitution über die Kirche in der Welt von heute „Gaudium et Spes" ins Auge. Das erste Kapitel des ersten Hauptteils der Pastoralkonstitution umfasst die Artikel 12-22. Sie stehen unter der Perspektive: De homine ad imaginem Dei. Damit hebt der Artikel Nr. 12 an. Geschlossen wird das Kapitel mit Ausführungen über Christus als dem neuen Menschen. Innerhalb dieses Spannungsbogens des ersten Kapitels werden nunmehr verschiedene Themen abgehandelt: Der Wesensstand des Menschen (GS 14), Vernunft, Wahrheit und Weisheit (GS 15), das Gewissen (GS 16), Freiheit (GS 17), der Tod (GS 18) und Ausführungen über den Atheismus (GS 19-21). In diesem Textkorpus sind alle für die philosophische und theologische Definition nötigen Lehrstücke beieinander. Das lehrt ein kurzer Blick auf den Inhalt. Kommt man freilich von Martin Luther und seiner „Disputatio De Homine" her, so fällt einem überraschend ein neuer Grundzug ins Auge, der offensichtlich vom Zweiten Vatikanischen Konzil prononciert wird. Liest man die Ausführungen über das Wesen des Menschen von ihrem Ende her, so fällt die Klammer, der Spannungsbogen des ganzen Textkorpus erst recht auf. Es tritt nämlich ein neuer Typus theologischer Anthropologie in den Blick, den man den christologisch-heilsgeschichtlichen nennen kann. Menschsein wird christologisch ausgelegt.[227] Lässt man sich auf Luthers Diktion ein, so könnte man folgende knappe Thesen als Zusammenfassung des gesamten Textes exponieren und zum Vergleich anbieten:

1. Der Mensch ist nach dem Bilde Gottes geschaffen und fähig, seinen Schöpfer zu erkennen und zu lieben (GS 12).

2. Unter dem Einfluss des Bösen, durch Auflehnung gegen Gott und seinen Willen, findet der Mensch sich unfähig, durch sich selbst die Angriffe des Bösen wirksam zu bekämpfen. Er ist in sich selbst zwiespältig, und so stellt sich das ganze Leben des Menschen als ein dramatischer, zwischen Gut und Böse, zwischen Licht und Finsternis ablaufender Kampf dar. Der Mensch ist Sünder (GS 13). Die Sünde hindert ihn, seine Erfüllung zu erlangen, sie verdunkelt, sie schwächt, sie verwundet die dem Menschen mitgegebenen Gaben (GS 14-18).

3. Das Geheimnis des Menschen klärt sich im Geheimnis Jesu Christi. Christus erschließt dem Menschen seine höchste Berufung, nämlich die Gemeinschaft mit Gott dem Vater. Der Sohn hat als Opfer sich selbst für den Menschen dahingegeben, um ihn mit Gott zu versöhnen. Durch die Gaben des Geistes

wird der Mensch fähig, das neue Gesetz der Liebe im Glauben zu erfüllen.

Diese dreistufige biblisch-heilsgeschichtliche Darlegung des Geheimnisses des Menschen, seines Verständnisses, wird ganz aus der christozentrischen Perspektive erkennbar. Ziel der Erlösung des Menschen ist die letzte Berufung zur Gemeinschaft mit Gott. Nur in Christus und auf Grund seines Evangeliums wird das Geheimnis des Menschen erkennbar: Der Mensch empfängt sein Christsein im Glauben als Gabe des Heiligen Geistes durch das Werk des Sohnes. In dieser Perspektive gelesen kommt die Grundperspektive des Zweiten Vatikanischen Konzils zum Tragen. Sowohl die Kirchenkonstitution „Lumen Gentium" als auch die Offenbarungskonstitution „Dei Verbum" arbeiten mit demselben Grundschema, nämlich der Berufung des Menschen zur Gemeinschaft mit Gott. Es ist dies die klare Diktion des Zweiten Vatikanischen Konzils, sowohl das Menschsein des Menschen, seine Beheimatung in der Kirche wie seine Selbsterkenntnis im Lichte der Offenbarung Gottes zu lesen. Das aber heißt nichts anderes als: Das Menschsein wird aus einer christozentrischen Perspektive verstanden. Damit tritt ein neuer Typus christozentrischer Theologie auf, der von Christus her Theologie als Anthropologie wagt.[228]

Mit dieser Christozentrik werden die bisherigen Traditionsstücke christlicher Anthropologie, das Verhältnis von imago und similitudo, das Verhältnis von Leib und Seele, das Verhältnis von Freiheit und Gnade, das Verständnis der Sünde und der Erbsünde, das Verhältnis von Natur und Gnade neu gelesen. Nicht mehr die einzelnen Traditionsstücke geben den Interpretationsrahmen vor, sondern der Spannungsbogen zwischen Schöpfung, Erlösung und Versöhnung als ganzer. Die heilsgeschichtliche Konzentration der Theologie führt auch zu einem erneuerten Typus von Anthropologie. Die Pastoralkonstitution bietet damit einen verlässlichen „Grundriß einer auf die Berufung und die Zielbestimmung des Menschen ausgerichteten Anthropologie"[229]. Stehen sich damit zwei einander widersprechende Traditionslinien innerhalb der katholischen Theologie gegenüber oder lassen sich beide Traditionen nicht vielmehr miteinander verbinden? Wenn sie sich miteinander verbinden lassen, so erwächst daraus die nächste Frage: Was verändert diese christologisch-heilsgeschichtliche Sicht an der bisherigen, am Wesensstand des Menschen festgemachten Beschreibung und Definition des Menschen? Verändert die Christozentrik die Grundlagen der Anthropologie? Für den Text des Konzils, für „Gaudium et Spes“, ist klar: Der christozentrisch-heilsgeschichtliche Ansatz sollte die eher statisch-philosophische Anthropologie im Sinne der neuscholastischen Tradition überwinden, wohl freilich nicht eliminieren.[230] Das Konzil wollte einer heilsgeschichtlichen und damit insgesamt geschichtlich-personalen Darlegung theologischer Anthropologie das Wort reden. Damit tritt folgerichtig die Bedeutung der Sünde für das Verständnis des Menschen stärker in den Mittelpunkt. Wenn auch das Konzil nicht an traditionellen Lehraussagen gerüttelt hat, fallen freilich die Aussagen über das Sündersein des Menschen in den Blick. Vernunft und Freiheit des Menschen stehen unter der Sünde, die Freiheit des Menschen ist durch die Sünde verwundet, das Gewissen wird „durch Gewöhnung an die Sünde fast blind“ (GS 17). Wohl tritt nicht Luthers These von der radikalen Verderbtheit der menschlichen Natur in den Blick, aber es lässt sich nicht mehr übersehen, dass hier eine gemeinsame Perspektive in den Blick rückt. Die Sünde mindert den Menschen selbst, weil sie ihn hindert, seine Erfüllung zu erlangen (GS 13). Die geschichtliche Betrachtung des Menschen führt damit weg von einer theologisch-philosophischen Beschreibung seines Wesensbestandes[231] und hin zu einer dem Leben angemesseneren geschichtlichen Sicht. Zieht man hier das klassische Schema von Natur und Gnade heran, so tritt nicht mehr allein die Stufung zwischen Natur und Gnade hervor, sondern die Vorstellung, dass das von Gott gewollte Verhältnis zum Menschen durch die Sünde des Menschen gestört wird, dabei tritt die Unfähigkeit des Menschen hervor, sein Verhältnis zu Gott selbst zu heilen. Die neuere katholische Interpretation des Verhältnisses von Natur und Gnade führt gerade diese Perspektive in die Debatte ein: Das Verhältnis von Gnade und Natur ist nicht durch Harmonie geprägt, sondern durch spannungsvolle Einheit. Zwischen Gnade und Natur gibt es keinen lückenlosen Übergang, zwischen Natur und Gnade steht das Kreuz Christi.[232]

So kann der Konzilstext klarmachen: Gerade angesichts des Todes wird das Rätsel des menschlichen Daseins am größten (GS 18). So wird dieser selbst zum Ausweis der radikalen Ausgesetztheit des Menschen und seines Daseins. Nicht ohne Grund spricht der Konzilstext vom Kampf des Lebens.

Das Entscheidende des Konzilstextes dürfte wohl in der Herausstellung der biblischen Perspektive sein, in der das gemeinsame christliche Grundanliegen verständlich wird. Diese Perspektive ist genauer betrachtet christologisch-soteriologischer Art: Christus ist der neue Adam, in dem sich alleine das Verständnis des Menschen klärt. Das Kreuz, und damit die Selbsthingabe Christi, ist das Mysterium, in das der Mensch ganz hineingezogen wird. Der Mensch lebt aus Jesu Sein für uns und daraus erwächst ihm die Teilhabe an Christus. Das Mysterium paschale ist das Zentrum der menschlichen Existenz und der menschlichen Geschichte.[233] So kann man in einer knappen Zusammenfassung sagen: Versteht man die Rettung des Menschen durch Christi Selbsthingabe am Kreuz als Grundzug der christlichen Verkündigung – oder wie Luther sagen würde Rechtfertigung –, so ist es nicht das Werk des Menschen, das ihm Erlösung bringt, sondern allein Christus in Kreuz und Auferstehung. In dieser Perspektive gelesen ergibt sich eine Einsicht in die Grundauffassung des Christlichen, welche die behauptete Grunddifferenz zu überwinden beanspruchen kann.

4.4. Eine hermeneutische Wende in der Anthropologie

Liest man die hier zusammengetragenen Einsichten in der Perspektive hermeneutischer Theologie, dann legt sich das Urteil nahe: Im Verständnis des Menschen ist ein Konsens möglich. Dieser lässt sich folgendermaßen beschreiben: Christus ist das Heil des Menschen durch sein Selbstopfer für den Menschen. Allein in Christus klärt sich das Verständnis des Menschen und damit sein Verhältnis zu Gott. Von dieser gemeinsamen Grundaussage müssten sich dann die bestehenden Differenzen in der Verständigung über das Wesen des Menschen klären lassen.

Das ist der Auftrag, der sich für die ökumenische Theologie unter hermeneutischen Bedingungen stellt.

Wenn sich auch die verschiedenen, für die jeweiligen Lehrbestände unterschiedlichen dogmatischen Aussagen wohl nicht harmonisieren lassen und nicht harmonisieren lassen dürfen – das trifft auf das Verhältnis von imago und similitudo ebenso zu wie auf das Verhältnis von Leib und Seele und Glaube und Liebe –, so tritt zumindest mit dem gemeinsam errungenen Fragehorizont nochmals die hermeneutisch virulente Frage nach der Grunddifferenz auf. Hier wird man nun festhalten können: Es kommt nicht darauf an, die jeweiligen theologischen und philosophischen Traditionen jeweils auf gemeinsame Aussagen festzulegen. Es kommt lediglich darauf an zu fragen, ob sie sich gegenseitig ausschließen oder ob sie eher komplementär verstanden werden können. Das aber hängt alleine von der Frage ab, wie stark der Grundkonsens ist, auf dem die Komplementarität unterschiedlicher Aussagen beruht. Wie in der „Gemeinsamen Erklärung zur Rechtfertigungslehre" kommt es in der Frage nach dem Wesen des Menschen zu einer analogen Erkenntnis: Die Herausstellung der gemeinsamen christologisch-soteriologischen Grundaussage führt zu der Einsicht, dass die Konsequenzen nicht die sein müssen, die man mit den theologischen Sachaussagen bisher verbunden hatte. Damit dies aber nicht nur eine bloße Erwartungshaltung wiedergibt, ist diese Anforderung an einzelnen Fragestellungen zu zeigen. Hier ging es lediglich darum, die gemeinsame Perspektive zu eruieren, in deren Licht dann die unterschiedlichen Aussagen jeweils geprüft werden müssen. Dies ist eine Aufgabe, der sich die ökumenisch relevante theologische Anthropologie heute hier und jetzt zu stellen hat.

Hatte Gerhard Ebeling in den letzten Jahren seines Wirkens die konfessionsspezifische Konsequenz der hermeneutischen Grunddifferenz selbst als korrekturbedürftig eingeschätzt, so wird man sein Votum heute so aufnehmen können:[234] Im Lichte der christologisch-soteriologischen Wende innerhalb der katholischen Theologie des 20. Jahrhunderts haben wir es mit einer erneuten hermeneutischen Wende zu tun. Sie ist als Einkehr in die biblisch-heilsgeschichtliche Perspektive zu kennzeichnen. In dieser werden die klassischen Lehrstücke theologischer Anthropologie neu gewichtet. Das wird etwa daran deutlich, dass der Konzilstext zwar von einer verwundeten Gottebenbildlichkeit spricht, nicht aber die imago, sondern die similitudo im Blick hat (GS 22). Nach klassischer Lehre geht die similitudo – die Gottähnlichkeit – durch die Sünde gänzlich verloren, wohingegen die imago nur verwundet wird. „An einer Ausdrucksweise, die man demnach von der Schulsprache her als ungenau bezeichnen muß, kann man freilich wieder sehen, wie wenig das Konzil in diese technischen Details der Schule eintreten wollte und wie sehr ihm daran lag, jenseits davon das Gemeinsame, Grundlegende zur Aussage zu bringen."[235] Die Einkehr in die biblische Perspektive hat aber eine weitere Konsequenz zur Folge. Sie führt über die kontroverstheologische Abgrenzung gegenüber der Lehre Luthers hinaus in das Feld ökumenischer Annäherungen. Diese wird durch die heilsgeschichtliche Wende der Theologie selbst möglich: Insoweit die Theologie insgesamt Rede vom heilschaffenden Wirken Gottes ist, die Theologie Soteriologie ist[236], zeichnet sich die Möglichkeit für eine ökumenische Verständigung ab, welche die Rede von der hermeneutischen Grunddifferenz im Sinne einer Hermeneutik konfessioneller Abgrenzung hinter sich lassen kann. In einer Hinsicht behält freilich die Rede von der hermeneutischen Grunddifferenz ihr Gewicht bei: Sie markiert die Grundunterscheidung zwischen dem, was Gottes Werk, und dem, was in unumkehrbarer Weise des Menschen Werk ist.

5. Rechtfertigung in der lutherischen Bekenntnisbildung bei Melanchthon

Trotz neuer Anstöße in der reformationsgeschichtlichen Forschung sei das neue Melanchthonbild noch nicht gezeichnet, stellte Wilhelm Maurer 1960 ernüchternd fest.[237] Ein Jahr später sekundierte ihm Robert Stupperich mit seinen Darlegungen über den „unbekannten Melanchthon“.[238] 1997 konnte Irene Dingel im Melanchthon-Gedenkjahr dann allerdings feststellen, dass Melanchthon maßgebend und richtungweisend für Bekenntnis und Lehre der evangelischen Konfession gewesen war.[239] Zwischen diesen Aussagen liegen nicht nur mehr als drei Jahrzehnte, auch das Urteil über Melanchthon als Gelehrter im Dienst der Kirche und als Wissenschaftler an der Universität schwankt bis heute zwischen ihnen hin und her.[240] Die ältere Melanchthonforschung war sich in ihrem, allerdings meist abwertenden, Urteil über Melanchthon als Theologen der Reformation noch einigermaßen sicher. Leistung und Nachwirkung Melanchthons erschienen ganz vor der Folie seiner humanistischen Herkunft, gleichsam in Mittelstellung zwischen Humanismus und Reformation, sodass er sich in der Theologiegeschichte des Protestantismus nicht als schöpferischer Theologe zu behaupten vermochte.[241] Die jüngere Melanchthon-Forschung befindet sich freilich in einer unvergleichlich besseren Situation. Melanchthons Briefwechsel wird seit 1977 von der Melanchthon-Forschungsstelle der Heidelberger Akademie der Wissenschaften herausgegeben und bietet eine vorzügliche Quelle für die Melanchthon-Forschungsarbeit. Die Jubiläumsfeierlichkeiten anlässlich des 500. Geburtstages des Reformators 1997 regten auf breiter Front zu einer Fülle von Publikationsprojekten an.[242] Auch der ökumenische Dialog zwischen den lutherischen Kirchen und der römisch-katholischen Kirche hat zu einer Konzentration auf die Kernfragen der Reformation, auf die Frage der Rechtfertigung, geführt und damit zwangsläufig den Blick auf den Reformator gelenkt, der im Umfeld Martin Luthers und in enger Arbeitsgemeinschaft mit ihm maßgeblich an der Herausbildung des lutherischen Bekenntnisses mitgewirkt hat.[243] Auf katholischer Seite meinte noch vor wenigen Jahren P. Manns angesichts dieser sich anbahnenden Entwicklungen vor einer Melanchthonisierung Luthers und damit seiner Herabwürdigung warnen zu müssen, doch hat sich auch hier das Bild Melanchthons durch die Arbeiten von V. Pfnür[244] und S. Wiedenhofer[245] inzwischen geklärt. Zwar ist das Urteil über den Leisetreter, den Relativierer der reformatorischen Botschaft nahezu verschwunden, aber evangelische Theologie arbeitet immer noch daran, Melanchthon in das kollektive Gedächtnis des Protestantismus zurückrufen.[246] Denn Melanchthon als einen genuinen Theologen darzustellen, ist bisher nur in einer eher duographischen Perspektive gelungen. Diese Sicht – Melanchthon neben oder hinter Luther – nochmals zu überdenken, um zu einer möglicherweise originären Sicht Melanchthons als Theologen zu gelangen, stellt heute eine besondere Herausforderung dar.[247] Dies kann gelingen, wenn – so die These, die hier entfaltet werden soll – Melanchthons „Theologie" stärker von der lutherischen Bekenntnisbildung her gelesen und verstanden wird. Es ist gerade diese Bekenntnisbildung, welche in den letzten Jahrzehnten ökumenisch berücksichtigt und zur Grundlage einer Annäherung in Fragen der Rechtfertigungslehre gemacht werden konnte. In diesem Zusammenhang zeigt sich das Typische einer eigenständigen theologischen Entwicklung, wie sie mit dem Namen Philipp Melanchthons vorrangig verbunden ist.

5.1. Die bisherige duographische Perspektive

Die Frage nach der inneren Einheit der Wittenberger Doppelspitze ist für die theologiegeschichtliche Forschung immer bedeutsam gewesen. „Die persönliche Verschiedenheit der beiden Männer ist bekannt: Luther – der Priestermönch, der Doktor der Heiligen Schrift, der wortgewaltige, oft maßlos provozierende, gleichsam prophetische Polemiker; Melanchthon – der philosophisch und humanistisch geprägte Gelehrte, der Griechischprofessor, der insgesamt nüchtern-maßvolle, die Worte sorgfältig wägende Systematiker. In seiner Vorrede zu Melanchthons Kolosserbriefkommentar von 1529 formuliert Luther die kollegiale Arbeitsteilung in der ihm eigenen Selbstironie folgendermaßen: ‚Ich sehe Magister Philipps Bücher im Lateinischen und Deutschen auf dem Platz lieber denn die meinen. Ich bin dazu geboren, dass ich mit den Rotten und Teufeln kriegen und zu Felde liegen muss, darum sind viele meiner Bücher stürmisch und kriegerisch. Ich muss die Klötze und Stämme ausrotten, Dornen und Hecken weghauen, die Pfützen ausfüllen und bin der grobe Waldrechter, der die Bahn brechen und zurichten muss. Aber Magister Philipp fährt säuberlich und still daher, bauet und pflanzet, säet und begießt mit Lust, nach dem Gott ihm hat gegeben seine Gaben reichlich.'"[248] Wo Luther mit der Axt durch den Wald fährt, da kommt Melanchthon als Sämann daher. Diese unterschiedlichen Charaktere Luthers und Melanchthons sprach auch der Nürnberger Ratsherr Wolfgang Stromer bei einem Gespräch an Luthers Tisch an, woraufhin Luther diesen Unterschied auf den Punkt brachte: „Philippus schreitet in der Liebe voran, ich im Glauben. Philippus lesset sich fressen, ich fresse alles und schone niemands. Und so wirkt Gott in Verschiedenen dasselbe."[249]

Ihre gegenseitige Wertschätzung, waren sie auch im Charakter und in ihrer eigenen Wirkweise sehr unterschiedlich, brachten Luther und Melanchthon wechselweise zum Ausdruck, der eine in Briefen und Vorworten der Bücher des anderen, der andere am Grab des Vorangeschrittenen. Im Vorwort zum ersten Band seiner lateinischen Schriften hob Luther Melanchthon als einen „Gefährten und Gehilfen in der Theologie"[250] hervor. Was leicht als Vorwurf gegenüber Melanchthon verstanden werden könnte und lange auch so verstanden wurde, liest sich im Zusammenhang der Augsburger Verhandlungsstrategien dann doch als Lob auf die unterschiedlich wirkende Doppelspitze: „Ich hab M. Philipsen Apologia uberlesen, die gefellet mir fast wol, und weis nichts zu bessern noch endern, Wurde sich auch nicht schicken, Denn ich so sanfft und leise nicht tretten kan."[251] Melanchthon war es in den Augen Luthers gelungen, den Glauben der Kirche aus der Sicht der Wittenberger Reformbewegung für den Reichstag zu formulieren. Melanchthon seinerseits suchte Luther dafür zu gewinnen, mit Briefen darauf hinzuwirken, dass Philipp von Hessen die Confessio Augustana (CA) unterschreiben solle. Er bedrängte Luther geradezu,[252] während dieser schwieg. Hier kam es nun zu den bekannten Unstimmigkeiten zwischen Luther und Melanchthon. Da zeigten sich ganz unterschiedliche Vorgehensweisen, während beide doch in der theologischen Einschätzung der CA übereinstimmten.[253]

1546 ging Melanchthon in seiner Rede bei der Bestattung Luthers auf dessen streitsüchtigen Charakter ein, als er feststellte, dass viele sich darüber beklagt hätten. Er stellte dagegen heraus, dass jene Schroffheit Luthers aus Eifer für die Wahrheit, nicht jedoch aus Streitsucht oder Verbitterung entstand.[254] Luther war demnach für Melanchthon kein Aufrührer, sondern jemand, den Gott gesandt hatte, die Kirche zu sammeln und zu erbauen, indem er als von Gott berufener Diener des Evangeliums die wahre und notwendige Lehre der Kirche wieder ans Licht gebracht hatte.[255] Dabei greife Gott entgegen menschlicher Ratschläge auch auf scharfe Werkzeuge zurück, wie selbst Erasmus in seinem Streit mit Luther schon vor Jahrzehnten eingeräumt hatte. Melanchthon stellt fest, dass Gottes Werkzeuge nicht einander nahezu gleich sein sollten. Anders als Luther zeigt sich Melanchthon auch hier als der Besonnene und Gemäßigte, der aber Luthers Schärfe und Eifer nicht ausblendet, sondern diese Charakterzüge zu verstehen und für die gemeinsame Aufgabe heranzuziehen sucht. So gibt es keinen Grund, blickt man auf die Quellen selbst zurück, Luther gegen Melanchthon oder Melanchthon gegen Luther auszuspielen.

Im Lichte der gegenwärtigen ökumenischen Einigungsbemühungen kann Melanchthon als beispielhaft für den Umgang der Christen verschiedenen Bekenntnisses untereinander entdeckt werden. Wenn Melanchthon als Gelehrter wahrgenommen wird, der sich vorrangig um Frieden, um Ausgleich zwischen den unvereinbar scheinenden konfessionellen Standpunkten bemühte, dann wird man jetzt hinzusetzen müssen, dass Melanchthon Luther dabei keineswegs ausblenden wollte. Wenn es um die Wahrheit des Evangeliums geht, darf man den Streit nicht fürchten, dann hat auch in den Augen Melanchthons jedes Mühen um die Einheit ihre Grenze erreicht. Bis an die Grenzen des Möglichen gehen,[256] davon war Melanchthon allerdings und wohl im Unterschied zu Luther überzeugt. Nötiger Streit, wenn es um die Wahrheit des Evangeliums geht, unnützes Gezänk aber zu vermeiden,[257] weil es verstört und nicht aufbaut, das könnte in der Tat das Leitmotiv seines Handelns gewesen sein.

5.2. Melanchthons Bedeutung für die lutherische Bekenntnisbildung

Allmählich beginnt man auch in der katholischen Kirche, sich dieses Reformators zu erinnern.[258] Wenn im Kernbereich der Auseinandersetzungen der Reformationszeit, in der Lehre von der Rechtfertigung, sich eine Einigung abzeichnet, wie sie in der Gemeinsamen Erklärung zur Rechtfertigungslehre zwischen Lutherischem Weltbund und römisch-katholischer Kirche 1999 geschehen ist, dann kann dies nicht geschehen ohne Rückgriff auf den Mann, der diese Verständigung bereits zu seiner Zeit ins Auge gefasst hat. Ordnet man die CA und die Apologie der Konfession in diesen größeren theologiegeschichtlichen Zusammenhang ein, so rücken damit zwangsläufig auch die Bemühungen des Mannes in den Vordergrund, der maßgeblich mit zur Ausformung und Bildung einer reformatorischen Rechtfertigungslehre beigetragen hat. Vor diesem Hintergrund erscheint es nicht unberechtigt, die CA als Zeugnis der Theologie Melanchthons zu verstehen, zumal die lutherische Bekenntnisbewegung selbst die Apologie, zunächst als Privatarbeit Melanchthons entstanden, 1537 als offizielle Auslegung der CA anerkennt. Melanchthons Person und Werk zu würdigen, gelingt daher erst auf einem Umweg, nämlich über die Erkenntnis seiner Bedeutung für die Ausprägung des lutherischen Bekenntnisses.[259]

Wie sehr die lutherische Bekenntnisbildung von Melanchthon geprägt wurde, zeigt ein kurzer Blick auf die Geschichte der Normierung des lutherischen Bekenntnisses. Als durch den Tod Luthers „eine Art Autoritätsvakuum"[260] eingetreten war und in Verbindung mit der Niederlage des Schmalkaldischen Bundes gegen den Kaiser 1547 das Augsburger Interim verordnet wurde, glaubten viele Anhänger der Wittenberger Reformation in Melanchthons Haltung eine Aufgabe der Lehre Luthers erkennen zu können. Die Frage, an welcher Norm Lehre oder Bekenntnis zu messen sind, wurde innerhalb der Bewegung eine der wichtigsten Aufgaben der zweiten Hälfte des 16. Jahrhunderts. Nachdem sich herausgestellt hatte, dass die CA mit ihrer Apologie aufgrund unterschiedlicher Fassungen, die Melanchthon im Laufe der Jahre vorgelegt hatte, für die Klärung der innerreformatorischen Streitigkeiten um das Abendmahlsverständnis allein nicht ausreichten, begann man innerhalb der Bewegung, auf territorialer Ebene Lehrnormen zu entwickeln, die als Ergänzung zur CA und Apologie hinzutraten. So entstanden Corpora Doctrinae, mit denen Fürstentümer, Herrschaften und Städte ihrer Lehre einen rechtlich gültigen Rahmen gaben. „Das Corpus Doctrinae Philippicum von 1560 nahm für diese Entwicklung eine Vorreiterrolle ein.“[261] Darunter verstand man eine Sammlung von Schriften mit Bekenntnischarakter, zu der neben CA und Apologie im Wesentlichen die Confessio Saxonica von 1551, die Loci Theologici von 1553 in der deutschen Fassung und das Examen Ordinandorum von 1554 zu rechnen sind.[262] Eine solche „Summa der christlichen Lehre“ gab den Disputationen und Kontroversen ein klarstellendes Maß und wirkte für die lutherische Lehr- und Bekenntnisbildung bis zur Abfassung der Konkordienformel zwei Jahrzehnte später richtungweisend. An die Stelle der Corpora Doctrinae Christianae trat dann später das Konkordienbuch und grenzte sich zugleich von ihnen ab.[263]

Auch die Einschätzung der Bedeutung Melanchthons für die Frage nach der Einheit hängt von der theologiegeschichtlichen Einordnung des melanchthonischen Lehrkorpus ab. Das belegt nicht nur der Streit um die lutherische Bekenntnisbildung, sondern auch die Einschätzung von katholischer Seite. Wenn die Augsburgische Konfession „als zentrales lutherisches Bekenntnis zugleich die am meisten auf Versöhnung angelegte und am wenigsten polemische der lutherischen Bekenntnisschriften ist“,[264] so wird die CA katholischerseits verstanden als Ausdruck der Einigungsbemühungen, soweit sie „das Profil des Luthertums gleichsam in Ruhehaltung, unentstellt durch die Züge der Erregung, des Misstrauens und des Streites“ und deshalb „die am meisten authentische Gestalt reformatorischen Glaubensverständnisses"[265] darbiete. Mit dieser Einschätzung hängt auch die Beurteilung Melanchthons zusammen: Indem Melanchthon den reformatorischen Ansatz von zeitbedingten polemischen Zuspitzungen und antithetischen Fixierungen auf partikuläre spätmittelalterliche Traditionen löste, öffnete er diesen und damit auch das Hauptanliegen der Reformation, die Rechtfertigungslehre, auf die von Anfang an intendierte Universalität, Katholizität und Ökumenizität.[266] Unter diesen theologiegeschichtlichen Voraussetzungen erscheint das Urteil plausibel, dass man sich nie so nahe gewesen sei wie 1530 in Augsburg.[267] Und deshalb habe sich Melanchthon dann in Augsburg auch als der wohl größte „Ökumeniker" seiner Zeit erwiesen, wie W. Kasper urteilte,[268] wobei freilich gesagt sein muss, dass mit diesem Wort noch nicht die moderne ökumenische Bewegung und ihre Intentionen gemeint sein können. Freilich ist diese Sicht auch katholischerseits nicht ohne Widerspruch geblieben.

5.3. Melanchthonisierung Luthers als bleibende Gefahr?

Die katholische Lutherforschung hatte lange Zeit an dem Urteil festgehalten, wie es Peter Manns pointiert festgehalten hat, „dass sich das wahre ökumenische Potential der CA ohne Schmälerung der Verdienste Melanchthons nur durch eine ergänzende, korrigierende und vertiefende Deutung von Luther her erschließen lässt".[269] Ja, das gesamte Projekt einer katholischen Anerkennung führe „zwangsläufig zu der ökumenisch lebensgefährlichen Melanchthonisierung Luthers oder nimmt sie ungewollt als Risiko und Preis für den erstrebten Erfolg in Kauf".[270] Der Streit entzündete sich am katholischen Bild Luthers: Wer Melanchthon in seiner Rolle als Theologe der Rechtfertigung ernst zu nehmen bereit war, konnte dies auf der anderen Seite nur als Schmälerung der Rolle Luthers auffassen. Wie konnte es zu einer solchen Sicht überhaupt kommen?

Nach Jahrhunderten der polemischen Abgrenzung gegenüber Luther und seiner Verurteilung durch die Kirche ist es der katholischen Lutherforschung erstmals im 20. Jahrhundert gelungen, sich aus dem Bann des Johannes Cochläus zu befreien.[271] Auf Cochläus als den theologischen Berater des Herzogs Georg von Sachsen und Gegenspieler Melanchthons in Augsburg ging freilich auch das Urteil über Melanchthon als den gefährlichsten Gegner der Kirche zurück. Cochläus nennt Melanchthon einen betrügerischen Fuchs, eine listige Schlange, Melanchthon sei schadenbringender als Luther, da er – angenehmer in seinen Worten und gefälliger in seinem Stil – durch seinen gemäßigten Ton und in friedlicher Manier sogar Freunde an der Kurie gewann, die seinem Friedensangebot zu trauen bereit waren.[272] In der CA sieht Cochläus dagegen nur ein Täuschungsmanöver. Melanchthon verschweige die größten Irrtümer und falschen Lehren – der um Frieden und Eintracht bemühte Melanchthon erscheint im Urteil des Kontroverstheologen als Betrüger und Heuchler. Dahinter verbirgt sich die Überzeugung, mit Luther, der kämpferisch und unbeugsam seine Sache zu vertreten weiß, vom Standpunkt der Kirche aus besser fertig werden zu können. In Melanchthon erkannte die katholische Lutherforschung lange Zeit nur den „Leisetreter", den Verheimlicher und Verleugner der ursprünglichen reformatorischen Botschaft. Wer sich aus katholischer Sicht vorbehaltlos dem Anliegen Melanchthons zuwende, betreibe Ökumene auf Kosten Martin Luthers.[273]

Die katholische Lutherforschung setzte bei ihrer Beurteilung Melanchthons auf Luthers Auffassung. In seiner ablehnenden Haltung gegenüber Melanchthon beruft sich P. Manns auf die angeblich scharfe Kritik Luthers an der „leisetretenden Manier der CA".[274] Im Hintergrund dieser Einschätzung steht Luthers Äußerung in seinem Brief an den Kurfürsten Johann von Sachsen am 15. Mai 1530.[275] Nochmals greift Luther – nun ungleich schärfer – das Wort vom „leise treten" in einem Brief an J. Jonas vom 21. Juli 1530 auf, in dem er beklagt, dass die Artikel über das Fegefeuer, die Heiligenverehrung und über den Papst als Antichrist verheimlicht werden. Diesen Brief kann man nach P. Manns nicht anders verstehen, „denn als scharfe Kritik an der leisetretenden Manier der CA im allgemeinen und als Vorwurf der Vertuschung theologisch gravierender Differenzen zur papistischen Lehre im besonderen".[276] Diese Argumentation befindet sich freilich in einer eigenartigen Allianz zu Cochläus. Sieht man genauer zu, so erkennt man rasch die gemeinsame Stoßrichtung. P. Manns scheint es aller Mühe wert, Luthers kritischer Stellungnahme gegenüber Melanchthon im Zusammenhang der Abfassung der CA zu folgen bzw. sie gegen eine verwässernde Interpretation zu schützen.

P. Manns freilich bezieht sich auf die Urteilsfindung J. Lortz'; dieser erkennt in der CA den „Einbruch dieses Bagatellisierens und Relativierens in das lutherische Christentum": „Wichtigste Unterscheidungslehren, wesentliche Abweichungen der neuen Lehre von der alten waren gar nicht behandelt ... Was aber hieß das, wenn im Grunde die Dinge so dargestellt wurden, als ob sich der ganze Gegensatz auf jene ‚Missstände' beschränkte, die zwar längst zum äußern Zeichen des Programms geworden, aber nicht unmittelbar zum Dogma gehörten: Kommunion unter beiderlei Gestalt; Priesterehe; Abstellung der Privatmesse, des Beichtzwangs, der Fastengebote oder auch der Gelübde? Der Gegensatz wurde verfälscht, und die katholische Polemik versäumte nicht, das alsbald festzunageln und der ‚Confessio' vorzuwerfen, sie trage den protestantischen Standpunkt unvollständig und unaufrichtig vor."[277] Die Grundhaltung der Confessio wirkte sich für den Protestantismus verhängnisvoll aus: „Denn so wurde das Abgründige und die gewaltsame, paradoxale Kraft der Lehre Luthers zu einem sehr viel dünneren und formelhafteren Lutheranismus der Mittelmäßigkeit geschwächt, der sich recht oft auf allzu glatte Formeln zurückzog."[278] Von hierher ergibt sich auch die „Urteilfindung über Melanchthon": Niemand habe „in Augsburg dem Evangelium so viel geschadet wie Melanchthon". Mehr noch: Auch das Urteil über eine Wiedervereinigung der beiden Konfessionsgruppen fällt von dieser Position aus betrachtet negativ aus; diese wird unmöglich, „je mehr die neue Religion ihrer tieferen Werte beraubt, das Dogmatische bagatellisiert und damit das Christliche relativiert, die Offenbarung zerstört wurde".[279] Melanchthons lavierende Vermittlerhaltung führt nach dem Urteil J. Lortz' weder innerprotestantisch noch ökumenisch weiter. Wer sich also, so die Schlussfolgerung, die P. Manns ausdrücklich zieht, in seinen ökumenischen Bemühungen unserer Tage auf Melanchthon beruft, betreibe Ökumene auf Kosten Martin Luthers – und die führt in die Sackgasse eines Luthertums, für die „Luther selbst allenfalls eine sekundäre Rolle spielt".[280]

Während es der älteren reformationsgeschichtlichen Forschung noch um „das Unverwüstliche an Luthers Ansprüchen, das ungebunden Wachsende, das Nicht-Lehrhafte, kurz das Urtümliche"[281] ging, kommt es heute darauf an, Melanchthon aus dem Banne des Cochläus zu befreien, worin ihn die ältere katholische Lutherforschung doch noch gelassen hatte. Aber schon P. Manns hat am Ende seiner Streitschrift bereits versöhnliche Töne angeschlagen: Es „wäre das Falscheste, was wir tun könnten, über die vorhandenen Spannungen hinaus Luther gegen Melanchthon, oder was noch schlimmer wäre – Luther gegen das Luthertum (resp. umgekehrt) auszuspielen".[282]

Hat nun auch die katholische Theologie allen Anlass, die Klischeevorstellung über den „leisetretenden" und „verzagten" Melanchthon zu revidieren, der sich gegen Luthers authentischen Reformansatz stellt, so ist die Frage, worin die Bedeutung Melanchthons für den ökumenischen Dialog unserer Tage eigentlich liegt. Dazu hat der katholische Forscher F. Posset vor kurzem einen interessanten Beitrag geleistet. Er weist nach, dass es gerade Melanchthon war, welcher der Nachwelt einen Luther präsentierte, der existentiell und theologisch zutiefst durch Bernhard von Clairvaux inspiriert wurde.[283] In diesem Sinn führt uns Melanchthon zum historischen Luther, jenem Luther nämlich, der seine Wurzeln in der monastischen Tradition des späten Mittelalters hat. Demgemäß „erfand" Luther keine neue Theologie, sondern entdeckte in Bernhards Theologie von der Rechtfertigung durch Gnade und Glauben allein (!) die Impulse für seinen eigenen Reformansatz in der Rechtfertigungstheologie.[284] So präsentiert uns Melanchthon einen Luther als „Vater im Glauben", jene von P. Manns populär gemachte Formel aufgreifend. Melanchthon wäre damit nicht der Relativierer Lutherscher Theologie, sondern gerade derjenige, der Luthers Rolle, Person und Wirken für die Nachwelt maßgeblich bestimmt und gefördert hat. Diese Sicht hätte nicht geringe Auswirkungen auf die Interpretation der lutherischen Bekenntnisbildung und ihre ökumenische Relevanz, denn sie würde für die Kontinuität zwischen der spätmittelalterlichen monastisch geprägten Theologie einerseits und dem Wittenberger Reformansatz andererseits sprechen.

5.4. Die Bedeutung und der Rang der Rechtfertigungslehre für den Einigungsprozess

Der Schlüssel zum Verständnis der Rolle Melanchthons und seiner ökumenischen Bedeutung findet sich in der Rückbesinnung auf die katholische Intention der Augsburger Konfession. Sie ist nicht das persönliche Bekenntnis Melanchthons, sondern das von ihm mitformulierte Bekenntnis der Kirchen der lutherischen Reformbewegung. Durch die Augsburger Konfession ist die Stimme Luthers keineswegs unterdrückt worden.[285] In ihrem ursprünglichen historischen Kontext betrachtet ist die CA „die durch das Ausschreiben des Augsburger Reichtages von 1530 herausgeforderte zusammenfassende Rechenschaft über die theologischen Einsichten der Lutherischen Reformation".[286] Sie kann als „Zusammenfassung des tatsächlichen Ertrags der Reformation überhaupt"[287] gelten. Diese Einsicht macht den Weg frei zu einer vorurteilsfreien Wahrnehmung ihrer Bedeutung für den lutherisch-katholischen Dialog unserer Tage. Insoweit dieses Dokument wirklich verbindliche Lehrgrundlage in den lutherischen Kirchen ist, bildet sie die Voraussetzung zu einer gemeinsamen Beschäftigung: Gemeinsam besinnen sich Lutheraner und Katholiken auf den friedensstiftenden Einheitswillen der CA.[288] Die Lehre der CA ist, wie der Beschluss der Lehrartikel (1. Teil der CA) vermerkt, „in heiliger Schrift klar gegrundet und darzu gemeiner christlichen, ja auch romischer Kirchen, so viel aus der Väter Schriften zu vermerken, nicht zuwider noch entgegen ist, so achten wir auch, unsere Widersacher konnen in obangezeigten Artikeln nicht uneinig mit uns sein".[289] In einer Stellungnahme der Gemeinsamen Römisch-katholischen/Evangelisch-Lutherischen Kommission zum Augsburgischen Bekenntnis im Jahre 1980 wird dazu gemeinsam festgehalten: „Es ist die erklärte Absicht des Augsburgischen Bekenntnisses, den Glauben der einen, heiligen, katholischen und apostolischen Kirche zu bezeugen. Es geht nicht um Sonderlehren oder gar um Gründung einer neuen Kirche (CA 7,1), sondern um Reinerhaltung und Erneuerung des christlichen Glaubens – in Einklang mit der Alten Kirche, ‚auch der römischen Kirche' und in Übereinstimmung mit dem Zeugnis der Heiligen Schrift."[290] Die inhaltlichen Aussagen, so wird dort weiter herausgehoben, entsprechen dieser Absicht in hohem Maße.[291] Insoweit können sie auch als Ausdruck des gemeinsamen Glaubens verstanden werden. In Übereinstimmung mit den Artikeln 1 und 3 der CA kann das lutherisch-katholische Dokument auch das gemeinsame Bekenntnis im Glauben an den dreieinigen Gott und die Heilstat Gottes durch Jesus Christus im Heiligen Geist zum Ausdruck bringen.

Schon in diesem frühen lutherisch-katholischen Dokument zum 450-jährigen Gedenken an die Verlesung der Augsburgischen Konfession findet sich, basierend auf der schon im sog. Malta-Bericht von 1972 angezielten Übereinstimmung,[292] die für den späteren Dialog so bemerkenswerte Feststellung eines Konsenses in der Lehre von der Rechtfertigung. Dabei sind zwei Aussagen von Bedeutung: 1. Die Lehre von der Rechtfertigung war für die Reformation von entscheidender Bedeutung (Nr. 14). – Diese Aussage bezieht sich eindeutig auf die Confessio Augustana und bringt ihre Grundintention zur Geltung (CA 4): Die Aussagen über die Rechtfertigung in Artikel 4 schließen sich an den vorhergehenden Artikel 3 über Jesus Christus an, auf Artikel 4 folgt eine Ausführung über das Wirken des Heiligen Geistes in Artikel 5. Das aber heißt: Der Artikel über die Rechtfertigung ist christologisch begründet und pneumatologisch ausgerichtet. Von seiner ganzen Stellung her ist der Artikel von der Rechtfertigung „Mitte und Klammer des Bekenntnisses".[293] CA 4 kann deswegen auch als Hauptartikel der Confessio Augustana bezeichnet werden[294]. Das aber heißt nun: Durch diese Anordnung gibt Melanchthon dem Artikel von der Rechtfertigung seine das Bekenntnis tragende Bedeutung. 2. „Allein aus Gnade und im Glauben an die Heilstat Christi, nicht auf Grund unseres Verdienstes, werden wir von Gott angenommen und empfangen den Heiligen Geist, der unsere Herzen erneuert und uns befähigt und aufruft zu guten Werken."[295] – Der sich in dieser Formulierung abzeichnende Konsens, eruiert aus den Artikeln 4, 6 und 20 der CA, stellt die Grundlage für ein gemeinsames Verständnis der Rechtfertigung dar. Es ist exakt diese Formel, welche nunmehr das zentrale gemeinsame Bekenntnis in der zwischen Lutherischem Weltbund und römisch-katholischer Kirche vereinbarten Gemeinsamen Erklärung zur Rechtfertigungslehre von 1999 ausmacht (Nr. 15). Das aber heißt: Die lutherisch-katholische Verständigung erfolgt auf der Grundlage eines die gesamte Lehre und Praxis der Kirchen auf Christus hin orientierenden, unverzichtbaren Kriteriums: Die Botschaft von der Rechtfertigung verweist auf die Mitte des neutestamentlichen Zeugnisses von Gottes Heilshandeln in Christus (Nr. 17). Darin spricht sich die Einsicht aus, dass ein gemeinsames Verständnis der Rechtfertigung ein gemeinsames Verständnis der Mitte des christlichen Glaubens einschließt.[296] Die Botschaft von der Rechtfertigung meint nichts anderes als das Evangelium. Somit erfasst die gemeinsame Verständigung zwischen Lutheranern und Katholiken die Grundintention der CA und dieses Bekenntnis erlangt damit einen einzigartigen ökumenischen Rang. Damit kommt die ursprüngliche Absicht Melanchthons zur Geltung, die er im ersten Entwurf für einen Beschluss der Augsburger Konfession so formuliert hat: „Wir haben auch niemand mit dieser Schrift zu schmähen gedacht, sondern allein unser Bekenntnis getan, daraus männiglich erkennen mag, dass wir in Lahr und Zeremonien nicht halten zuwider Gottes Wort oder der heiligen gemeinen und catholica christlichen Kirchen. Denn das ist öffentlich, dass wir mit höchstem Fleiß gewehret haben, dass nicht neue unchristliche Lahr bei uns gelehret oder angenommen werden möcht."[297]

5.5. Kontinuität im Kirchenbegriff

Ein Konsens in der Rechtfertigungslehre muss sich auch ekklesiologisch bewähren.[298] Melanchthons Rolle und ökumenische Bedeutung gehen auch in dieser Richtung auf, bedenkt man die bei ihm erkennbare Hochschätzung der Tradition der Alten

Kirche. Der erste Satz von CA 7 bringt die Grundüberzeugung der Wittenberger Reformatoren zum Ausdruck,[299] „dass alle Zeit musse ein heilige christliche Kirche sein und bleiben". Wie schon an der Gesamtabsicht erkennbar, so ist auch in diesem Artikel 7 die CA zutiefst beherrscht von dem Gedanken der Kontinuität der Kirche. Der lateinische Text an dieser Stelle verdeutlicht das: Ecclesia perpetuo mansura, das heißt: die Kirche besteht ununterbrochen, beständig. Darin ist zugleich das Bekenntnis zur Katholizität der Kirche eingebunden. Denn der Artikel von der unter den Nationen verbreiteten „katholick oder gemein Kirchen" hält fest, dass „eine christliche Kirche bis an das Ende der Welt auf Erden sein und bleiben werde", wie es in der Apologie heißt.[300] Aber mehr noch zeigen sich Kontinuität und Katholizität in der materialen Übereinstimmung im Kirchenbegriff selbst. Dieser manifestiert sich in der Definition von Kirche, die lautet: „Est autem ecclesia congregatio sanctorum" (CA 7). In der Apologie der Konfession weist Melanchthon ausdrücklich darauf hin, dass er nichts Neues gesagt habe, sondern hierzu lediglich auf Paulus und das Glaubensbekenntnis verweise, wenn er die Kirche als Gemeinschaft der Heiligen verstehe. Mit der Tradition der Kirche steht dieser Begriff durchaus in Übereinstimmung, wenngleich die CA zunächst nur den personalen Aspekt besonders betont, die Kirche sei Versammlung aller Gläubigen. Diese congregatio ist aber dadurch ausgezeichnet, dass in ihr das Evangelium gepredigt und dass in ihr die Sakramente gereicht werden. Das lateinische „in qua" macht hierbei deutlich, dass die Verkündigung des Evangeliums und die Sakramentenspendung in diese Versammlung eingestiftet sind. Also ist die Versammlung der Gläubigen keine Gemeinschaft, die durch Zusammenschluss gleichgesinnter Menschen aufgrund ihres Bekenntnisses oder ihrer Gläubigkeit konstituiert wird, sondern durch den in Wort und Sakrament gegenwärtigen Herrn geschaffen wird. Congregatio sanctorum meint auch hier immer noch die durch die Teilhabe an den sancta, nämlich Evangelium und Sakramente, bestimmte Gemeinschaft (so in Artikel 5). Damit bleibt der objektive Aspekt im altkirchlichen Begriff (Teilhabe an ...) in Geltung. Der Boden der altkirchlichen Ekklesiologie wird nicht verlassen.[301] An der Kontinuität zur altkirchlichen Ekklesiologie lässt Melanchthon also keinen Zweifel.

Auf dem Augsburger Reichstag haben die expliziten Aussagen der CA über die Kirche verhältnismäßig wenig Aufmerksamkeit gefunden. In Melanchthons Apologie nimmt die Kirchenfrage neben den Artikeln über Rechtfertigung und Beichte dann einen außerordentlich breiten Raum ein. In den späteren Schriften des Corpus Doctrinae Philippicum wird sich das nochmals verstärken. Das weist darauf hin, dass der ekklesiologischen Frage im Fortgang der lutherischen Reformation eine wachsende Bedeutung zukam.[302] Dem kommt die Anordnung des Artikels 7 „Von der Kirche" im Anschluss an Artikel 4 „Von der Rechtfertigung" und Artikel 5 „Vom Predigtamt", d. h. vom kirchlichen Amt, entgegen. Die CA stellt die ekklesiologische Frage unter den Primat des Evangeliums und bezieht sie auf die Verkündigung des Evangeliums. Das Evangelium macht die Kirche zur Kirche. Wenn das Evangelium inhaltlich als Botschaft von der Rechtfertigung bestimmt wird, so geht daraus klar hervor: Das Rechtfertigungsgeschehen selbst ist der Urgrund für das Werden und Bestehen der Kirche. Es ist genau dieser von der CA bereits beschrittene Weg, der im lutherisch-katholischen Dialog unserer Tage bestätigt und angenommen wurde. Im Dokument „Kirche und Rechtfertigung" heißt es deshalb: „Alles, was über das Wesen der Kirche, über die Heilsmittel und über das der Kirche eingestiftete Amt geglaubt und gelehrt wird, muss im Heilsgeschehen selbst begründet und vom Rechtfertigungsglauben als Empfang und Aneignung des Heilsgeschehens geprägt sein."[303] Die Kirchenfrage steht im engen Zusammenhang mit der Rechtfertigungslehre, und dies gilt auch umgekehrt. Weil die Rechtfertigungsbotschaft Ausdruck des universalen Heilswillens Gottes ist, ist sie der Maßstab für Struktur, Lehre und Praxis der Kirche. Die CA bringt damit aber nichts anderes zum Ausdruck, als dass Jesus Christus der Grund der Kirche ist.

In Übereinstimmung mit dem altkirchlichen Symbolum[304] hält Melanchthon auch die Kirche als „Gesellschaft äußerlicher Zeichen"[305] fest, die auf Erden sein und bleiben wird. Die Kirche ist nach der Schrift und dem Zeugnis des Paulus Leib Christi. So kommt das Bekenntnis zur ecclesia visibilis später noch schärfer hervor. Fehlen Aussagen zur Kirche in den Loci communes von 1521, so treten sie umso stärker in der deutschen Fassung der Loci theologici von 1553 hervor. Melanchthon ist sich des Widerspruchs seiner Gegner bewusst und stellt deshalb klar, dass die Kirche als communio sanctorum eine sichtbare Kirche, eine sichtbare Versammlung ist.[306] Er redet nicht „von der Kirchen als von einer Idea Platonica ..., da niemand wisse, wo sie zu finden sei“.[307] Die Rede von der öffentlichen Predigt des Evangeliums ist hier so zu verstehen, dass sie auf den sichtbaren Charakter der Kirche verweist. In diesem Sinne ist die Kirche dann eine Versammlung der Heiligen und der Heuchler zugleich. Die Kirche, als sichtbare Versammlung, ist ein mixtum compositum, von Gott gestiftet, unter seinem Wort stehend, Versammlung der Heiligen, das sind die zur ewigen Seligkeit Auserwählten, die nur Gott kennt. Zugleich aber ist sie auch Versammlung von Heuchlern und Bösen und darin doch die von Gott geheiligte Versammlung. Damit ist die „rechte, warhafftige Kirche und Gottes volck“[308] eine sichtbare Kirche mit äußerlichen Zeichen. Sichtbare Kirche umfasst als äußere Zeichen die reine Lehre des Evangeliums, den rechten Gebrauch der Sakramente und das von Gott eingesetzte ministerium.[309] Von hier aus ist der Hinweis auf die Kirche als eine einzige komplexe Wirklichkeit, wie es das Zweite Vatikanische Konzil in der Kirchenkonstitution Lumen gentium entfaltet hat, nicht weit. Diese eine Kirche Christi ist heilig und doch stets der Reinigung bedürftig, weil sie „Sünder in ihrem eigenen Schoße“ umfasst.[310] Mehr muss als Erweis einer bestimmten Kontinuität im Kirchenbegriff hierzu nicht ausgeführt werden. Sie spricht für sich selbst.

5.6. Was ist zur Einheit der Kirche notwendig?

Einen Schritt weiter führt die gleich im Anschluss an diese Definition von Kirche ausgeführte Unterscheidung von dem zur Einheit der Kirche Notwendigen bzw. Nichtnotwendigen: „Dann dies ist gnug zu wahrer Einigkeit der christlichen Kirchen, dass da einträchtiglich nach reinem Verstand das Evangelium gepredigt und die Sakrament dem gottlichen Wort gemäß gereicht werden." Der beherrschende Gedanke ist hierbei: „Was die Kirche zur Kirche macht, deckt sich mit dem, was zur Einheit der Kirche notwendig ist."[311] Das für Wesen und Struktur der Kirche Notwendige ist das Evangelium, das in Wort und Sakrament vermittelt und durch den Glauben angenommen wird.[312] In dieser radikalen Konzentration auf die Frage nach der rechten Evangeliumsverkündigung in Predigt und Sakrament lässt Melanchthon das reformorientierte Anliegen bezüglich der Einheit der Kirche klar hervortreten. Als Kriterien für die Einheit der Kirche ergeben sich, zieht man CA 5 „Vom Predigtamt" mit heran: Verkündigung des Evangeliums, Sakramentenspendung und das von Gott eingesetzte Amt. Der Sache nach ist nämlich das kirchliche Amt in CA 7 mitgesetzt, da das Evangelium immer nur als verkündigtes und Sakramente immer nur als dargereichte zu verstehen sind. Wort und Sakrament können gar nicht ohne das gottgesetzte Amt sein. So erscheint in dieser Perspektive nochmals der Wille zur Einheit durch, denn auch die katholische Tradition hat an den für Kircheneinheit notwendigen Bedingungen immer festgehalten. Wenngleich die CA das Problem der Lehr- und Leitungsautorität, letztlich den Unfehlbarkeitsanspruch des kirchlichen Amtes insgesamt nicht thematisiert hat, so bleibt doch erkennbar, dass auf dem Boden der CA und der Apologie ein prinzipieller Konsens in der Frage der Einheit der Kirche erreichbar scheint. Dieser Konsens wird durch Melanchthons „Tractatus De potestate et primatu papae" nicht aufgehoben. Auch hier weist Melanchthon mehrfach auf das der Kirche eingestiftete Amt, den ordo, hin.[313] Die rechte Kirche zeichnet sich durch eine von Gott gegebene Gewalt aus, die den Pastoren, Presbytern und Bischöfen übergeben ist.[314] Sie umfasst die ordentliche Gewalt, ministri zu wählen und zu ordinieren.[315] Damit bestätigt Melanchthon, dass die Kirche ein „aus göttlicher ordnung"[316] kommendes „ministerium und Ampt haben muss".[317] Durch das Amt ist Gott selbst in der Kirche wirksam.[318]

Melanchthon zählt im Unterschied zu Luther die Ordination zu den Sakramenten. „Das ist keine zufällige Randaussage in der

Apologie des Augsburgischen Bekenntnisses, sondern eine sowohl in akademischen Disputationen wie auch in den späteren Ausgaben seiner evangelischen Dogmatik, den Loci, immer wieder bestätigte Grundüberzeugung. Die mit dem Ordinationsgebet verbundene Auflegung der Hände hat für ihn einen im weiteren Sinn sakramentalen Rang."[319] Ordo de ministerio nennt Melanchthon in der deutschen Fassung der Apologie „das Sakrament des Ordens"; so besteht für ihn keine Beschwernis darin, „die Ordination ein Sakrament zu nennen".[320] Hierein bezieht er ausdrücklich das Auflegen der Hände.[321] Die Kirche hat die Gewalt, „tüchtige Personen zum Bischofflichen Ampt, das ist zur Seelsorge, zu wehlen und inen das Ampt zu befehlen. Und ist gewöhnlich und löblich, das solchs geschehe also, das etliche Christliche und gelerte Seelsorger dabey seien und ire Lere anhören und zum Zeugnis inen die hende aufflegen."[322] Auflegung der Hände und Gebet nennt Melanchthon „Weihe und nicht anders".[323]

Dieses erstrangige Resultat historischer Forschung wird durch den ökumenischen Dialog bestätigt. Ausdrücklich im Anschluss an die CA bekräftigt der Ökumenische Arbeitskreis evangelischer und katholischer Theologen: Als Bedingung der Einheit darf nur verbindlich sein, „was um des Evangeliums willen notwendig ist".[324] In Bezug zu dieser durch die Rechtfertigungsbotschaft grundgelegten Bedingung bilden Evangeliumsverkündigung, Sakramentenspendung und – ihnen dienend zugeordnet – apostolisches Amt Zeichen für die Einheit der Kirche. Das lutherisch-katholische Gespräch auf Weltebene suchte in dem 1985 veröffentlichten Dokument „Einheit vor uns" Klarheit über das Wesen kirchlicher Einheit zu erlangen. Ohne dass dies ausdrücklich vermerkt wurde, steht im Hintergrund der folgenden Ausführung die von der CA prononcierte Sicht der Einheit: „Die in Christus geschenkte, im dreieinigen Gott wurzelnde Einheit der Kirche verwirklicht sich in der Gemeinschaft im verkündigten Wort, in der Gemeinschaft in den Sakramenten und in der Gemeinschaft in dem von Gott eingesetzten und durch Ordination zu übertragenden Amt."[325] Darin bekundet sich wieder die zwischen Lutheranern und Katholiken gewonnene Grundüberzeugung, dass die Verkündigung des Evangeliums in Predigt und Sakramenten nur in der Kirche ihren Ort hat.[326] Die Verwirklichung lutherisch-katholischer Kirchengemeinschaft, welche die Gemeinschaft im apostolischen Glauben, im sakramentalen Leben und als Dienstgemeinschaft umfasst, weiß sich damit auf die Grundintention der CA verwiesen; so ist sie auch aus dieser Perspektive in ihrem Einheitswillen erkannt. Es dürfte nicht übertrieben sein, in dieser Grundintention den Willen Melanchthons zur Wahrung der Einheit der Kirche zu entdecken.

5.7. Melanchthons Bedeutung für die Einheit der Kirche

Melanchthons gegenüber Luther noch einmal anders zu bewertende Bedeutung für die Einheit der Kirche herauszustellen, beginnt die katholische Theologie immer stärker zu begreifen, ohne dabei Luthers eigene Rolle demgegenüber abzuwerten. Im Lichte der gegenwärtigen Einigungsbemühungen zwischen Lutherischem Weltbund und römisch-katholischer Kirche erscheint Melanchthon – unter den heutigen Voraussetzungen bedacht – wirklich als ein Ökumeniker seiner Zeit, der – unter den damaligen historischen Voraussetzungen – die allerletzten Möglichkeiten für die Bewahrung der Einheit der Kirche auszuloten suchte. Der Versuch einer Versöhnung auf dem Reichstag zu Augsburg misslang freilich, es kam zur endgültigen Trennung; die Gegensätze in Lehre und Praxis der Kirchen verhärteten sich in der Folge zusehends. Der über Jahrhunderte erfolgte Prozess der Konfessionalisierung der Bekenntnisse hat zu einer solchen Verhärtung beigetragen. Es bedurfte einer langen Zeit, um die Notwendigkeit einer erneuten Suche nach der Einheit einzusehen. Dabei musste man jedoch nicht gänzlich neu anfangen. Erst jetzt wird vollends klar, wie sehr sich der von Melanchthon zu seiner Zeit bereits markierte Weg zur Einheit der Kirche als fruchtbar erweist. Diese Einsicht ergibt sich aber erst im Rückblick. Für Melanchthon zentral ist die Einsicht in den fortwährenden Konsens der einen katholischen Kirche.[327] Im Blick auf das Wirken Melanchthons lässt sich dann formulieren: Die aus der Reformation hervorgegangenen Kirchen und Gemeinschaften haben die ursprüngliche Katholizität gesucht und suchen sie noch.[328] Deshalb darf ohne Zweifel das Urteil gelten, dass Melanchthon sich schon zu seiner Zeit in Augsburg „als der wohl größte Ökumeniker" erwiesen hat. So ist denn tatsächlich die alte katholische Urteilfindung über Melanchthon zu revidieren. In seiner theologischen Haltung erkennen wir heute nicht die Bagatellisierung des Dogmatischen und das Relativieren des Christlichen, sondern die für die ökumenischen Bemühungen unverzichtbare Konzentration auf das gemeinsame Grundverständnis des Evangeliums. Erst in dieser gemeinsamen Bemühung zur Konzentration auf den verkündigten Christus beginnt die Vermittlerrolle Melanchthons ökumenisch zu wirken.

Melanchthon steht als Philologe, als Philosoph und Theologe, als Berater und Visitator im Dienst an der kirchlichen Erneuerung. Sowohl als Berater des Kurfürsten, des Königs, wie der Reformatoren bleibt sein Augenmerk dabei auf die Einheit der Kirche gerichtet. Selbst dann noch, als er zusehen musste, dass die Einheit der Kirche nicht mehr zu halten war, und er alle seine Bemühungen als gescheitert betrachten musste, hielt er daran fest. Bis an die Grenzen des Menschenmöglichen an der Einheit der Kirche festhalten zu wollen, das ist und bleibt eine ganz wesentliche Einsicht in das wissenschaftliche und kirchenpolitische Handeln Melanchthons.[329] Durch diese Charakterisierung, die sich auf Melanchthons Rolle und Wirken auf und nach dem Augsburger Reichstag von 1530 bezieht, sein späteres Wirken um die innerreformatorische Einigung aber nicht ausschließt, geht Melanchthon aus heutiger Sicht noch einmal mehr in seiner bedeutenden ökumenischen Rolle hervor. Reform der Kirche und Festhalten an der Einheit der Kirche schließen sich nicht aus. Ein Seitenblick in die aktuelle kirchliche Lage zeigt uns diese grundlegende Einsicht Melanchthons geradezu schlaglichtartig; wie kein Konzil zuvor verbindet gerade das Zweite Vatikanische Konzil den Willen zur Reform von Theologie und Kirche mit dem ökumenischen Bekenntnis zur Einheit. Man kann darin ein Vermächtnis Melanchthons an die katholische Kirche sehen. Freilich bleibt auch zu bedenken, inwieweit die innerprotestantischen Einigungsversuche unserer Zeit auf dieses Vermächtnis zurückgehen und eine nochmals andere Wirkungsgeschichte auslösten. Ein Vergleich zwischen diesen beiden Einigungsprozessen dürfte dabei nicht wenige Unterschiede zu Tage fördern. Für eine lutherisch-katholische Verständigung über die Frage nach der Kirchengemeinschaft scheint der gemeinsame Rückbezug auf Melanchthon lohnend, weil das Maß an Übereinstimmung in Fragen der Katholizität der Kirche und ihrer Kontinuität ausreichend in Melanchthons Werk begründet zu sein scheint.

6. Rechtfertigung und Heiligung bei Calvin

Calvins fünfhundertster Geburtstag im Jahr 2009 ist in einem überraschend hohen Maße Anlass für eine Neubesinnung über Calvin und seine Theologie geworden. Die Forschungsarbeit über Calvin hat viele neue Impulse aufgenommen.[330] Das Interesse am Reformator Calvin und seinem Werk ist stark gewachsen.[331] Dabei stehen allerdings verschiedene Aspekte im Vordergrund, denn zahlreiche, vor allem negativ gehaltene Stereotype prägen nach wie vor Leben und Werk Calvins:[332] Calvin – der Theologe der doppelten Prädestination,[333] Calvin – der Lehrer der Kirchenzucht,[334] der Ahnherr des Kapitalismus,[335] der Kontroverstheologe „mit dem Schwert in der Hand",[336] der Intolerante,[337] aber auch Calvins Selbsteinschätzung als der Milde, Sanftmütige und Bescheidene,[338] der den Verfolgten und Bedrängten Trost zuspricht. Dazu kommt sowohl im lutherischen wie im katholischen Umfeld das mit seiner Person verbundene und den theologischen Wahrheitsanspruch mit sich führende Reizwort vom Calvinismus.[339] An Calvin scheiden sich die Geister, nach wie vor.

Ein differenziertes Bild von Calvin zu entwerfen, fällt schwer, weil das Urteil über ihn wie bei kaum einem anderen Reformator zwischen den Extremen gewaltig schwankt. Luthers Bild hat sich in der katholischen Theologie weithin klären lassen; er ist zum gemeinsamen Lehrer und Zeugen des Evangeliums geworden, Melanchthon, zumindest in seiner frühen Phase, zum Vermittler und Theologen der Einheit der Kirche. Auch vom ökumenischen Dialog her ist das Bild der sich Calvins Reformation verdankenden reformierten Kirchen nicht einhellig. Nur drei Dialogdokumente hat der reformiert-katholische Dialog in vier Jahrzehnten hervorgebracht. Kein Zweifel, es besteht Bedarf an der Aufgabe, eine differenzierte Wahrnehmung von Person, Werk und Wirkungsgeschichte Calvins vorzunehmen.

6.1. Calvinus catholicus

Wenngleich dies zunächst als Auftrag an die evangelische Theologie erscheinen mag, so steht der Frage nichts entgegen, ob es nicht auch neues Interesse auf katholischer Seite an Calvin und seiner Theologie gibt. Wohl gab es nie das elementare kirchenhistorische, biografische und theologische Interesse an Calvin wie an Luther. Die Person Calvins spielte auf katholischer Seite keine herausragende Rolle. Hier galt er Luther gegenüber als „Reformator der zweiten Generation".[340] Theologisch wird er als Systematiker charakterisiert, der seine Auffassungen und Erkenntnisse in Zusammenhang bringt und eine geschlossene Dogmatik, freilich immer bezogen auf die Schrift, vorlegt. Calvin ist der Theologe der Ehre Gottes. Nach dem Zweiten Weltkrieg und unter dem Einfluss der Theologie Karl Barths kommt es zu einer ersten Annäherung katholischer Theologen an Johannes Calvin. Hier sticht in einer noch frühen Phase allerdings nur Yves Congar hervor.[341] Die katholische Calvin-Forschung beginnt dann erst mit den Arbeiten von Alexandre Ganoczy, dessen Bücher über Calvin einen Einschnitt bedeuten. Das fulminante Buch über die „Ecclesia ministrans", zunächst auf Französisch 1964, dann auf Deutsch 1968 erschienen, in dem Ganoczy die Auffassung Calvins vom Amt und der Kirche darlegte, markiert die katholische Calvin-Forschung wie kein anderes Buch. Darin versucht Ganoczy die Katholizität des calvinischen Weges zur Reformation sichtbar zu machen, wie der evangelische Theologe Hans Scholl vermerkt.[342] Wenn sich auch die katholische Theologie nicht mit derselben Intensität wie bei Luther mit Calvin beschäftigt hat, so ist aus dem Zweig der katholischen Calvin-Forschung doch ein veritabler Ast geworden.[343] Sie hat sich vorrangig mit einzelnen Aspekten beschäftigt, doch geschah dies auf eher unaufgeregte Weise, wie Hans Scholls Zusammenstellung erweist. Nach Heribert Schützeichels[344] vielen Beiträgen zu einzelnen Sachthemen hat nun Eva-Maria Faber vor zehn Jahren eine umfassende Darlegung der Theologie Calvins, keineswegs nur auf die „Institutio" beschränkt, unter dem formalen Gesichtspunkt der Vermittlung vorgelegt. Auch diese Arbeit versteht sich als römisch-katholischer Beitrag zur

Calvin-Forschung.[345] Bis heute aber gibt es keine umfassende katholische Darstellung von Leben und Werk Calvins.[346] So ist zwar ein grundlegendes Interesse an Calvin katholischerseits erkennbar, ob es aber auch im entschiedenen Sinn ökumenisch motiviert ist, ist zunächst nicht zu erkennen.[347]

6.2. Calvinus oecumenicus: Spurensuche bei Hans Urs von Balthasar

Die Frage nach dem Calvinus oecumenicus zu stellen, rückt die bisherige Perspektive auf Calvin in ein neues Licht. Alexandre Ganoczy verstand seine Beschäftigung mit Calvin nicht als im eigentlichen Sinn ökumenisch, eher als einen katholischen Beitrag zur Calvin-Forschung.[348] Eine Rückschau im ökumenischen Geist von heute auf die Anfänge des ökumenischen Dialogs macht keine spezifische Frage aus, die die ökumenische Herausforderung aufnimmt. Der reformiert-katholische Dialog äußert sich zu Calvin nicht. Damit scheint es keine gemeinsame reformiert-katholische Rückerinnerung zu geben. Worin könnte also die Bedeutung Calvins für den heutigen Dialog liegen? Diese Frage scheint nicht einfach zu beantworten zu sein. Klar scheint jedenfalls zu sein, dass es keine lange vorhergehende Phase einer intensiven Auseinandersetzung mit Calvin als Vorbereitung des ökumenischen Dialogs, wie dies in der Luther-Forschung der Fall gewesen war, gegeben hat. Somit könnte man die Frage nach dem Calvinus oecumenicus als weithin unbeantwortbar zurücklassen.

Wenn ich aber nochmals zurückfrage, so scheint mir die Theologie Karl Barths für den ökumenischen Dialog einen Weg zu einem neuen Verständnis von Calvin anzudeuten. Kein Zweifel besteht über die Bedeutung Karl Barths selbst für den ökumenischen Dialog. Über die Beschäftigung mit der Theologie Karl Barths könnte es durchaus auch zu einer Annäherung an die Theologie Calvins gekommen sein. So kann man mit Hans Scholl vermuten, dass etwa Hans Küng hier als „Katalysator ... katholischer Auseinandersetzung mit der Reformation“ gewirkt haben mag.[349] So liegt auch die Frage nahe, ob die Übereinstimmung zwischen katholischer und barthscher Rechtfertigungslehre nicht implizit auch ein positives Urteil über Calvin enthält.[350] Aber Hans Küng hat sich nur sporadisch mit Calvin beschäftigt, so auch in seinem Buch über die Rechtfertigungslehre nur kursorisch.[351] Die Frage nach einem positiven Zugang zu Calvin kann man nun auch an Hans Urs von Balthasars Barth-Buch richten: Ist die Beschäftigung mit Karl Barth nicht eine implizite Auseinandersetzung mit Calvin, die auch zu einem positiven Urteil über den Reformator führen müsste?[352] Mit Karl Barth müsste doch auch Johannes Calvin „mit freudigem Ruf" auf katholischer Seite begrüßt worden sein?

Schauen wir daher zunächst auf von Balthasars frühes Werk, „Apokalypse der deutschen Seele", das bereits ein ausführliches Barth-Kapitel, das spätere Barth-Buch in nuce, enthält.[353] Auf den Spuren der Selbstverwirklichung des menschlichen Geistes stoße die Apokalypse der Seele radikaler noch als bei Nietzsche und Dostojewski an eine letzte unüberschreitbare Grenze, formuliert Hans Urs von Balthasar, von woher erst die Absolutheit der Freiheit Gottes unverstellt sichtbar werde.[354] Damit ist ein kritischer Punkt erreicht, an dem die Umkehrung beginnt: kein allmählicher Übergang, kein stufenmäßiger Aufstieg des inneren Weges des Menschen zu Gott, sondern unvermittelter Anfang eines ganz anderen Weges, der Anfang des Weges Gottes mit ihm. Balthasar deutet diese Umkehrung der Sehrichtung des menschlichen Geistes als den ganzen Sinn der Theologie Karl Barths.[355] Im Reden über die Apokalypse der Seele gebührt Barth die entscheidende theologische Stimme. Barth denke die Theologie vom ewigen Prius Gottes her. Gerade im Gesetz der Umkehrung entdeckt von Balthasar die Abkehr Barths von Calvin. „Schon im ‚Römerbrief' und gerade in ihm sagt sich ... Barth eindeutig von Calvin los."[356] In der Wahrheit ist keine doppelte Prädestination, stellt von Balthasar mit Barth selbst fest: „In der Heilsökonomie hat die Prädestinationslehre keine eigene Stelle."[357] Der Herold der Souveränität Gottes „reinige" die reformatorischen Quellen: „Nicht nur Luther – dies wäre für einen Reformierten verständlich –, sondern auch Calvin wird an entscheidenden Punkten modifiziert oder ganz aufgegeben. Calvin wäre ohne natürliche Theologie nicht denkbar? So gilt es, konsequenter zu sein als er ...! Calvin hat den Zusammenhang von göttlicher Rechtfertigung und menschlichem Recht nicht erklärt? So gilt es zu zeigen, was er zu zeigen versäumte ...! Calvins Lehre von der doppelten Prädestination widerspricht in ihrer Form dem zentralen Anliegen der Erlösung in Christus? So sei sie ohne Zögern fallengelassen ...!",[358] prononciert von Balthasar die Haltung Karl Barths. Indem Luther und Calvin relativiert werden, tauchen hinter ihnen die Gestalten der patristischen und scholastischen Periode auf. In seiner Dogmatik erreicht die Theologie Barths eine sachliche und historische Breite, die der katholischen koextensiv ist.[359] Die Abkehr vom Protestantismus des 19. Jahrhunderts macht die Faszination der Theologie Karl Barths aus: „Wir sprechen nicht darum mit Karl Barth, weil er das Haupt einer starken Strömung im heutigen Protestantismus ist. Strömungen sind Zeiterscheinungen, sie schwellen an und verebben ... Wir müssen Karl Barth zum Partner wählen, weil in ihm zum erstenmal der echte Protestantismus eine – seine – konsequente Gestalt gefunden hat. Diese Gestalt wurde nicht nur durch einen radikalen Rückgang zu den Quellen, zu Calvin und Luther, quer durch alle ‚Entwicklungen', Verbildungen und Verblasenheiten des Neuprotestantismus hindurch, erreicht, sondern wesentlicher noch durch die Reinigung und Radikalisierung dieser Quellen selbst."[360] Dieser Vorgang der Reinigung der Quellen ist grundlegend für von Balthasars Barth-Exegese und sie bietet schließlich auch den Weg für die katholische Theologie der folgenden Jahre: An den wichtigsten Stellen seiner Theologie sagt sich Karl Barth von Calvin los und taucht damit unversehens im Raum der voraugustinischen Patristik auf! Der bis in den ursprünglichen Schöpfungsratschluss Gottes wirksame Primat der Christologie ist es, der mit dem reformierten Ethos radikal aufräumt.[361] Damit werde ein Hindernis echter Verkündigung des Evangeliums in der heutigen Welt überwunden, folgert von Balthasar.

Daher muss ein erstes Fazit zunächst eine Korrektur und dann schließlich eine neue Erkenntnis enthalten: Die Hinwendung zur Offenbarungstheologie Karl Barths bedeutet für von Balthasar eine in wichtigen Teilen vollzogene Abkehr von Calvin. Die von Barth selbst vorgenommene Durchbrechung des liberalistischen Protestantismus des 19. Jahrhunderts gilt Balthasar dabei als vorrangiger Anknüpfungspunkt an die Theologie Karl Barths. Die Wiedergewinnung eines „echten christlichen Universalismus“ macht das Gespräch mit Karl Barth und seiner Theologie sinnvoll, weil sie hinter die Klammer von Augustinus und Luther zurückgreift. Aber ist damit nicht zugleich eine Neubetrachtung der Theologie Calvins notwendig geworden? Eine ökumenische Verständigung über Calvin erscheint nur möglich, wie von Balthasar entfaltet, durch Klärung des reformatorischen Grundes. Das Eigenständige des Denkens von Karl Barth steht im Vordergrund, Calvin dagegen wird an entscheidenden Punkten – das ist insbesondere in der Prädestinationslehre und der Ethik der Fall – modifiziert oder ganz aufgegeben. Somit ist das Urteil von Hans Scholl über von Balthasar und Küng nicht zu halten. Die katholische Annäherung an die Theologie Karl Barths hat gerade kein positives Urteil über Calvin hervorgebracht, im Gegenteil, die Begegnung mit der Theologie Karl Barths bestätigt katholische Theologen wie Hans Urs von Balthasar in ihrem negativen Urteil über Calvin. Ist dies aus ökumenischer Perspektive das letzte Wort zu Calvin?

6.3. Die Frage nach der theologischen Eigenart: Karl Barths Calvin-Deutung

Wenn wir bisher Hans Urs von Balthasars Argumentation über Barth und Calvin betrachtet haben, so gehen wir nun umgekehrt den Weg über Karl Barth selbst. Was hat er selbst zu Calvin zu sagen? Barths Vorlesung über die Theologie Calvins von 1922 hat enormes Interesse in der dialektischen Theologie gefunden, obwohl die Vorlesung erst 1993 publiziert wurde.[362] Barth hatte bis Mitte der 30er-Jahre nur einige kleinere wegweisende Beiträge zum Verständnis Calvins geliefert, während man dann in den allmählich publizierten Bänden seiner „Kirchlichen Dogmatik“ immer wieder von neuem Auseinandersetzungen mit Calvin findet. Seit dieser Zeit erfährt die Calvin-Forschung in der protestantischen Theologie ihren Durchbruch.[363] Bis dahin stand sie ganz im Zeichen des liberalen Historismus, spekulierend, psychologisierend, geografisch geprägt. Im Zusammenhang mit der von Karl Barth mitbegründeten dialektischen Theologie stößt sie erst zu ihrer grundlegenden Überzeugung von der Theologie als Christuszeugnis durch. Diese neue, aus der dialektischen Theologie hervorgegangene Calvin-Forschung gibt der neuen Theologie ihre Signatur als Theologie des Wortes Gottes.[364] „Das Entscheidende, was all diese Theologen, die durch die Selbstbesinnung unserer Theologie zu einer Beschäftigung mit Calvin geführt worden sind, zum Verständnis der Lehre des Reformators beitragen, ist dieses: Ihr Problem ist nicht in ihrer Formgestaltung, aber auch nicht in einem ihrer Gedanken, also in einem inhaltlichen Element, zu suchen, sondern darin, dass sie ernst damit macht, Theologie zu sein. Das heißt: Es geht in Calvins Lehre um den Inhalt aller Inhalte, um den lebendigen Gott. Das Bemühen, von ihm zu zeugen, macht sich nach Form und Inhalt bemerkbar."[365] So greifen neue Theologie und neue Calvin-Forschung geradezu ineinander, sozusagen einander befruchtend, indem sie sich gegenseitig erläutern und interpretieren. Calvin erscheint darin offenbar als Katalysator im Prozess der Erneuerung der protestantischen Theologie des 20. Jahrhunderts. Es ist erstaunlich, dass Hans Urs von Balthasar und der jüngeren katholischen Theologie dieser Aspekt der neuen dialektischen, durch Karl Barth inspirierten Theologie nicht bewusst geworden ist. Sie verstanden die Erneuerung auf protestantischer Seite vielmehr als Abkehr von, nicht als Durchdringung der Theologie Calvins. Wie sehr umgekehrt Calvin als Stichwortgeber gewirkt haben mag, beweist Karl Barths eigene Diktion, die er in seiner Vorlesung zum Ausdruck brachte: „Calvins Denken und Reden galt dem Wege von Gott her."[366] Dabei ist sich Karl Barth bewusst, dass er entgegen der älteren Forschung nicht von einem einzelnen Satz der „Institutio" her die Theologie Calvins im Ganzen erfassen will, nicht von der gloria Dei, nicht von der praedestinatio und auch nicht von der providentia Dei her, sondern im historischen und prinzipiellen Zusammenhang.[367]

Die wohl bis heute meist diskutierte Frage der Calvin-Forschung ist die nach der theologischen Eigenart von Calvins Theologie.[368] Schon Barth stellte diese Frage ausdrücklich.[369] Sie ist deshalb virulent, weil sie darauf zielt, Calvins Verständnis der Theologie in sachlicher Hinsicht zwischen den – zeitlich früheren – Reformatoren Zwingli und Luther einordnen zu können. Weil die These nahe liege, Calvins Theologie sei „nur eine mit etwas stärkerer Betonung der Ethik vorgetragene Neuauflage derjenigen Luthers gewesen" und aufgrund der offenkundigen Gemeinsamkeit des Ansatzes zwischen Zwinglis und Calvins Theologie eher unschöpferisch, erscheint es erforderlich, den charakteristischen Momenten der Theologie Calvins besondere Aufmerksamkeit zu widmen. Denn Calvin, was seine Originalität betrifft, steht „mit einer großen Unscheinbarkeit in der Mitte ... zwischen den reinen Typen Luther und Zwingli".[370] Das lässt die Frage nach seiner Originalität geradezu zwingend erscheinen. Obwohl die Calvin-Forschung eine Reihe von markanten, unzweideutigen Hervorhebungen ausgearbeitet hat, ist Calvin auf Gedeih und Verderb weithin auf die Dialektik des unermesslichen Abstandes und Unterschiedes zwischen Gott und Mensch, auf den Gegensatz von Zeit und Ewigkeit hin festgelegt worden. Doch das Originelle an Calvin ist nach Barth die „Möglichkeit der Synthese".[371] Seine Originalität liegt nicht im Einzelnen, sondern im Ganzen.[372] Zwar hat man Calvin von jeher den Systematiker des Protestantismus genannt, die „Institutio" als systematisches Meisterwerk reformierter Theologie gewürdigt,[373] doch das Entscheidende seiner Theologie liegt in der „Tendenz zur Synthese",[374] nicht im „Systematischen", wie ich die These Barths etwas knapper und pointierter fassen will. Die Synthese äußert sich vorrangig da, wo Calvin über Christus spricht: In Christus sind wir als Sünder die Fernen, die Gottlosen, in ihm die Nahen und Kinder Gottes, die mit Gott unzertrennlich Verbundenen.[375] Der Charakter seiner Theologie zeigt sich in solcher Synthese als Zusammenfassung und Einheit der Gegensätze. Deshalb kann Calvin eine prinzipielle Scheidung von Gesetz und Evangelium nicht anerkennen. Das Evangelium ist nicht die Beseitigung des Gesetzes, sondern dessen Reinigung und Befestigung. So kommt es auch in Karl Barths These vom Gesetz als notwendiger Form des Evangeliums, dessen Inhalt die Gnade ist, zum Vorschein. Anders als Luther redet Calvin nicht in Gestalt der Paradoxie, sondern in Gestalt der Synthese. Nicht die unvermittelte Dialektik der Unterschiede zwischen Gott und Mensch erscheint danach, wenn man so will, als das Konstruktionsprinzip der calvinischen Theologie, sondern das – wie es katholische Theologie heute formulieren würde – ursprüngliche Vermitteltsein von Gott und Mensch.[376]

Warum die Frage nach der Theologie Calvins und ihrer Eigenart im Mittelpunkt steht, legt sich, wie wir gesehen haben, aus innerreformatorischer Erkenntnis nahe. Die sachliche Mittelstellung Calvins zwischen Zwingli und Luther macht die Frage nach seiner Originalität plausibel. Aber auch in einem eher systematischen Sinn scheint sich das Synthetische als besonderes Merkmal der Theologie Calvins herauszustellen. Denn Calvin ist nicht derjenige, der Luther, Zwingli und Erasmus systematisch mischt. Er wagt die Synthese als das Erste und Ursprüngliche.[377] Die so von Calvin prononcierte Systematik der Theologie steht freilich im Anspruch der reformatorischen Erneuerung. Darin sticht auch die systematische Leistung der „Institutio" hervor. Aber Calvins Theologieverständnis lässt sich nicht allein von der „Institutio" her erläutern. Einen umfangreichen Teil seines Schrifttums bilden seine kontroverstheologischen Schriften. Der apologetische Zweck seines Schrifttums lässt sich nicht verleugnen, geht freilich selbst aus der „Institutio" hervor, die an nicht wenigen Stellen weitführende Auseinandersetzungen mit Calvins Gegnern enthält. Calvin findet die synthetische Form seiner Theologie im kontroverstheologischen Streit. Die Kontroverse belebt geradezu die reformatorische Erneuerung. Auf diesen apologetischen und polemischen Charakter seiner Schriften kann nicht genug hingewiesen werden, wie auch Karl Barth dies tut. Abwendung vom Katholischen und Herausarbeiten des Unterschiedes und der Gegensätze ist eine calvinische Eigenart.[378] Calvin wird der Vater eines militanten Protestantismus.[379] Das aber würde heißen: Calvins ökumenische Bedeutung ist auch dort gering, wo er als der Synthetiker der Kontroverstheologe ist. Somit legt sich ein zweites Zwischenfazit nahe: Wenn gerade die Kontroverstheologie in Calvins Theologieverständnis ein herausgehobenes Merkmal zu sein scheint, so ist damit von neuem die ökumenische Perspektive auf Calvin in Abrede gestellt, diesmal auch von evangelischer Seite. Auch von hier aus ergibt sich dann noch einmal der Eindruck, dass mit Barth ins Gespräch kommen heißt, von der Kontroverstheologie Calvins Abschied zu nehmen. Evangelische Theologie kann damit die Erkenntnis Hans Urs von Balthasars bestätigen, dass auch über Karl Barth nicht ökumenisch an Calvin heranzukommen ist. Möglicherweise ist die scharfe kontroverstheologische Gestalt der Theologie Calvins auch ein Grund dafür, dass Calvin auf katholischer Seite zwar Interesse gefunden hat, aber eben kein ökumenisches. Dennoch will uns die ökumenische Frage nicht loslassen. Ich will daher die Frage stellen, ob die synthetische Gestalt der Theologie Calvins auch jenseits ihrer kontroverstheologischen Zuspitzung, also des Ausschlusses einer Verständigung, nicht doch ökumenisch eingeholt werden kann.

6.4. Christologische Synthese jenseits der konfessionellen Kontroverse?

Wenn wir uns nochmals auf den Weg Hans Urs von Balthasars machen, so führt er für die Annäherung katholischer Theologie an die Theologie Karl Barths jenen christlichen Universalismus ins Feld, dessen Sinnspitze in der Offenbarung Gottes in Christus erkennbar wird. Die Offenbarung ergeht um ihretwillen, sie ist nicht ableitbar aus der Welt oder der Menschennatur. Darauf zielte von Anfang an die Spurensuche auf dem Weg der Selbsterkenntnis der Seele. Die Unmöglichkeit endgültiger Selbsterkenntnis ist nicht das letzte Wort dieser Welt. Offenbarung zielt von vornherein auf den Menschen und auf die Welt. Eine Theologie des Wortes Gottes bietet hier den Anknüpfungspunkt: Es ist Gott in Christus, der hier in aller Freiheit den Menschen ergreift. Das meint das Wort vom Kreuz, Gott nimmt die Welt und den Menschen in Freiheit, aber in Gestalt des Endlichen. Das Endliche ist das Absolute, aber nur hier: „nur als das Geheimnis der absolut freien, grundlosen Liebestat Gottes ist es wahr“.[380] Diesen Punkt kann der Mensch sich nicht nehmen, er wird ihm zugesagt. Nur in Christus sind beide eins, die Geschichte der Selbsterkenntnis des Menschen und die Erkenntnis seiner Selbstenthebung in Christus. Von Balthasar nennt genau dieses Zusammenfallen von Offenbarung und Geschichte Synthese, Synthese in Jesus Christus.[381] Es ist die Theologie des Wortes Gottes, die solche Synthese leistet. Darin liegt, noch einmal gesagt, die epochemachende Bedeutung der Theologie Karl Barths. So führt Hans Urs von Balthasar diese Idee im Vergleich zwischen Origenes und Karl Barth aus. „Origenes und Karl Barth verdanken wir die zwei konsequentesten Entwürfe einer Theologie des Wortes Gottes, des Wortes, das der ewige Sohn des Vaters ist, aber nicht der Logos nudus, sondern incarnandus und incarnatus, der als solcher die Schöpfung trägt und rechtfertigt und der in seiner historischen Wortoffenbarung, wie sie endgültig Leib gewinnt in der Heiligen Schrift, dem Zielsinn der gesamten Schöpfung und der in ihr von Anfang an grundgelegten Offenbarung des Vaters erweist."[382] Aber beide stehen außerhalb der Klammer Augustin und Calvin, folgert von Balthasar. An dieser Stelle muss das Urteil über Calvin nun endlich revidiert werden. Der Herold der Souveränität Gottes spricht sich gerade nicht gegen die sakramentale Vermittlung seiner Selbstoffenbarung aus, sondern er behauptet gerade das: „Gott hat also ... so geredet, dass das Wort seinen Anteil am Werke hatte und auf diese Weise das Wirken beiden gemeinsam war. Bei weitem am klarsten stellt das Johannes fest, wenn er das Wort, das im Anfang als Gott bei Gott war, zugleich mit dem Vater als Ursprung aller Dinge uns vorstellt (Joh 1,3). Denn so misst er dem Worte ein festes und bleibendes Wesen bei, schreibt ihm aber auch etwas ihm Eigentümliches zu und zeigt dann auch mit größter Durchsichtigkeit, wieso denn Gott in seinem Reden der Schöpfer der Welt gewesen ist. Wie also alle von Gott ausgegangenen Offenbarungen mit Recht die Ehrenbezeichnung ‚Gottes Wort' tragen, so muss auch dieses aus Gottes Wesen kommende Wort selber den höchsten Platz erhalten, nämlich denjenigen des Quells aller Offenbarung, weil es, keinem Wechsel unterworfen, immerfort als ein und dasselbe bei Gott bleibt und selbst Gott ist!"[383] Das Wort selbst ist Mittel der Schöpfung, und zwar in Christus. Im Wort verbindet Calvin daher die Selbstoffenbarung Gottes in Christus mit seinem Werk der Schöpfung. Die Erkenntnis Gottes als Schöpfer und Erlöser wird offenbar durch das Wort, führt Calvin aus.[384]

Warum Theologie des Wortes Gottes? Die Theologie des Wortes ist Theologie in Gestalt der in Christus wirksamen Synthese von Schöpfung und Bund. Hier kommt der Gesichtspunkt der Ganzheit, der Synthese bei Calvin voll zum Zuge. Genau das liegt im Einklang mit den Überlegungen Hans Urs von Balthasars, allerdings gegen dessen eigene Beobachtungen an Calvin. Das ist also unsere eher paradoxe Erkenntnis: der von Balthasar für die katholische Theologie im Gespräch mit Karl Barth errungene christologisch-synthetische Ansatz der Theologie im Ganzen ist für Barth eine Frucht seiner Auseinandersetzung mit Calvin. Auf diesen einen Punkt hin drängt Barth die Gestalt der Theologie Calvins, von diesem Punkt her empfängt von Balthasar die neue, im ökumenischen Gespräch errungene Gestalt der katholischen Theologie als christologisch-synthetische Theologie der Offenbarung Gottes und zwar unter dem Diktum einer Theologie des Wortes Gottes.[385] Eine größere Nähe zwischen Barth und von Balthasar ist kaum zu denken möglich, damit aber auch eine je kaum größere Nähe zum Denken des Johannes Calvin. Wenn von Balthasar Karl Barths Theologie als der katholischen koextensiv erklärt, dann schließt dies jetzt auch die synthetische Gestalt der Theologie Calvins ein.

Es ist ökumenisch höchst aufschlussreich, Calvin als Synthetiker zu denken. Unter Synthese ist hier formal die Zusammenfassung eines Mannigfaltigen zu einem Ganzen zu verstehen.[386] Dabei geht es allerdings nicht vordergründig um Ordnung oder Struktur eines Ganzen, sondern um das allen Einzelüberlegungen Vorausliegende, das Ganze, von der auf die Spitze getriebenen Logik des Christlichen zu verstehen. Barth nennt sie die eigene Logik des Christentums,[387] von Balthasar den Universalismus von oben,[388] gemeint ist die Offenbarung Gottes in Christus als Synthese von Schöpfung und Bund, Zeit und Ewigkeit, Gesetz und Evangelium. Diese Synthese ist kein System, denn dann wäre dieses nämlich das Dritte zwischen den vorausgehenden Teilen. Nur in einem einzigen Fall ist diese Synthese Geschichte geworden, nämlich in Christus selbst. In diesem Sinn und nur hier ist alle Theologie am Ende Christologie. Calvins Unterricht in der christlichen Religion ist in dieser Weise das Werk eines christlichen, oder besser christologischen Synthetikers. Die Synthese bezeichnet eine für Calvins Theologie charakteristische Dynamik von Gott her und auf Gott hin, nicht im Mühen um den Erweis der von Gott kommenden Erwählung, sondern im Blick auf die Gottesverehrung.[389]

6.5. In welchem Sinn ist Calvins Theologie synthetisch?

Um die vorab aufgestellte These vertiefen zu können, führe ich im Folgenden drei wichtige Beispiele an, mit denen sich das Synthetische der Theologie Calvins aufzeigen lässt, und zwar in ausdrücklicher Weiterführung der Gedanken Karl Barths und Hans Urs von Balthasars. Die Leitfrage soll dabei sein: Worin liegt die Eigenart christologischer Synthese und in welcher Gestalt kommt sie zum Ausdruck?

6.5.1. Es gibt keine Gotteserkenntnis ohne die Selbsterkenntnis des Menschen

In seiner Theologie des Wortes Gottes entfaltet Calvin die Doppelthese von der Gottes- und der Selbsterkenntnis des Menschen: „All unsere Weisheit ... umfasst im Grunde eigentlich zweierlei: Die Erkenntnis Gottes und unsere Selbsterkenntnis. Diese beiden aber hängen vielfältig zusammen, und darum ist es nun doch nicht so einfach zu sagen, welche denn an erster Stelle steht und die andere aus sich heraus bewirkt."[390] Diese Grundthese enthält nach Calvin zwei Teilthesen: (1.) Es gibt keine Selbsterkenntnis ohne Gotteserkenntnis. (2.) Es gibt keine Gotteserkenntnis ohne Selbsterkenntnis. Die beiden ineinander verschränkten, aber zunächst gegensätzlichen Aussagen machen deutlich, dass Calvin keine voneinander isolierten Erkenntniswege kennt, keine reine Gotteserkenntnis und auch keine reine Selbsterkenntnis des Menschen, als ob beide getrennt voneinander vollzogen werden könnten. In der Synthese liegt offenbar die Pointe seiner Auffassung. Welcher Art diese Synthese ist, wird dann deutlich, wenn Calvin auf die Ordnung, d. h. den Zusammenhang beider Erkenntnisweisen, zu sprechen kommt. Schon die Ordnung der Natur kennt die ursprüngliche und einfache, praelapsarische Erkenntnisweise Gottes. Hier tritt dem Menschen der Schöpfer in seinen Werken entgegen. Darauf folgt der Ordnung nach die Erkenntnis Gottes des Erlösers. Calvin rückt also zwei jeweils unterschiedene Erkenntnisweisen aneinander. Dies geschieht aber nicht auf rein äußerliche Weise additiv, auch nicht stufenweise übereinander, wie im neuscholastischen Modell, sondern wiederum innerlich verschränkt. Zwar kann man eine natürliche Erkenntnis Gottes unterscheiden, die die Selbsterkenntnis des Menschen charakterisiert, doch beruht auch diese auf der in der Heiligen Schrift bezeugten Offenbarung des Wortes, in der sie ihr Sinnziel findet. Das aber heißt: Gotteserkenntnis insgesamt wird dem Menschen offenbar durch das Wort Gottes. Es gibt keine Gotteserkenntnis ohne das Wort Gottes. Ohne die biblische Offenbarung gibt es keine Offenbarung des Schöpfers. Sie hat ihr Sinnziel in der Offenbarung der Person des Mittlers, des Erlösers. Die Klammer, die Calvin um beide Erkenntnisweisen bildet, ist christologisch-synthetischer Natur. Der Schlüssel zur Erkenntnis Gottes ist Christus. In ihm wird die Selbsterkenntnis des Menschen zur Erkenntnis seiner Erlösung in Christus, die natürliche Gotteserkenntnis findet ihr Ziel in der Erkenntnis des Erlösers. Daher müssen wir uns in Wahrheit an das Wort halten, bekräftigt Calvin.[391] Wie von Balthasar an Barth richtig beobachtet hat, führt diese christologische Synthese den Blick weg von der Glaubenszuständlichkeit hin zum Glaubensinhalt.[392] Gotteserkenntnis ist Christuserkenntnis. An dieser Stelle wird klar, wie sehr die Dogmatische Konstitution „Dei Verbum“ in ihren Aussagen über die Offenbarung des Wortes Gottes von der Theologie Karl Barths geprägt ist, und nun können wir klarer erkennen, dass hinter diesen Aussagen auch die christologische Synthese Calvins erkennbar ist.[393]

6.5.2. Es gibt keine Rechtfertigung ohne Heiligung

Auch in dieser zweiten wichtigen Fragestellung begegnen wir dem Synthetiker Calvin. Wieder verbindet Calvin zwei wesentliche Fragestellungen miteinander, in denen eine innere Ordnung und Dynamik zum Tragen kommen. In der Sache der Rechtfertigung stellt sich Calvin ganz und eindeutig auf die Seite Luthers. „Unter ‚Rechtfertigung' verstehe ich also schlicht die Annahme, mit der uns Gott in Gnaden aufnimmt und als gerecht gelten lässt. Ich sage nun weiter: Sie beruht auf der Vergebung der Sünden und der Zurechnung der Gerechtigkeit Christi."[394] Gerechtfertigt wird der Mensch von Gott durch den Glauben. Daher ordnet Calvin das Kapitel über die Rechtfertigung ganz in den dritten Teil über den Glauben als Heilsmittel ein. Rechtfertigung heißt daher Freisprechung von der Schuld und zugleich Freisprechung von den Werken des Gesetzes. Die Gnadengabe Christi wird durch den Glauben erworben. So meint Rechtfertigung durchaus im modernen Sinne Versöhnung mit Christus durch Gemeinschaft mit ihm.[395] Calvin lässt an dieser Auffassung, die er mit Luther teilt, keinen Zweifel aufkommen, auch wenn er an anderer Stelle sich anders äußert. Denn eigenartigerweise versieht Calvin sein Verständnis von Rechtfertigung mit einer ihr innewohnenden Dynamik: Dann meint Rechtfertigung nicht nur Freisprechung von Schuld, Vergebung der Sünden, sondern auch Heiligung und Wiedergeburt, Erneuerung der Kreatur. „Wenn also Gott einen Menschen in Gnaden annimmt, dann beschenkt er ihn auch mit dem Geiste der Kindschaft und erneuert ihn durch dessen Kraft zu seinem Ebenbilde."[396] Fast unverständlich im Kontext der Theologie Luthers folgert Calvin, dass es zwei verschiedene Dinge sind, „ob wir der Rechtfertigung teilhaftig werden oder ob wir neue Kreaturen werden".[397] Es gibt keine Rechtfertigung ohne die von ihr ausgehende Dynamik des Menschen auf Gott hin. In der theologischen Systematik hört sich das dann so an: Christus allein spricht uns frei, durch seinen Geist werden wir geheiligt und trachten nach der Reinheit des Lebens. Rechtfertigung und Heiligung sind zwar verschiedene Handlungen des einen Gottes in drei Personen, aber sie sind voneinander untrennbar. Im Streit mit den Schultheologen macht Calvin seine Position klarer: Sie verstünden unter Rechtfertigung nur die „Erneuerung, in der uns der Geist Gottes zum Gehorsam gegenüber dem Gesetz umgestaltet".[398] Das Erstaunliche ist, dass Calvin klarstellt, dass dies nicht Rechtfertigung genannt zu werden verdient, weil sich dem – nach Auffassung der Schultheologie – die Lehre anschlösse, durch die guten Werke vor Gott werde der Mensch für gerecht geachtet. Der Streit mit den „Papistischen Schultheologen“ dreht sich also um die Auffassung, welchen Stellenwert das Gesetz nach der Vergebung der Sünden einnimmt. Die Begründung der Rechtfertigung durch den Glauben heißt aber klar und deutlich: Im Glauben die Gerechtigkeit Christi ergreifen, nicht allein Erneuerung. Hier muss die Reihenfolge von Grund und Folge stimmen, möchte man mit Calvin sagen. Aber „fast unlutherisch“ folgert Calvin dann: der Mensch kann die Rechtfertigung im Glauben nicht ergreifen ohne die Heiligung. Nicht ohne die Werke, aber nicht durch die Werke werden wir gerechtfertigt![399] Die Rechtfertigung zieht den Gehorsam des Gesetzes nach sich. In diesem Sinn redet Calvin über die Freiheit im Anhang zur Lehre von der Rechtfertigung. Alles Achten auf die Barmherzigkeit Gottes und das Fallenlassen des Gesetzes sind die falschen Alternativen. Das „Christus allein“ macht das Halten des Gesetzes Gottes nicht überflüssig. Das Gesetz hört nicht auf, zu lehren, zu mahnen und zum Guten zu reizen.[400] Das Amt des Gesetzes besteht darin, den Menschen auf der Grundlage des „Christus allein“ an seine Verpflichtung Gott gegenüber zu mahnen. Dieses Gesetz gebietet uns, Gott mit ganzem Herzen, ganzer Seele und allem Vermögen zu lieben. Im Anschluss daran entfaltet Calvin die Lehre vom usus politicus legis. Mit diesen Ausführungen wird wiederum klar: Rechtfertigung zielt auf Heiligung, in der Gottes Freisprechung von der Sünde ihr dynamisches Ziel in der Erneuerung der Kreatur durch den neuen Gehorsam des Gesetzes vor Gott findet. Anders als Luther ist der Synthetiker Calvin in der Lage, das Anliegen der Umwendung und Erneuerung des Menschen klarer zu fassen, mit der Rechtfertigung zu verbinden und in dieser von der Rechtfertigung her bestimmten Ordnung zu integrieren. Zumindest der Intention nach kommt diese Synthese von Rechtfertigung und Erneuerung des Menschen der Auffassung des Konzils von Trient nahe, wenn es dort heißt: Rechtfertigung ist „nicht nur Vergebung der Sünden …, sondern auch Heiligung und Erneuerung des inneren Menschen durch die willentliche Annahme der Gnade und der Gaben".[401] Die Rechtfertigung als Freispruch gibt der Heiligung in ihrer inneren spezifischen Finalität Raum, in der sich die Gaben des Heiligen Geistes in einem neuen Leben nach vorn hin entfalten können.[402]

6.5.3. Christus ist nicht ohne seine sichtbare Gemeinschaft, die Kirche

Wie kaum irgendwo sonst in seiner „Institutio" verbindet Calvin das Lehrstück über die Kirche mit seiner Erwählungslehre.[403] „So muss man Gott allein die Erkenntnis seiner Kirche überlassen, deren Fundament ja seine verborgene Erwählung ist."[404] Nur Gott allein weiß, wer die Seinigen sind, die Schar der Auserwählten, die von den Verworfenen unterschieden sind. So sehr sich der Glaubensartikel von der Kirche auch auf die Auserwählten Gottes richten mag, Gottes verborgene Erwählung und die innere Berufung im Blick liegen, so bezieht sich dieser Artikel des Glaubensbekenntnisses doch zugleich auf die äußerliche Kirche. Daher bekräftigt Calvin in der „Institutio" von 1559 diesen Aspekt der Sichtbarkeit. Die Heilige Schrift spricht in zweifacher Weise von der Kirche, führt Calvin aus: (1.) Die Kirche umfasst nicht nur die Gemeinschaft der auf Erden lebenden Heiligen, die durch den Heiligen Geist zu wahren Gliedern Christi gemacht wurden, sondern alle von Anbeginn an Auserwählten. (2.) Glieder der Kirche sind die, die Gott und Christus verehren, die Taufe im Glauben empfangen haben, ihre Einheit mit ihr durch die Teilnahme am Abendmahl bezeugen und das von Christus eingesetzte Amt zur Predigt des Wortes Gottes aufrechterhalten. Wohl lässt Calvin die genauere Verhältnisbestimmung beider Dimensionen der Kirche unerörtert, er empfiehlt indessen, um die Kirche als Ganze zu erkennen, bestimmte Kennzeichen zu gebrauchen. Hier schließt sich Calvin ganz dem lutherischen Bekenntnis an, der Confessio Augustana, wenn er ausführt: „Denn überall, wo wir wahrnehmen, dass Gottes Wort lauter gepredigt und gehört wird und die Sakramente nach der Einsetzung Christi verwaltet werden, lässt sich auf keinerlei Weise daran zweifeln, dass wir eine Kirche Gottes vor uns haben."[405] Dienst am Wort und Verwaltung der Sakramente lassen die Kirche zur Kirche werden, als die aus allen Völkern versammelte Schar der Ecclesia universalis und als Ecclesiae singulae, hier sind die über die Welt verstreuten Ortskirchen in Städten und Dörfern gemeint. Predigt und Sakramente lassen ohne Zweifel erkennen, wo die Kirche ist, gleichwohl bedarf es der Übereinstimmung mit der Lehre der Kirche, da hierüber vielfach Streit herrsche. Wo diese Merkzeichen oder Kennzeichen der Kirche vorliegen, könne zweifelsfrei Kirche erkannt werden. Diese Kirche ist dann ausgezeichnet durch eine recht verstandene Heiligkeit, durch Einheit und Katholizität, schließlich durch ihr Fundament in der Lehre der Apostel und Propheten. In dieser Weise ist die wahre Kirche die unter dem Wort Gottes in Erscheinung tretende Kirche. Diese Kirche ist alles andere als eine in modernem Sinn verstandene verborgene Kirche. Kirche ist dort, wo sie durch ihre Merkzeichen als sichtbare in Erscheinung tritt. Daher steuert auch hier der Synthetiker Calvin unbeirrt auf sein Ziel zu: die Wahrheit der Kirche Jesu Christi, die sich im Bekenntnis zu Jesus Christus, in der Gemeinschaft an den Sakramenten und schließlich in der Gemeinschaft der Lehre auf dem Fundament der Apostel findet. Spätestens hier macht dieser Wortlaut offenkundig, dass das Ziel dieser Argumentation der Streit um die Wahrheit der Kirche Jesu Christi ist: Es gibt keine verborgene Kirche ohne die sichtbare Gemeinschaft auf Erden. Im Streit um die rechtmäßige Gestaltung der Kirche gehen die konfessionalistisch geprägten Auffassungen der Kirchen zwar weit auseinander, doch Calvin gelingt es, die Klammer um die wesentlichen Eckpunkte der Kirchenlehre zu setzen. So erscheint in nuce bereits die Kirchenlehre der Neuzeit. Wer den Text des Ökumenismusdekretes hier heranzieht, kann unschwer erkennen, dass wir denselben Sachgegenstand vor uns haben, nämlich die durch die Predigt des Evangeliums, die Verwaltung der Sakramente und durch die Apostel und ihre Nachfolger, die Bischöfe mit dem Nachfolger Petri als Haupt geleitete Gemeinschaft der Kirche.[406] Predigt des Evangeliums, Sakramente, Amt, Apostolizität und Lehre der Kirche machen die sichtbare Gestalt der Kirche aus; es sind jene Elemente und Güter, aus denen die Kirche insgesamt erbaut wird. Im Streit über die äußere Gestaltung der Kirche ging die Einheit der abendländischen Kirche verloren, doch trotz der Zerrüttung der äußeren Gestaltung bleiben Merkzeichen als Spuren der Kirche Christi, vestigia ecclesiae genannt, erhalten, darunter die Taufe als Zeugnis seines Bundes.[407] Innerhalb der Wiedergewinnung des einen christlichen Erbes gewinnt die an Calvins Ausführungen zur Wahrheit der Kirche anknüpfende Lehre von den Elementen des Kircheseins ihre ökumenische Bedeutung.

6.6. Die Entdeckung des Calvinus oecumenicus

Die in sich und auch nach außen kontrovers ausgerichtete Theologie Calvins verdeckte lange Zeit die Möglichkeiten zu einer ökumenischen Verständigung, weil sie nicht nur Streit um die Sache, sondern um die Wahrheit im Modus des Ausschließens ist. Die unter dem Wort Gottes stehende Lehre will unverfälschte Lehre sein! Kontroverstheologie will den Gegner und seine Argumente unschädlich machen. Deshalb drohen in diesem Streit um die Wahrheit die Güter und Elemente der Wahrheit wechselweise zu verschwinden. Der Rückgang auf Autoritäten und deren Bewertung im eigenen Argumentationsgang kann aber nicht verdecken, dass gemeinsame Argumentationsfiguren und auch Sachargumente im Streit um die Sache erhalten blieben. Die weisen dann letztlich doch auf eine ökumenische Verständigung hin.

1. Die Spurensuche nach dem Calvinus oecumenicus führte nach verschlungenen Wegen zu der Erkenntnis, dass Hans Urs von Balthasars bei Karl Barth abgelesene Calvin-Ablehnung nicht das letzte Wort zu Calvin sein muss. Ein nochmaliger Rekurs auf die Debatte zwischen Barth und von Balthasar zeigt auf, dass Calvins konsequente Christologie eine Deutung über die kontroverstheologischen Gräben bereithält, die eine ökumenische Verständigung sinnvoll erscheinen lässt. Die Lehre besteht in der Erkenntnis, dass das reformerische Anliegen, das Calvin uneingeschränkt mit Luther vertritt, keine Absage an das katholische Anliegen darstellt, sondern eine Integration der

unterschiedlichen Positionen von beiden Seiten her ermöglicht. Auf eine knappe Erkenntnis gebracht: Eine Inanspruchnahme reformatorischer Grundgedanken muss nicht zwangsläufig dazu führen, natürliche Gotteserkenntnis, die Befolgung des Gesetzes Gottes, ja die Verdienstlichkeit der guten Werke, noch die Sichtbarkeit der Kirche einseitig auszuschließen, sondern zu integrieren. Damit gewinnt das reformatorische Anliegen einen Anspruch, der nicht mehr kontroverstheologisch ausgeschlossen werden muss, sondern ökumenisch eingeholt werden kann.

2. Calvins Verhältnis zu Luther ist nicht auf einen einfachen Nenner zu bringen. Es ist klar, dass er Luthers reformatorischer Theologie in wesentlichen Punkten folgt. So ist das Lehrstück über die Rechtfertigung auch für Calvin schlechthin grundlegend, freilich vergisst der Synthetiker Calvin nicht, die mit diesem Heilsgeschehen vermittelte Dynamik von Gott her auf den Menschen und vom Menschen her auf Gott hin, auf die hier innewohnende Finalität hin zu befragen und zu beschreiben. Während Luther stärker an der Unterscheidung der theologischen Hauptgegenstände interessiert ist, legt Calvin Wert auf deren inneren und folgerichtigen Zusammenhang. Damit gewinnt die Perspektive auf Luthers Reformanliegen eine weiterführende und ernst zu nehmende umfassende Dimension, ja man möchte meinen, ihre von Calvin insgeheim intendierte katholische Dimension.

3. Wir lernen wieder gemeinsam von Gott in Jesus Christus zu reden. Das könnte der ökumenische Beitrag Calvins sein, und zwar vermittelt über die Theologie Karl Barths. Aber es reicht nicht aus, allein von Christus zu reden, sondern die im Heilsgeschehen angelegte Responsorik im Verhältnis Gottes zum Menschen wird erst durch die synthetische Anlage der Theologie aufgedeckt. Damit ist das Synthetische nicht nur ein systematisches Anliegen, der Vollständigkeit und der Ordnung halber, sondern eine Methode, das Ganze des Heilsgeschehens in der Vermittlung von Gott und Mensch zur Sprache zu bringen. Es ist beachtlich, wie sehr Calvin hier die der heilsgeschichtlichen Gesamtschau innewohnende Dynamik zur Geltung bringt, ja mit von Balthasar könnte man geradezu von der heilsgeschichtlichen Dramatik sprechen.[408] Freilich muss klar sein,

dass man die Theologie Calvins nicht wiederum wie in der Vergangenheit einseitig auf diesen Aspekt der Synthesis hin festzulegen sucht, zumal der Begriff sich keineswegs von selbst versteht und immer wieder der Erläuterung bedarf.

4. Gibt es eine gemeinsame Gestalt der Theologie jenseits ihrer kontroverstheologischen Bestimmung? Welche Rolle spielen dann die Kontroversen innerhalb einer Theologie komplementärer Sichtweisen? Das scheint wohl die hier am meisten interessierende Frage zu sein. Wenn Barths und von Balthasars Denken koextensiv sind, heute nennt man dies komplementär,[409] so ist doch die Frage zu stellen, warum von Balthasar dies gerade bei Calvin oder Luther nicht sehen wollte oder konnte. Unser theologisches Denken wird offenbar beherrscht von konfessionalistisch geprägten Haltungen, die zu gegenseitigem Ausschluss neigen. Calvins komplementäres Denken zu entdecken, ist hier ein ökumenisch interessantes Angebot im interkonfessionellen Gespräch. Im Denken solcher komplementärer Vermittlung liegt die Bedeutung des Calvinus oecumenicus. Hier gewinnt die katholische Gestalt der Theologie neu ihren Raum.[410]

7. Vermittlungstheologie: Johannes Gropper

Nach dem aufsehenerregenden Ereignis im Dialog mit der lutherischen Christenheit im Oktober 1999 in Augsburg richten sich seitdem Hoffnungen immer wieder erneut auf das Ziel der ökumenischen Bemühungen. Der ökumenische Dialog unserer Tage lebt von der Erwartung auf eine Wiederherstellung der Gemeinschaft der Kirchen im Abendland. Vergessen scheinen die Auseinandersetzungen zur Zeit der Reformation. Doch dieser erste Eindruck täuscht. Blickt man auf die „Gemeinsame Erklärung zur Rechtfertigungslehre“[411] aus dem Jahr 1999, so erkennt man, dass hier keine Einheit um jeden Preis versucht wurde. Die „Gemeinsame Erklärung“ beinhaltet einen Konsens in Grundwahrheiten der Rechtfertigungslehre, sie bemüht sich in detaillierten Rekursen um eine differenzierte Wahrnehmung der unterschiedlichen und kontroversen Positionen, die sie miteinander ins Gespräch bringen will. Wer den ökumenischen Dialog kennt, weiß, welche historische Detailarbeit hinter diesen Bemühungen steckt. Wer immer zu der entscheidenden theologischen Frage der Reformation eine Antwort präsentieren will, kommt um ein differenziertes Urteil zur theologiegeschichtlichen Lage nicht herum. Eine Einigung in zentralen Fragen der Reformation konnte deshalb nicht gelingen ohne eine historisch-kritische Aufarbeitung der Vergangenheit.

Aufarbeitung der Vergangenheit heißt heute aber, mit geschichtlichen Tatbeständen in einer differenzierten und detailgetreuen Weise umzugehen, nicht jedoch, diese einfach auszulöschen. Die Analyse des gegenwärtigen Lehrstandes macht eine historische Rückschau notwendig. Dabei kann man entdecken, wie es zu den Lehrverurteilungen gekommen ist, gegen wen sie sich richteten; zu fragen ist, ob sie damals überhaupt den Gegner trafen, und schließlich, ob die damals eingenommene Position auch heute noch die Position des Partners und seiner Lehre ist, mit dem man sich im Gespräch befindet.[412] Alles in allem: Das Ringen um Verständigung in zentralen Fragen des Glaubens heute macht die Rückfrage an die Theologie des 16. Jahrhunderts gerade zu einer unaufschiebbaren Aufgabe. Der Beitrag der historischen Forschung zum ökumenischen Dialog unserer Tage ist notwendig.

So scheint mir das Urteil ganz und gar nicht einleuchtend, dass man den am 24. Februar 1503 in Soest geborenen Johannes Gropper nicht aus den ökumenischen Bemühungen unserer Tage heraus beurteilen kann.[413] Ja, umgekehrt scheint mir die besondere Herausforderung in der Frage zu liegen, welchen Beitrag Johannes Groppers Leben und Werk für die heutige ökumenische Fragestellung leisten kann. Die Beschäftigung mit einer historischen Persönlichkeit des 16. Jahrhunderts kann, und das ist meine These, für die heutige Beurteilung eine wegweisende Richtung einnehmen.

7.1. Erste Annäherung an Person und Werk Johannes Groppers

Die ältere katholische reformationsgeschichtliche Forschung hat die Zeit vor dem Trienter Konzil unter dem Stichwort der „Unionsversuche“ in den Blick genommen. Zu denen, die solche Unionsversuche unternommen haben, zählt Joseph Lortz, Nestor der katholischen Lutherforschung im 20. Jahrhundert, den in Soest geborenen Kölner Theologen Johannes Gropper.[414] Von Hause aus Jurist, veranlasste ihn das theologische Schwanken, das er bei den Verhandlungen in Augsburg 1530 wahrgenommen hatte, sich selber energisch die Kenntnisse in den entscheidenden theologischen Fragen als Autodidakt anzueignen. Er erwarb sich in kurzer Zeit staunenswerte theologische Fähigkeiten. So wurde er die führende Persönlichkeit des Kölner Provinzialkonzils von 1536, der wohl wichtigsten deutschen vortridentinischen Synode. Sein theologisches Hauptwerk, das „Enchiridion christianae institutionis“ gilt als das meist gelesenste katholische dogmatische Handbuch der damaligen Zeit und wurde, übersetzt in verschiedene Sprachen, in Europa weit verbreitet.[415] Gropper war von der Hoffnung auf eine Wiedervereinigung so stark bewegt, dass er zu einem Mittelpunkt der

Religionsgespräche wurde. Schließlich enttäuscht von den Unionsversuchen wurde er selbst zum Protagonisten im Kampf gegen den Versuch seines Erzbischofs, Hermann von Wied, das Kurfürstentum Köln der Reformation zuzuführen. In dieser von Lortz gezeichneten Sicht kommt Gropper als Vermittlungstheologe in den Blick, als derjenige Theologe, der die Kräfte katholischer Neugeburt mit den Fragen und Neuerungen der Reformatoren zu vermitteln suchte. Aber auch Lortz musste zugestehen, dass der Begriff der Vermittlungstheologie Groppers Person und Theologie wohl doch nicht richtig zu ermitteln versteht.

Der Bonner katholische Historiker Hubert Jedin war noch 1964 der Auffassung, dass das historische Profil Groppers nicht in einer wünschenswerten Schärfe herausgearbeitet werden konnte.[416] Als umstritten empfand Jedin seine Rolle in den Unionsverhandlungen der Jahre 1540/41, sein Verhältnis zu Martin Bucer, seine Hinneigung zu Luther, aber auch die Tatsache, dass sein „Enchiridion“ 1596 in Rom auf den Index der verbotenen Bücher gelangte. Liegt in Gropper selbst nicht ein tragischer Widerspruch, der sich nicht auflösen lässt? All dieses macht in den Augen Jedins eine Beurteilung seiner Person und seines Werkes sehr schwierig.

In den letzten Jahren ist zu beobachten, dass Gropper eher als irenischer und kompromissbereiter Theologe in den Blick kommt. In Person und Werk Groppers zeigen sich Verständigungsbereitschaft, irenische Vermittlungsbemühungen, aber auch herbe Enttäuschungen in den Auseinandersetzungen mit den Anliegen und Anfragen der Reformation. So etwa will die neueste Arbeit über Johannes Gropper ihn als Ireniker des 16. Jahrhunderts in Anspruch nehmen. Stärker als bisher wird aber auch sein Ringen um den Erhalt des Glaubens der Kirche hervorgehoben. Vor diesem historischen Hintergrund wird das Werk des Kölner Juristen und Theologen als das des Kontroverstheologen gezeichnet.[417] Ireniker und Kontroverstheologe zugleich? Diese Kombination scheint kaum erträglich, aber führt sie auch weiter?

Erstaunlich nüchtern ist das Urteil auf evangelischer Seite. Der bekannte Reformationshistoriker Robert Stupperich zählt Gropper unter den deutschen katholischen Theologen der vortridentinischen Epoche zu denen, die die meiste Beachtung verdient hätten.[418] Martin Greschat kommt in seiner Beschreibung des Lebens und des Werkes von Martin Bucer zu einem ebenso ausgewogenen Urteil über Gropper.[419] Er bezeichnet Gropper als einen Geistesverwandten Bucers. Wie dieser wollte auch Gropper Theologie auf der Grundlage der Bibel sowie der Kirchenväter treiben und jede doktrinäre Enge vermeiden. Aber auch Greschat kommt nicht umhin, den später auftretenden Riss in der sich zunächst abzeichnenden theologischen und persönlichen Übereinstimmung zwischen beiden Männern festzustellen. Unterschiede und Gegensätze traten dann umso schroffer hervor. Nimmt man auf evangelischer Seite dieses eher realistische und nüchterne Urteil über Gropper ohne jeden Versuch einer Klassifizierung wahr, so treibt das noch einmal die Frage hervor: Wer war Johannes Gropper? Was zeichnet sein Werk aus?

Vielleicht führt der Hinweis auf einen Reformkatholizismus weiter, wenn man folgende Passage aus Groppers „Warhafftiger Antwort und gegenberichtung" hört: „Ich weiß leider uß anderer leuthe anzeigen wol, das zu Rom wie auch anderßwo die dynge nit allenthalben so gar christlich in leben und wandel zugehen, und das auch sunst daselbst allerley mißbreuch eingerissen und vorhanden ... Darumb ich dan ... offt wünsche und Christum Jesum ... trewlich bitten, das ... soelche mißbreuch und maengel durch ordenliche abstellung und besserung derselbigen und christliche anrichtung eyner heilsamer catholischer reformation vom haeupt an biß zu füeßen hinauß abgeschafft ... werde".[420] Geißelung der Missstände und deren Abschaffung in Verbindung mit einer katholischen Reformation? Ging es Gropper also um eine katholische Reformation? Von daher würde seine Einschätzung als katholischer Melanchthon plausibel. Was aber heißt das? Reformbereit und zugleich katholisch? Die Zeugnisse in der vortridentinischen Theologie, die wir derzeit verstärkt auch unter den Jesuiten zur Kenntnis nehmen können, zeigen uns, dass die Bandbreite möglicher katholischer Antworten viel größer ist, als uns der Blick aus der nachtridentinischen Epoche bisher zu zeigen vermocht hatte. Man konnte dem alten Glauben anhängen, der Polemik entsagen, mit Konsequenz zur eigenen Sache stehen und gleichzeitig den Mut aufbringen, Reformen in der Kirche anzuregen und auf den Weg zu bringen. Dies ging so weit, dass man sich auf gefährliche Weise in die Nähe der Reformatoren brachte, mit denen man ja über einige Zeit gemeinsam am Tisch gesessen und geredet hatte. So stellt der Ökumeniker heute die entscheidende Frage, warum diese Art des Vorgehens damals nicht zu einem Erfolg führte.

Johannes Gropper war nicht nur Zeuge der entscheidenden Jahre der reformatorischen Bewegung zwischen 1521 und 1555, er hat sie auch in einem erheblichen Maße mitgestaltet.[421] Sein Anteil an den Religionsgesprächen in Augsburg und Worms/Regensburg, seine Rolle in der Politik der niederrheinischen Herzogtümer, des Reiches wie der Kurie haben die Entwicklung erheblich beeinflusst. Sein Name bleibt verbunden mit den wegweisenden Reformbeschlüssen der Kölner Provinzialsynode von 1536, dem erfolgreichen Widerstand gegen den Reformationsversuch des Kölner Kurfürsten und Erzbischofs Hermann von Wied und einem literarischen Werk, das über Deutschlands Grenzen hinaus große Wertschätzung erfuhr. Nach seiner Ausbildung als Jurist an der Kölner Universität wurde er vom Kölner Dompropst zum Offizial bestellt, kam damit in die reformfreudigen humanistischen Kreise der Erasmus-Verehrer, übernahm wenig später das Amt des Großsieglers der Kölner Erzdiözese, wurde Scholastikus an St. Gereon und damit auch der juristische Vertreter des Kölner Sekundarklerus gegenüber der Stadt, er beteiligte sich zudem bedenkenlos an der üblichen Pfründenkumulation der damaligen Zeit. Entscheidend wird seine Entwicklung beeinflusst durch die Teilnahme am Reichstag von Augsburg 1530.

7.2. Der Augsburger Reichstag von 1530 und seine Folgen für Johannes Gropper

Die Erfahrungen und Begegnungen während der Sommerwochen in Augsburg 1530 sollten zur entscheidenden Wendemarke seines Lebens werden. Hier gewann Johannes Gropper Einblicke in die Problematik der theologischen Fragen, an denen die Einheit der Kirche schließlich zerbrach. Hier wurde er mit dem Streit der Meinungen zwischen den Altkirchlichen, Protestanten und den Anhängern des Erasmus konfrontiert. An allem nahm Gropper regen Anteil. Mit besonderer Aufmerksamkeit verfolgte er die Reden derjenigen, die sich im Geiste des Erasmianismus den Ausgleich der Gegensätze anstrebten. Zu ihnen zählte in erster Linie Philipp Melanchthon. Ungemein beeindruckt war Gropper von dessen Friedensbereitschaft, seiner Bibelfestigkeit und der Kenntnis der Theologie der Väter. Freilich ließ der Ausgang der Augsburger Gespräche in Gropper bald den Wunsch und auch den Ehrgeiz hochkommen, der Theologie selbst auf den Grund zu gehen. Er war kein Theologe, sondern Jurist, insofern musste er sich im Selbststudium die Grundlagen erst erarbeiten. In Augsburg war ihm aufgegangen, dass alle Bemühungen um die Einheit im Glauben nicht allein vom diplomatischen Geschick und vom guten Willen abhängen, sondern ebenso auch von der klaren Erkenntnis der Theologie getragen sein müssen.

In den folgenden Jahren nahm sich Gropper ein gründliches Bibel- und Väterstudium vor. Dabei machte er sich sowohl mit den Werken des Erasmus als auch des Philipp Melanchthon vertraut. Melanchthon wird ihm das Anliegen der Reformation erschlossen haben. Für die protestantische Theologie- und Schulbildung ist Melanchthon selbst wegweisend geworden. Seine an Hauptpunkten der christlichen Lehre, das heißt an den Hauptthemen der Bibel, nämlich Sünde, Gesetz, Gnade orientierte Dogmatik, die nichts anderes als Bibelauslegung sein will, bildete den Horizont für Groppers eigene theologische Studien.[422] Im Umfeld der Kölner Provinzialsynode und der in unmittelbarem Zusammenhang damit verfassten Reformstatuten publizierte Gropper auch sein Hauptwerk „Enchiridion christianae institutionis".[423] Sein kurz gefasstes Handbuch wird in den Reformkonstitutionen des Kölner Provinzialkonzils mehrfach angekündigt. Die Geistlichen sollen demnach nicht nur mit praktischen Reformmaßnahmen konfrontiert werden, sie sollen sich auch einem tieferen theologischen Studium widmen, welches erst die Voraussetzungen für die Anwendung der Reformmaßnahmen bildet. So wird das „Enchiridion“ ein Buch der Theologie mit starkem Praxisbezug.

Der Aufbau des „Enchiridion“ orientiert sich an den vier alten katechetischen Hauptstücken, dem Apostolischen Glaubensbekenntnis, den sieben Sakramenten, dem Vater Unser und den Zehn Geboten. Innerhalb dieser Themenkreise nimmt Gropper Fragen auf, über welche die Meinungen der Zeitgenossen auseinander gingen. Hubert Jedin hat die Verbindung der Behandlung kontroverser Lehren mit katechetischen und didaktischen Gesichtspunkten als ein wesentliches Charakteristikum von Groppers „Enchiridion“ gewürdigt.[424] Für das Trienter Konzil ist diese Art der Kontroversliteratur geradezu stilbildend geworden, wenn man sich die entscheidenden Dokumente des Konzils selbst anschaut, die zwischen der positiven Darlegung der Doctrina in katechetischer Absicht und der die kontroverstheologische Auseinandersetzung führenden Canones unterscheiden. Das „Enchiridion“ bezieht sich auf die Heilige Schrift, hier vor allem auf das Corpus Paulinum. Ebenso geht er auf die Vätertheologie ein. Hier ist es vor allem Augustinus, den Gropper in den Mittelpunkt stellt. Von der scholastischen Schultheologie blieb Gropper weithin unberührt. Gropper vermied gegenüber den Reformatoren eine unsachliche Polemik. Insgesamt betrachtet schwankt also das „Enchiridion“ zwischen der katechetisch-seelsorgerlichen Orientierung einerseits und der kontroverstheologischen Auseinandersetzung andererseits.

Das „Enchiridion“ wird auf protestantischer Seite als eine bemerkenswerte Antwort auf Melanchthons „Loci communes“ gesehen. Freilich äußerte sich Melanchthon durchaus auch kritisch zu seinem Werk. Melanchthon sah sehr wohl Groppers Willen zur Reform, aber er hielt es für gefährlich, an den kirchlichen Traditionen festzuhalten. Gegenüber dem Erzbischof machte er deutlich, dass das „Enchiridion“ kein Beitrag zur Eintracht der Kirche sei.[425] Dennoch fand das „Enchiridion“ eine erstaunliche Rezeption in der ersten Hälfte des 16. Jahrhunderts. Noch in den 60-er Jahren des 16. Jahrhunderts zählt es zu den Standardwerken der zeitgenössischen Theologie. Der kirchlichen Lehrtradition verpflichtet, gleichzeitig aufgeschlossen für eine sachgerechte kontroverstheologische Auseinandersetzung, so tritt uns der Gropper des „Enchiridion“ gegenüber. Dabei zeichnet sich das „Enchiridion“ keineswegs durch originäre theologische Gedankenführung aus, sondern es ist eine gelungene Textkompilation aus Gedanken und Abschnitten der von ihm benutzten Autoritäten, die er auswählt und neu kombiniert. Es ist diese originelle Synthese verschiedener theologischer Quellen, die Groppers Werke zu Bestsellern und Standardwerken der theologischen Literatur des 16. Jahrhunderts macht.

7.3. Das Wormser Religionsgespräch von 1540

Nach dem Scheitern seiner Kirchenreform setzte der Kölner Erzbischof Hermann von Wied seine Bemühungen ganz auf die Religionsgespräche. Von ihnen erwartete er einen zwischen den Vertretern beider konfessioneller Lager ausgearbeiteten Kompromiss in der Reformfrage. Hermann von Wied drängte Gropper zu Kontakten mit Martin Bucer. Für Juni 1540 war in Speyer ein Gespräch vorgesehen, das wegen einer Seuche nach Hagenau verlegt werden musste.[426]

Dieses Gespräch muss im Horizont des historischen Gesamtrahmens beurteilt werden. Die evangelische Sache hatte nach dem Augsburger Reichstag von 1530 einen eher unbefriedigenden Lauf genommen. Weitere Neuerungen auf kirchlichem Gebiet waren untersagt, die Ausübung des alten Glaubens sollte nicht behindert werden. Die evangelischen Fürsten und Städte hatten sich daraufhin im Schmalkaldischen Bund organisiert, um dem Kaiser Widerstand zu leisten. Auf der anderen Seite waren die altgläubigen Gebiete politisch wie religiös alles andere als einheitlich organisiert. Die Kirche hatte überall mit Missbräuchen und Fehlentwicklungen zu kämpfen, auch Bischöfe erwarteten den Untergang ihrer Kirche. Unter diesen Umständen boten Verhandlungen auf der kirchlich-theologischen Ebene vielleicht für beide Seiten einen Ausweg aus der Sackgasse. Auch der Kaiser gewann an der Idee eines Religionsgespräches Interesse.[427]

Melanchthon nahm auf evangelischer Seite nicht teil, anwesend waren dagegen Martin Bucer und Wolfgang Capito, Johannes Calvin, Andreas Osiander, Johannes Brenz. Auf katholischer Seite waren Fabri, Cochläus und Eck sowie die Männer des Ausgleichs – Nausea, Pflug und Gropper – vertreten. Der Tag von Hagenau scheiterte. Das Gespräch kam nicht zu Stande. Erst nach einer Verlegung nach Worms konnte es im November desselben Jahres eröffnet werden. Die Aufgabe des Konventes war es, in einem Religionsgespräch zwischen altgläubigen und evangelischen Theologen das Augsburger Bekenntnis zu diskutieren und in den strittigen Punkten für beide Parteien akzeptable Formulierungen vorzuschlagen. Eine kleine Zahl von irenisch gesinnten Vertretern beider Gruppierungen wurde vom kaiserlichen Kanzler Granvella ausgewählt. In einem engeren Gremium, nicht behindert durch Verfahrensfragen oder durch die Öffentlichkeit, so seine Erwartung, konnte man eher Ergebnisse erzielen. Waren auf beiden Seiten zunächst wohl Vorbehalte gegeben, so konnten die Gespräche dennoch bald beginnen. Man erörterte in harmonischer Atmosphäre die Erbsünden – und auch die Rechtfertigungslehre. Als die gewichtigsten Gesprächspartner stellten sich Bucer und Gropper heraus. Sie waren theologisch am besten geschult und beide verband seit einiger Zeit eine gewisse Freundschaft. Dennoch waren die theologischen Positionen der beiden Männer weit voneinander entfernt. Sie hatten jedoch einen gemeinsamen Ausgangspunkt, die Bibel und die Theologie der Väter. Reichte diese Gesprächsgrundlage für das angezielte Ergebnis aus?

Das Wormser Buch enthält in 23 ausführlichen Artikeln eine Erörterung der kontroversen Lehren und Bräuche. Die strittigen Fragen wie Rechtfertigung, Kirche und Sakramente sollten Punkt für Punkt geprüft, eine Lösung der Schwierigkeiten durch eine gemeinsame Festlegung vorbereitet werden; sofern keine Übereinstimmung herbeigeführt werden konnte, sollten die unterschiedlichen Standpunkte und Bräuche als vereinbar dargestellt werden.[428] Für jede einzelne Lehre musste also eine Überbrückung der Gegensätze gefunden werden. Das Ergebnis konnte zufrieden stellen. Das Wormser Buch wurde 1541 dem Reichstag in Regensburg unterbreitet.

Was sich zunächst als eine Sternstunde in der Geschichte der Einigungsversuche ausnahm, nämlich ein Ergebnis in der gewichtigsten Kontroverse zwischen Rom und der Reformation erzielt zu haben, erwies sich bald als gegenstandslos. Auch in der Frage der Rechtfertigung wurde das in Worms erarbeitete und in Regensburg erneuerte Ergebnis nicht akzeptiert. Vor allem in der Frage des Kirchenbegriffs, der Autorität der Schriftauslegung, der Rolle des Lehramtes und der Frage der Unfehlbarkeit der Konzilien gerieten die Gesprächspartner aneinander. Zur Beurteilung der Frage, warum das Wormser Buch nicht angenommen wurde, kann man durch einen Vergleich mit dem Augsburger Bekenntnis von 1530 beitragen. Gegenüber Augsburg 1530 bot das Wormser Buch zunächst den Vorteil eines Neuanfangs. Beide Parteien waren gleichberechtigt an seiner Abfassung beteiligt. Das war in Augsburg nicht gegeben. Die Augsburger Konfession war der Versuch der Neugläubigen, ihre Lehre dem Kaiser zu präsentieren und annehmbar zu machen. Insofern war das Wormser Buch wirklich neu; das Verlockende lag in dem gemeinsamen Willen zur Einigung. Warum ist dieses Gespräch dennoch gescheitert? Warum kam eine Einigung nicht mehr zu Stande?

Eine gewisse Beleuchtung der Fakten lässt sich von Bucers Seite her vornehmen. War Bucer wirklich daran interessiert, zu einer Einigung mit den Altgläubigen zu gelangen? Diese Frage kann man mit M. Greschat nicht mit einem klaren Ja beantworten.[429] Es ging Bucer wohl nicht mehr darum, zu einem Ausgleich der Interessen zu kommen, sondern der Reformation möglichst gute Ausgangsbedingungen für die noch nicht reformierten Gebiete in Deutschland zu legen. Bucer wollte letzten Endes die Reformation der Kirche, Gropper wollte diese nicht. Bucer konnte in Gropper und in den anderen dem Gespräch aufgeschlossenen Theologen der katholischen Seite echte Gesprächspartner sehen, aber die unterschiedlichen Ziele und Interessen waren 1540/41 bereits so weit geprägt, dass auch beim besten Willen eine Einigung nicht mehr erzielt werden konnte. Die Kontrapositionen waren bereits zu scharf hervorgetreten, als dass eine Einigung noch hätte erzielt werden können. Das Ziel, das die jeweils andere Seite mit den Gesprächen erreichen wollte, prägte damit auch die Gesprächsgrundlagen, die erarbeitet wurden, selber. Beide Seiten haben das auch erkannt. Konnte daher das Entgegenkommen Groppers die Protestanten wirklich überzeugen, und umgekehrt, was war vom Entgegenkommen der Protestanten zu sagen? Kann man, wie es gelegentlich heute geschieht, das Wormser Buch als ein Angebot zum ökumenischen Gespräch verstehen? Hier melden sich Zweifel an. Das Wormser Buch ist kaum ein vergessener Torso der Ökumene[430], sondern Ausdruck des Scheiterns der Einigungsbemühungen. Sie konnten deshalb nicht mehr zu einem gemeinsamen Ziel geführt werden, weil die Positionen auf beiden Seiten bereits klar eingenommen worden waren. Letztlich waren die Gespräche daran gescheitert, dass man eine Einigung erzielen wollte, bei der die eine Seite sich schließlich gezwungen sah, die Argumente der anderen Seite zu übernehmen. Eine solche Einigung lief letztlich wohl auf eine Unterwerfung hinaus.

7.4. Die Kölner Reformationswirren und die Antwort Johannes Groppers

Nach dem Scheitern der Religionsgespräche in Worms und Regensburg leitete der Erzbischof von Köln gezielte Maßnahmen zur Einführung der Reformation in Kurköln ein. Von der Mitarbeit Groppers und Bucers erhoffte sich der Erzbischof Vorteile, zumal beide Männer in freundschaftlichem Kontakt zueinander standen. Man traf sich im Februar 1542 zu Beratungen. Bucer drängte auf eine christliche Reformation. Gropper aber bezog, als die Pläne des Erzbischofs im Klerus bekannt wurden, eine klare Gegenposition und rückte von einer gemeinsamen Linie mit Bucer und dem Erzbischof ab. Er stand an der Spitze der Kreise in Köln, welche die Reformation mit allen Mitteln zu verhindern suchten. Es folgten vier dramatische Jahre, in denen die alt- und die neugläubige Partei in einem verbissenen Ringen um die künftige Gestalt der Kölner Kirche alles aufboten. Schriften und Gegenschriften wechselten sich ab. Auf von Bucer und Melanchthon verfasstes „Reformations-Bedencken“ folgte Groppers „Warhafftige Antwort und gegenberichtung“ und darauf wiederum Bucers „Bestendige Verantwortung“. Diese

Polarisierung führte am Ende zum Bruch der Freundschaft zwischen Bucer und Gropper. Alle Bemühungen um Einführung der Reformation scheiterten. Der Erzbischof wurde im Juli 1546 durch Papst Paul III. amtsenthoben. Die Kölner Sache war entschieden. Am 24. Januar 1547 wurde Adolf von Schaumburg, verpflichtet auf einer von Gropper entworfenen Wahlverschreibung, durch kaiserliche Kommissäre zum Kurfürsten eingesetzt. Hermann von Wied resignierte einen Monat später.[431]

Als Dechant in Soest, als Propst am Münster in Bonn entfaltete Gropper darauf rege Tätigkeiten zur Durchsetzung der Religionsbeschlüsse des Augsburger Reichstages von 1548.[432] Alles zielte auf eine Umsetzung der Reform in der Diözese. Gropper entwickelte wiederum eine reiche schriftstellerische Tätigkeit, um die Seelsorger entsprechend zu instruieren. Im Gefolge des neuen Kölner Erzbischofs Adolf von Schaumburg nahm Gropper 1551 am Konzil von Trient teil. Er wurde in das Gremium der Konzilstheologen berufen. Am 25. Oktober 1551 legte Gropper sein Votum über die das Bußsakrament betreffenden Artikel vor. Am 14. Dezember 1551 prüfte Gropper in vier Stunden Redezeit 10 Artikel der Reformatoren über das Messopfer. Er arbeitete an verschiedenen Gutachten über das Weihesakrament und seiner Hinordnung auf die Eucharistie mit. Im April 1552 wurde das Konzil vorübergehend aufgelöst.

Wenige Monate nach seiner Wahl setzte der neue Papst Paul IV. im Dezember 1555 ein deutliches Zeichen seiner Entschlossenheit zur Erneuerung der Kirche. Er berief fähige Persönlichkeiten zu Beratern der Päpstlichen Kurie, darunter auch den Bonner Propst Johannes Gropper. Unter Verweis auf seine Gesundheit, sein hohes Alter und seiner fehlenden Sprachkenntnisse lehnte Gropper seine Ernennung zunächst ab, entschloss sich dann aber doch nach Rom zu reisen. Da selbst geriet Gropper in eine Intrige, man verdächtigte ihn der Häresie und verhörte ihn in der Inquisititionsbehörde. Der ehrgeizige Prälat Zaccaria Delfino trat als Ankläger auf, der Kardinalnepote Carlo Caraffa war Urheber der Intrige. Sie verfehlte freilich ihr Ziel und Gropper ging rehabilitiert aus dem Verfahren hervor. Am 13. März 1559 starb der designierte Kardinal und wurde in der Deutschen Nationalkirche S. Maria dell` Anima in Rom beigesetzt. Der Papst selbst hielt als Zeichen seiner hohen Wertschätzung die Grabrede.[433]

7.5. Zwischen Erneuerung und Annäherung

Wenn wir uns nun zum Schluss der ökumenisch interessanten Frage zuwenden, ob Groppers Beitrag zu den Einigungsversuchen der Jahre 1540/41 ein bedeutsames Licht auf unsere heutige Zeit wirft, so können wir jetzt erkennen, dass Gropper eine klare Linie verfolgte. Auf der Grundlage seiner selbst erworbenen theologischen Kenntnisse, vor allem der Bibel und der Vätertheologie, wollte er angesichts der vorherrschenden kirchlichen Zustände eine echte Reform der Kirche einleiten. Er hatte klar erkannt, dass eine Antwort auf die sich immer mehr durchsetzende Reformation mit dem Ziel der Abtrennung und der Spaltung nur eine Erneuerung der Kirche sein könne. Sein späteres Schicksal, sein „Enchiridion" auf dem Index, er selbst weithin vergessen, stellen seine ureigenste Leistung in den Schatten, ungerechtfertigter Weise.

Das Konzil von Trient ist über Gropper und Groppers Theologie hinausgegangen. Das hat seine historische Berechtigung. Das Konzil von Trient musste in vielen Fragen eine Antwort finden, die es in der Kirche und Theologie der damaligen Zeit nicht gab. Der Schlüssel für diese Antwort war die Abgrenzung gegenüber der reformatorischen Lehre und Theologie. Die Abgrenzung spielte eine so entscheidende Rolle, weil neue verbindliche Formulierungen des katholischen Dogmas erst gewonnen werden mussten. Auf diesen Gesichtspunkt hat Hubert Jedin in seiner großartigen Geschichte des Konzils von Trient immer wieder klar und deutlich hingewiesen.[434] In diese Hermeneutik der Abgrenzung passte Gropper nicht hinein. Er wollte eine klare Position, sie war aber nicht von der Abgrenzung, sondern vom Willen zur Verständigung geleitet. Freilich bezog sich der Wille zur Verständigung nicht darauf, der Reformation selber den Weg zu bereiten. Nein, Gropper wollte die Kirche selbst erneuern, nicht sie verlassen. Es gab für ihn keine Reform außerhalb der Kirche, sondern nur in ihr und nicht gegen sie.

Gropper wollte eine, wie er es selbst nannte, „katholische Reformation". Diese heilsame katholische Reformation vom Haupt bis zu den Füßen, wie er selbst in der „Warhafftigen Antwort" bekannte, konnte freilich in der damaligen historischen Lage zwischen 1530 und 1545 nicht mehr gelingen. Die Positionen lagen schon zu weit auseinander. Zudem überwog das Grundinteresse der Abgrenzung. Was nicht durch den Fokus der Abgrenzung gelesen werden konnte, hatte kein Dasein auf Bestand.

Es konnte zu keiner Verständigung kommen, weil die vorab eingenommenen Positionen bereits zu weit auseinander entwickelt waren. So entstand der Eindruck unbefriedigender Lösungskonzepte, die keine Seite mehr zufrieden stellen konnte. Was ist daran für unsere Zeit bemerkenswert? Das Zweite Vatikanische Konzil hat die hier waltende Dialektik zwischen ökumenischem Verständigungswillen und innerkirchlicher Reform neu gewagt. Die Annäherung der Kirchen untereinander und die Bemühungen um eine Einigung im Verständnis des Glaubens setzen die Selbsterneuerung der Kirche voraus. Das Zweite Vatikanische Konzil hat den Ruf nach einer ständigen Reform der Kirche erneuert. Das Konzil sprach sogar von einer perennis reformatio. Damit erinnert das Konzil an den reformatorischen Grundsatz von der „Ecclesiae semper reformanda".[435] Dieser Erneuerung (Renovatio) kommt besondere ökumenische Bedeutung zu. So wird das Zweite Vatikanische Konzil in die Geschichte der Kirche eingehen als die Kirchenversammlung, die ohne neue Verurteilung ausgekommen ist. Dieses Konzil wollte keine Verdammung, sondern den Willen zur Verständigung mit der Welt, mit den Religionen und den christlichen Konfessionen bekräftigen und zum Ausdruck bringen. Abgrenzungen bleiben sinnvoll zur Differenzierung der theologischen Fragestellungen. Aber sie bilden nicht mehr den hermeneutischen Schlüssel zur Interpretation des Konzils im Ganzen. Wie kaum ein anderer der um Verständigung und Vermittlung bemühten Theologen der Jahre 1530 bis 1555 hat Johannes Gropper diesen Zusammenhang erkannt und für die Kirche und die Theologie seiner Zeit fruchtbar zu machen gesucht. Es bedurfte allerdings mehrerer Jahrhunderte, ehe sich sein theologischer Grundsatz vom inneren Zusammenhang von konfessioneller Verständigung und innerkirchlicher Erneuerung in der Kirche selbst wieder durchsetzen konnte. Insofern erscheint Johannes Gropper heute im Lichte der neu errungenen ökumenischen Verständigungen über zentrale Fragen des christlichen Glaubens als überaus moderner katholischer Theologe.

8. Luther: Implizite Rezeption durch die kirchliche Lehre

8.1. Katholizität und Reform

8.1.1. Die Entdeckung eines katholischen Luther

Für Jahrhunderte war Luther in den Augen von Katholiken Häretiker und Kirchenspalter. Zu keinem Zeitpunkt nach dem Konflikt von 1521 galt er noch als Katholik.[436] Erstmals am Ende des 19. Jahrhunderts begannen katholische Theologen eine vorsichtige Annäherung an die Person Martin Luthers. Durch sorgfältiges historisches Arbeiten konnte sich die katholische Forschung von der jahrhundertelang geübten einseitigen Herangehensweise an Person und Werk Luthers allmählich frei machen.[437] Aus dem Interesse von Katholiken an der Reformationsgeschichte, das in der zweiten Hälfte des 19. Jahrhunderts durch vielfältige Anstrengungen der katholischen Bevölkerung im protestantisch dominierten Deutschen Reich erwacht war, konnten sich katholische Theologen zu einer Grundthese durchringen, nach der Luther in sich einen Katholizismus überwand, der nicht katholisch war.[438] „Luther wurde auf neue Art und Weise als ernster religiöser Mensch und gewissenhafter Mann des Gebets beschrieben."[439] Nachdem Jahrzehnte später Johannes Kardinal Willebrands Martin Luther in gewisser Weise Gerechtigkeit widerfahren ließ, indem er die tiefe Religiösität Luthers würdigte[440], waren es vor allem Papst Johannes Paul II. und dann in jüngster Zeit Papst Benedikt XVI., die das Bild Martin Luthers vervollständigten. Papst Johannes Paul II. hob 1996 den Willen Luthers zur Erneuerung der Kirche hervor[441]; Benedikt XVI. würdigte in Luther die tiefe Leidenschaft und Triebfeder seines ganzen Lebens auf der Suche nach Gott.[442] Es war nicht die Absicht Luthers, die Kirche zu spalten. Taucht hier nicht schon Luthers wahre Katholizität auf?

In einem weiteren Schritt ist es der katholischen Lutherforschung gelungen, durch einen systematischen Vergleich zweier exemplarischer Theologen der beiden Konfessionen, Thomas von Aquin und Martin Luther, analoge theologische Inhalte in unterschiedlichen theologischen Gedankenstrukturen und -systemen, Denkformen genannt, zu entdecken. Beide Theologen sind sehr unterschiedliche Wege im Denken gegangen sind, die sich nicht gegenseitig ausschließen müssen, die sich in manchen Fällen sogar komplementär zueinander verhalten. „Gleichzeitig untersuchte die katholische Forschung die Bedeutung der Rechtfertigungslehre innerhalb des Augsburger Bekenntnisses. Dabei wurden Luthers reformatorische Anliegen in den weiteren Kontext der lutherischen Bekenntnisbildung gestellt. So konnte man erkennen, dass es die Intention des Augsburger Bekenntnisses war, grundlegende reformatorische Anliegen zum Ausdruck zu bringen und die Einheit der Kirche zu bewahren."[443] Anlässlich des 450. Jahrestages der Übergabe des Augsburger Bekenntnisses konnte gemeinsam von lutherischen und katholischen Theologen gezeigt werden, dass die Confessio Augustana nicht das Dokument der Spaltung, nicht das Gründungsdokument einer neuen Kirche ist, sondern Zeichen und Ausdruck für die Wahrung der Einheit in der Kirche.[444] In diesem Sinn ist die Confessio Augustana in Wahrheit ein katholisches Dokument.

Das nach dem ersten Papstbesuch Johannes Pauls II. in Deutschland anfangs der 80er-Jahre begonnene Projekt des Ökumenischen Arbeitskreises evangelischer und katholischer Theologen unter dem Titel „Lehrverurteilungen – kirchentrennend?"[445] hat auf den Spuren der katholischen Lutherforschung dazu beigetragen, die einstmals ausgesprochenen Verurteilungen und Verdammungen, die sich in den Aussagen Luthers und evangelisch-lutherischer Bekenntnisschriften ebenso finden wie in den Entscheidungen des Konzils von Trient, auf ihre historische Tragfähigkeit hin zu überprüfen. So konnte durch mühevolle historisch-kritische Detailarbeit festgestellt werden, dass die wechselseitigen Verurteilungen weithin auf Missverständnissen der Gegenposition, auf einseitigen Auslegungen oder falschen Akzentsetzungen beruhten, so dass diese heute nicht mehr mit kirchentrennender Wirkung einhergehen müssen. Diese hermeneutisch-historisch-kritische Methode konnte zuletzt vom Lutherischen Weltbund wie der Römisch-katholischen Kirche in ihrer gemeinsamen „Erklärung zur Rechtfertigungslehre“ von 1999 angewandt werden, mit dem Ergebnis, dass zwischen Lutheranern und Katholiken ein Konsens in den grundlegenden Wahrheiten der Rechtfertigungslehre festgestellt werden konnte.[446] In der für die Reformatoren so zentralen Frage nach der Rechtfertigung ist der Grund zur gegenseitigen Verurteilung entfallen.

Die katholische Lutherforschung hat den Weg für eine sachgemäße Auseinandersetzung mit der Person und der Theologie Martin Luthers geebnet. Vor uns taucht der tief im Denken der mittelalterlichen Theologie und des Mönchtums eingebettete Theologe und Professor auf, der sich in seiner theologischen Arbeit auf die Auslegung der biblischen Schriften konzentrierte, dabei die Kirchenväter von Augustinus bis hin zu Bernhard von Clairvaux schätzte und berücksichtigte, gegenüber der scholastischen Theologie und der vor allem durch scholastische Theologen rezipierten Philosophie des Aristoteles eine kritische Haltung einnahm und so eine neue Art der Frömmigkeitstheologie vorantrieb, die vorrangig für Laien gedacht war.[447] In der Reflexion auf Luthers Lebensleistung hielt Melanchthon im Todesjahr Martin Luthers fest, dass dieser im „Ringen um Frömmigkeit“ das Denken der Menschen zu Christus zurückrief. Ansonsten ließ Luther, der Diktion Melanchthons zufolge, das apostolische, nizänische und athanasianische Glaubensbekenntnis völlig unangetastet.[448] Ist damit nun endgültig erwiesen, dass Luther katholisch war, dass er katholisch geblieben ist? Hat sich Luther aber nicht doch im Lauf der Zeit ganz von seiner Katholizität gelöst? Ist der Reformator nicht eher evangelisch, am Ende gar Protestant? In welchem Verhältnis also stehen Katholizität und Reformation zueinander? Schließen sich beide nicht kategorisch aus?

8.1.2. Die Katholizität der Kirche in der Spaltung der abendländischen Kirche

Wenden wir uns zunächst der Frage nach der Katholizität zu.[449] Der Begriff der Katholizität taucht in der Bibel nicht auf. Im

Profangriechischen heißt katholisch zweierlei: sich auf ein Ganzes beziehend, ein Ganzes umfassend und vollkommen, integral, in Fülle bestehend[450]. Ignatius von Antiochien bezieht das Wort katholisch erstmals auf die Kirche; sie ist da, wo Jesus Christus ist, so wie dort die Gemeinde ist, wo der Bischof ist.[451] Die Parallelität von Christus/Kirche und von Bischof/lokaler Kirche nimmt damit die beiden Aspekte der Totalität und der Authentizität auf.[452] Eine Idee der Katholizität scheint damit schon in der Antike auf, geht aber über diese beiden Aspekte nicht prinzipiell hinaus. Die Vorstellung von der geographischen Universalität wächst allmählich hinzu. Im Laufe des vierten Jahrhunderts wird der formelhafte Ausdruck von der einen, heiligen, katholischen und apostolischen Kirche allmählich in die Symbola aufgenommen. Im Mittelalter fügt sich, von der Trinitätslehre herkommend, die Idee der in Christus vorhandenen Fülle ein. Der Begriff der Katholizität spielt dann erst in der neueren Kirchengeschichte eine herausragende Rolle. Nach der Zeit der Reformation wird die Wesenseigenschaft der Katholizität schließlich in der virulenter werdenden apologetischen Ekklesiologie ausgeprägt. Die Frage nach der wahren Kirche wird zum Ausgangspunkt der demonstratio catholica. Die wahre Kirche ist die unter Papst und Bischöfen im katholischen Glauben festgefügte und in den Sakramenten lebendige Gemeinschaft der Menschen, wie dies Robert Kardinal Bellarmin in seiner kontroverstheologischen Diktion bis in unsere Zeit hinein festgeschrieben hat. Ein qualitatives Verständnis von Katholizität wird dann erst wieder im 20. Jahrhundert wirksam. Zum Verständnis der Katholizität wird der Begriff der Fülle herangezogen. Diesen Begriff findet man im Corpus Paulinum. Hier erscheint die Kirche unter dem Pleroma Christi.[453] Gemeint ist damit die von Christus ausgehende Fülle der göttlichen Gnade, die sich auf die Kirche ausdehnt. In der Kirche Christi ist die ganze Fülle der Heilsmittel versammelt. Die Enzyklika „Mystici Corporis“ spitzt diese biblischen Aussagen ekklesiologisch zu, die Mitteilung der Gnadengaben durch den Heiligen Geist an die Kirche bewirken das Pleroma und die Integrität der Kirche selbst. Die Kirche wird gleichsam zur Fülle und zur Ergänzung des Erlösers.[454]

Das Zweite Vatikanische Konzil nimmt genau diese Vorstellung von der Katholizität in den Blick. Christus erfüllt die Kirche mit seinen göttlichen Gaben, damit sie sich ausweite und zur ganzen Fülle Gottes gelange.[455] Eingespannt erscheint die Kirche hier zwischen ihrem Grund in Christus und der in Gott vollendeten eschatologischen Fülle. Die Kirche ist darin Instrument und Zeichen der göttlichen Heilsmitteilung.[456] Der katholischen Kirche Christi ist die Fülle der Heilsmittel anvertraut (concredita est).[457] Worin besteht also die wahre Katholizität der Kirche? In der Fülle der ihr anvertrauten Heilsmittel, sagt das Konzil. In der integralen Bewahrung der Heilsmittel vollzieht sich die Sendung der Kirche. Die Katholizität der Kirche zeigt sich in der Verkündigung des Evangeliums, und das heißt: sie ist eben keine Eigenschaft, über die die Kirche verfügt, keine Eigenschaft, die sie auszeichnet, sondern ein Gut, das ihr von Christus im Heiligen Geist zur Bewahrung und zur Mehrung anvertraut wurde. Die Kirche besitzt diese Heilsmittel nicht, weil es ihre eigenen sind, sondern sie besitzt sie, weil sie ihr von Christus im Heiligen Geist zur Mehrung anvertraut wurden. In der Sendung der Heilsverkündigung liegt die Aufgabe, „die Fülle der Katholizität unter jedem Aspekt in der Wirklichkeit des Lebens auszuprägen“[458]. Zugleich kommt hiermit auch die ökumenische Problematik in den Blick. Die Spaltungen sind nämlich ein Hindernis für die Kirche, die ihr von Christus anvertraute Fülle der Katholizität in den Gläubigen wirksam werden zu lassen und, so muss man ergänzen, voll auszuprägen. Die Spaltungen legen einen Schatten auf die Fülle, ja sie verdunkeln das Kreuz Christi. Die Kirche kann die ihr von Christus anvertraute Sendung nicht voll erfüllen, gerade weil es Spaltungen unter den Christen gibt. Und dazu gehört auch die Aussage des Konzils, dass die von Rom getrennten Kirchen und Gemeinschaften Mittel des Heils sind.[459] Auch in ihnen findet Heilsvermittlung statt, auch in ihnen sind Elemente und Güter des Heils gegenwärtig, von Christus anvertraut. In der Suche nach der Einheit unter den Christen muss die wahre Katholizität zum Ausdruck kommen. Die wahre Katholizität der Kirche vollzieht sich gerade in ihrer Ökumenizität. Noch einmal zugespitzt gesagt: Die katholische Kirche kann die ihr anvertraute Katholizität nur verwirklichen und ausprägen, wenn sie die von ihr getrennten Kirchen und Gemeinschaften mit auf diesen Weg der Katholizität mitnimmt und sie zugleich darin anerkennt. Denn durch die ökumenischen Klärungen ist es notwendig geworden, die Frage nach der Katholizität nicht auf die römisch-katholische Kirche in ihrer sichtbaren Gestalt allein zu beschränken. Katholizität erweist sich in dieser Bestimmung als dynamisch und offen. Offen auch für einen Begriff der Reform oder der Reformation?

8.1.3. Die Rehabilitierung des Reformbegriffs durch das Zweite Vaticanum

Nach Jahrhunderten der polemischen Beschäftigung mit Leben und Werk Martin Luthers konnte das Lutherbild in der katholischen Theologie nachhaltig korrigiert werden.[460] In Abwendung von einem einseitig verstandenen Begriff der Gegenreformation hat Hubert Jedin den Begriff der katholischen Reform als Hinweis auf die Erneuerungsbemühungen der katholischen Kirche im Zeitalter der Konfessionsbildung und der Konfessionalisierung geprägt.[461] In diesem historischen Zusammenhang erscheint Luther durchaus glaubwürdig als Reformkatholik. Damit suchte man die legitime Reform von einer illegitimen Reformation als Bruch mit der Tradition der Kirche zu unterscheiden.[462] Der Reformator als Reformkatholik? Wie weit kommen wir mit diesen Begriffen und Vorstellungen?

Während das Konzil von Trient mit dem Reformbegriff noch sehr vorsichtig umging, ohne ihn auszublenden, finden wir in Texten des Zweiten Vaticanums eine deutliche Rehabilitierung des Reformbegriffs. Hier sind zwei Aussagen von Bedeutung. Um ihrer eigenen Berufung treu zu bleiben, bedarf die Kirche der Erneuerung. In diesem Sinne ist die Kirche zu einer dauernden Reformatio gerufen, soweit sie eine menschliche und irdische Einrichtung ist. Das Zweite Vaticanum verhilft damit dem alten katholischen Grundsatz von der perennis reformatio zu einer neuen Blüte. Damit kommen diese Erkenntnisse dem reformatorischen Grundsatz von der Ecclesia semper reformanda ziemlich nahe. Freilich darf man die signifikanten Unterschiede nicht ausblenden. Diese dürften sicher darin liegen, dass der katholische Grundsatz von der dauernden Reform die Tatsache des Bruches mit der kirchlichen Tradition zu umgehen sucht. Die jüngsten Auseinandersetzungen um einen legitimen Reformbegriff in der katholischen Kirche haben jedenfalls gezeigt, dass bei der Bestimmung des Reformbegriffs das Zusammenspiel von Kontinuität und Diskontinuität in der Rezeption der kirchlichen Tradition nicht vermieden werden kann.[463] Insoweit beherbergt der Reformbegriff immer auch einen gewissen Umgang mit Diskontinuitäten in den vielfältigen kirchlichen Traditionen. So betrachtet bleibt der positiv bestimmte Reformbegriff auf ein Verständnis der Reformation immer bezogen, auch wenn er sich von ihm unterscheidet, ohne ihn ganz auszuscheiden. Somit stellt sich heute die Aufgabe, Katholizität und Reform in einem dynamischen Zusammenhang ausloten, nicht aber, sie gegeneinander auszuspielen. Freilich können Diskontinuitäten in der Rezeption der Geschichte nie ausgeschlossen werden. Katholizität schließt demnach immer einen offenen Reformbegriff mit ein. Damit ist klar geworden, dass der so bestimmte Begriff der Katholizität den Begriff der Reform oder gar der Reformation nicht prinzipiell ausschließt.

8.2. Luthers Katholizität, die sich in seinen Reformanliegen zeigt

Wer Luthers Katholizität begreifen will, muss sich intensiver mit seinen Reformanliegen beschäftigen.[464] Im Besonderen geht es darum, die Eigenart und die Argumentationsweise seiner Theologie zu erkennen. Der Blick fällt zunächst auf die Argumentation Luthers: Worauf richtet er seine Kritik? Woran übt er Kritik? Welche Argumente benutzt er dabei? Wie sieht sein theologisches Anliegen aus? Erst wenn wir erkennen, was Luther kritisiert, verstehen wir auch seine Argumente und die seiner Gegner, insbesondere die Argumentation des Konzils von Trient. Indem wir beides aufeinander beziehen, wird der Gegenstand der Kontroverse klarer. In der Beschreibung der Argumente werden dann in einem zweiten Schritt die jeweiligen Anliegen deutlicher. Indem die Anliegen mit den Argumenten der je anderen Seite verglichen werden, wird sich herausstellen, ob die Anliegen einer Sache treffend mit der Argumentationsweise des Gegners verbunden sind oder nicht. Der ökumenische Dialog hat in der Gegenüberstellung und Bezugnahme von Argumenten und Argumentationsweisen herausarbeiten können, dass die unterschiedlichen Denkweisen und Denkformen nicht übereinstimmen, was in der Vergangenheit oft zu Missverständnissen und nicht selten zu gegenseitigen Verurteilungen geführt hat. So lässt sich heute deutlicher erkennen, dass Kardinal Cajetan nach dem Studium der Schriften Luthers zu dem Schluss kam, dass Luthers Verständnis der Glaubensgewissheit die Gründung einer neuen Kirche impliziere.[465] Dieses Urteil ist aber nur innerhalb seines eigenen theologischen Systems schlüssig. Verlässt man dieses und wendet sich der Denkweise Luthers zu, verändern sich Anliegen und Intentionen in einem signifikanten Maße. Lassen sich diese in der unterschiedlichen Zuordnung von Anliegen und Aussagen wurzelnden Missverständnisse ausräumen? Indem man Luther selbst in seinem historischen und denkformabhängigen Zusammenhang darstellt und dann, in einem zweiten Schritt, zeigt, wie man ökumenisch mit diesen Themen umgegangen ist, wird das Proprium der Theologie Martin Luthers klarer erkennbar. Zugleich kann erörtert werden, ob und wie es sich ökumenisch rezipieren lässt. Dabei kann man sich der inzwischen gewonnenen Erkenntnisse in der Lutherforschung bedienen. So zeigt sich schließlich, wo und wie sich Konvergenzen oder sogar Konsense eröffnen, die den Weg zur Überwindung der Kontroversen ermöglichen. Das kann hier nur exemplarisch an den vier genannten Beispielen exerziert werden. Dabei kann nicht die ganze Tiefe der einzelnen Fragestellungen ausgelotet werden. Entsprechend der hier verfolgten Leitlinie werden die Ausgangspunkte der Kontroverse bestimmt, um von dorther die inzwischen erfolgten Verständigungen auszuloten und darzustellen.

8.2.1. Zur Frage der Rechtfertigung

Der Streit um die Theologie Martin Luthers konzentrierte sich sehr früh auf das Verständnis der Rechtfertigung. Er nahm seinen Ausgangspunkt bei einer neuen Besinnung Luthers über das Bußsakrament.[466] Das ist Thema der 95 Thesen über die Wirkung des Ablasses und zahlreichen zur selben Zeit verfassten Schriften.[467] Luthers Widerspruch zielte nicht auf die Abschaffung des Bußsakraments.[468] Seine zentrale Frage war vielmehr: Wie erlange ich die Vergebung der Sünden? Der Theologie seiner Zeit hat Luther entnehmen können, dass Gott dem Menschen seine Sünde vergibt, wenn dieser nur in einem aufrichtigen Akt der Liebe seine Sünden bereut. Es ist die Aufgabe des Priesters, die durch die vollständige Reue bereits erfolgte Sündenvergebung durch die Absolution anzuzeigen und zu erklären. Die Vergebung der Sünden ist die Wirkung der Reue.[469] Dahinter lässt sich die nominalistische Theorie ausmachen, dass Gott dem, der tut, was in seinen Möglichkeiten steckt, die Gnade nicht verweigert.[470] Danach erscheint die Rechtfertigung des Sünders als Folge der in der Sündenvergabe bereits vollzogenen, allerdings von Gott geschenkten Reue des Menschen. Luther begann in seiner intensiven Auseinandersetzung mit der spätmittelalterlichen Bußlehre zu begreifen, dass die Reue umgekehrt auf einer Zusage Gottes beruht, die der Mensch im Glauben annimmt und ergreift. Staupitz hat mit dieser Lehre angefangen, versichert Luther; wesentliche Impulse erhält er durch Bernhard von Clairvaux von Augustinus.[471] Der Glaube ist die allein angemessene Antwort auf die im Wort erfolgte Zusage Gottes. Rechtfertigung des Menschen geschieht allein aus Gnade im Glauben an die Heilstat Jesu Christi.

Zwar gab es auch noch „im 16. Jahrhundert eine beachtliche Konvergenz zwischen den lutherischen und katholischen Auffassungen hinsichtlich der Notwendigkeit von Gottes Gnade und der Unfähigkeit, das Heil aus eigenen Kräften zu erlangen“[472]. Allerdings fanden katholische Theologen Luthers Auffassungen beunruhigend. „Einiges an Luthers Sprache weckte in ihnen die Sorge, dass er die personale Verantwortung des Menschen für seine Handlungen leugnete. Das erklärt, warum das

Konzil von Trient die Verantwortung der menschlichen Person und ihre Fähigkeit zum Mitwirken mit der göttlichen Gnade betonte. Katholiken unterstrichen, dass der Gerechtfertigte in die Entfaltung der Gnade in seinem Leben mit einbezogen werden sollte. Darum tragen menschliche Anstrengungen im Gerechtfertigten zu einem intensiveren Wachstum in der Gnade und in der Gemeinschaft mit Gott bei."[473] Das Konzil von Trient stellte einerseits klar heraus, dass der Mensch nicht durch seine Werke oder Kräfte seiner Natur ohne die göttliche Gnade gerechtfertigt werden könne.[474] Die einzige Ursache unserer Rechtfertigung ist die Gerechtigkeit Gottes, durch die er uns gerecht macht.[475] Mit dieser Formel hat das Konzil von Trient implizit auf Luthers theologischen Reformvorschlag reagiert; bis in den Wortlaut hinein ist die Diktion Luthers zu hören.[476] Andererseits betont das Konzil, obwohl weder Glaube noch Werke die Gnade der Rechtfertigung verdienen könnten, dass der Mensch durch freien Willen und Zustimmung mitwirke, um sich auf den Empfang der Rechtfertigungsgnade vorzubereiten und die Gnade durch gute Werke zu mehren.[477] Zusammen mit der Vergebung der Sünden erhält der Mensch die durch die Gnade eingegossenen Tugenden: Glaube, Liebe und Hoffnung.[478]

Der Streit über diese Fragen eskalierte endgültig, als Luther und die anderen Reformatoren die Lehre von der Rechtfertigung des Sünders als den „ersten und Hauptartikel"[479] und „Lenker und Richter über alle Teile der christlichen Lehre"[480] zu lehren begannen. „Das ist der Grund, warum die Trennung in dieser Frage so einschneidend war und warum die Arbeit an ihrer Überwindung ein Gegenstand von höchster Priorität für die katholisch-lutherischen Beziehungen war."[481] Nachdem in der zweiten Hälfte des 20. Jahrhunderts diese Kontroverse Gegenstand umfangreicher Untersuchungen durch einzelne Theologen und zahlreiche nationale oder internationale lutherisch-katholische Dialoge wurde, konnten die Ergebnisse dieser Untersuchungen und Dialoge schließlich in der „Gemeinsamen Erklärung zur Rechtfertigungslehre" von 1999 offiziell durch die Römisch-katholische Kirche und den Lutherischen Weltbund rezipiert werden.[482] Der darin erzielte Konsens in Grundwahrheiten der Rechtfertigungslehre besagt: „Allein aus Gnade im

Glauben an die Heilstat Christi, nicht auf Grund unseres Verdienstes werden wir von Gott angenommen und empfangen den Heiligen Geist, der unsere Herzen erneuert und uns befähigt und aufruft zu guten Werken“[483]. Der Ausdruck „allein aus Gnade“ wird so erklärt: „die Botschaft von der Rechtfertigung ... sagt uns, dass wir Sünder unser neues Leben allein der vergebenden und neuschaffenden Barmherzigkeit Gottes verdanken, die wir uns nur schenken lassen und im Glauben empfangen, aber nie – in welcher Form auch immer – verdienen können“[484]. Nur in diesem Rahmen können dann die Grenzen und die Würde der menschlichen Freiheit bestimmt werden. Der Ausdruck „allein aus Gnade“ wird mit Bezug auf die Bewegung des Menschen zum Heil so ausgelegt, „dass der Mensch im Blick auf sein Heil völlig auf die rettende Gnade Gottes angewiesen ist. Die Freiheit, die er gegenüber den Menschen und Dingen der Welt besitzt, ist keine Freiheit auf sein Heil hin“[485]. Im Blick auf das Heil des Menschen ist das Grund-Folge-Verhältnis von Gerechtigkeit und Gnade Gottes, Rechtfertigung und Heiligung des Menschen also klar festgelegt. Nur in dieser von Gott gesetzten Ordnung können dann die Freiheit und das Mitwirken des Menschen angemessen bestimmt werden. Der so festgehaltene Grundkonsens umfasst das Urteil, dass die einstmals ausgesprochenen Verurteilungen nicht mehr die Lehre der je anderen Konfession treffen. Es ist ein Konsens in Grundwahrheiten, der die unterschiedlichen Anliegen und Schwerpunktsetzungen trägt.

8.2.2. Zur Frage der Eucharistie

In der spätmittelalterlichen Theologie hatte sich allgemein die Überzeugung durchgesetzt, dass die Realpräsenz Christi unabdingbar an die vom Vierten Laterankonzil festgeschriebene Transsubstantiationslehre gebunden sei, freilich konzentrierten sich die Theologen in der Folgezeit auf die Erklärung dieser Lehre[486], in der man keine letzte Übereinstimmung fand. Auch Luther hielt an der Realpräsenz von Leib und Blut Jesu Christi im Sakrament fest[487]. Sein Widerspruch bezog sich nicht auf die

Leugnung der Realpräsenz. Er hielt vielmehr fest: Es ist Christus, der sich in seinem Leib und seinem Blut den Kommunikanten gibt. Luther hatte allerdings Fragen zur Art und Weise, wie die kirchliche Lehre das Geheimnis der Gegenwart Christi zum Ausdruck brachte.[488] Dabei teilte er die Skepsis vieler Theologen, ob die philosophische Deutung nur mit Hilfe der aristotelischen Unterscheidung von Substanz und Akzidenz geleistet werden könne. Seine Zurückweisung der Idee der Transsubstantiation deuteten katholische Theologen so, als wolle Luther die Realpräsenz aufgeben. Aber auch das Konzil von Trient unterschied zwischen der Überzeugung von der Wandlung der Elemente und ihrer begrifflichen Erfassung und erklärte: „Diese Wandlung [conversio] wurde von der heiligen katholischen Kirche treffend und im eigentlichen Sinne Wesensverwandlung [transsubstantiatio] genannt."[489] Nach klarer fasst das Konzil dies im Can. 2 des Dekretes über das Sakrament der Eucharistie auf: Die katholische Kirche nennt „diese Wandlung sehr treffend Wesensverwandlung"[490]. In katholischer Sicht schien die reale Gegenwart Jesu Christi in den Gestalten von Brot und Wein und die Gegenwart der ganzen Wirklichkeit Jesu Christi in jeder der Gestalten durch das begriffliche Konzept der Transsubstantiation gewährleistet zu sein. Freilich war man sich auf kirchlicher Seite nicht der Schwierigkeiten bewusst, die dieses Konzept mit sich führte. Gerade in der Opferfrage kam es zu einer klaren gegenseitigen Verurteilung. Luther stellte fest, dass angesichts der Opferfrage keine Annäherung mehr möglich sei.

Nach Jahrhunderten kontroverstheologischer Auseinandersetzungen und inzwischen erfolgter Klärungen hat sich die Überzeugung durchgesetzt: „Im Sakrament des Abendmahls ist Jesus Christus, wahrer Gott und wahrer Mensch, voll und ganz mit seinem Leib und seinem Blut unter dem Zeichen von Brot und Wein gegenwärtig."[491] Diese gemeinsame Feststellung macht sich die Einsicht zueigen, dass man die Wesensverwandlung auch ohne die Übernahme der Begriffssprache der Transsubstantiation festhalten kann. „Gegenwärtig wird der erhöhte Herr im Abendmahl in seinem dahingegebenen Leib und Blut mit Gottheit und Menschheit durch das Verheißungswort in den Mahlgaben von Brot und Wein in der Kraft des Heiligen Geistes zum Empfang durch die Gemeinde."[492] Heute können Lutheraner und Katholiken das Geheimnis der Gegenwart Jesu Christi gemeinsam hervorheben, wenn sie dies auch auf unterschiedliche Weise tun.

Ähnlich verhielt es sich mit der Frage nach dem Opfercharakter der Eucharistie. Luthers Widerspruch bezog sich nicht auf die Frage, ob die Eucharistie als Opfer verstanden werden konnte, sondern wie die kirchliche Lehre dieses Geheimnis zu verstehen lehrte. Im späten Mittelalter war das eine und ein für allemal genügsame Opfer Christi nicht mehr voll verstanden worden; viele Theologen sahen in der Messe ein weiteres Opfer, das zu dem einen Opfer Christi hinzukam: „Entsprechend einer von Duns Scotus stammenden Theorie erwartete man von einer Vervielfältigung der Messen eine Vervielfältigung der Gnade, die dann einzelnen Personen zugewandt werden könnte. Das ist der Grund, warum zur Zeit Luthers zum Beispiel in der Schlosskirche von Wittenberg jährlich Tausende von Privatmessen gefeiert wurden."[493] Auch hier suchte Luther eine theologische Lösung. Um der Annahme zu entgehen, dass das Opfer ein gutes Werk der Menschen ist, band Luther den Opfergedanken an die Idee vom Gedächtnis. Es ist Christus selbst, der sich denen gibt, die ihn empfangen. Das Geschenk Christi selbst kann nur im Glauben empfangen werden, war seine Grundüberzeugung. Daher konnte Luther am Opfercharakter der Eucharistie festhalten, wenn er es als Dankopfer verstand. Auch das Konzil von Trient benutzte den Leitbegriff des Gedächtnisses und verstand das eine Opfer Jesu Christi, das in der Feier der Eucharistie als wahres und wirkliches Opfer den Gläubigen vergegenwärtigt, zugewandt und dargereicht wird. Dem lutherisch-katholischen Dialog ist es gelungen, diesen Widerspruch weithin zu lösen. „Gemeinsam bekennen katholische und lutherische Christen, dass Jesus Christus im Herrenmahl ‚als der Gekreuzigte gegenwärtig ist, der für unsere Sünden gestorben und für unsere Rechtfertigung wieder auferstanden ist, als das Opfer, das ein für allemal für die Sünden der Welt dargebracht wurde'. Dieses Opfer kann weder fortgesetzt noch wiederholt, noch ersetzt, noch ergänzt werden; wohl aber kann und soll es je neu in der Mitte der Gemeinde wirksam werden.

Über Art und Maß dieser Wirkung gibt es unter uns unterschiedliche Deutungen."[494] Der entscheidende Fortschritt liegt in der Überwindung der Trennung von Opfer und Sakrament: Das eine Geschehen des Selbstopfers Jesu Christi ist auf sakramentale Weise gegenwärtig, im Vollzug der Eucharistie wird das Kreuzesgeschehen gegenwärtig in Brot und Wein, der Gegenwartsweise seines Leibes und seines Blutes in der Mahlfeier selbst. Gedächtnis und Gegenwart sind nicht zwei voneinander getrennte Weisen seiner Realpräsenz, sondern zwei miteinander verbundene Seiten ein und desselben Geschehens. Wenn das klar geworden ist, dann liegt die Überwindung der Kontroverse darin, unterschiedliche Denkformen miteinander zu verbinden, indem man die Grundüberzeugung von der heilbringenden Gegenwart Christi teilt.

8.2.3. Zur Frage des Amtes

Luthers Widerspruch gegen das Verständnis des Amtes in der spätmittelalterlichen Kirche bezog sich nicht vorrangig auf die Leugnung des geweihten Priestertums, sondern auf eine im Mittelalter populäre Deutung, die einen wirklichen Unterschied, ja einen Dissens zwischen Amt und Christsein behauptete: „Luthers theologische Vorstellung vom Christen als Priester widersprach der Ordnung der Gesellschaft, die sich im Mittelalter weit verbreitet hatte. Nach Gratian gab es zwei Arten von Christen, Kleriker und Laien.[495] Mit seiner Lehre vom allgemeinen Priestertum wollte Luther dieser Unterscheidung die Grundlage wegnehmen. Was ein Christ als Priester ist, ergibt sich aus der Teilhabe am Priestertum Christi: Er oder sie bringt die Anliegen der Menschen im Gebet vor Gott und die Anliegen Gottes zu den Menschen durch die Weitergabe des Evangeliums."[496] Die Kritik Luthers richtete sich auf den bei dieser Vorstellung vorherrschenden Unterschied im Gnadenstand von Priester und Christ. Alle Christen sind wahrhaft geistlichen Standes. Das ordinationsgebundene Amt verstand Luther als öffentlichen Dienst für die ganze Kirche. „Pfarrer sind ministri (Diener). Dieses Amt steht nicht in Konkurrenz zum allgemeinen Priestertum aller Getauften; es dient ihm vielmehr, damit alle Christenmenschen einander Priester sein können."[497] Luther hat in seiner Schrift an die Böhmen die Frage erörtert, ob eine Einsetzung eines Pfarrers in das geistliche Amt auch ohne den Akt eines Bischofs möglich ist, also in einer Notsituation auch eine Gemeinde aus ihrer Versammlung heraus geeignete Personen zum Pfarramt empfehlen und bestätigen kann. Dabei hat Luther selbstverständlich vorausgesetzt, dass das ordinationsgebundene Amt für die Kirche notwendig sei.[498] Melanchthon hat noch nach dem Tode Luthers an der Überzeugung festgehalten, dass die Ordination Sakrament genannt werden könne.[499]

Während das Konzil von Trient von einem heiligen (sacerdotii ministerium)[500], einem sichtbaren und äußeren Priestertum[501] sprach, ist es erst dem Zweiten Vatikanischen Konzil gelungen, diesen Widerspruch weithin aufzulösen: „Das gemeinsame Priestertum der Gläubigen aber und das Priestertum des Dienstes, das heißt das hierarchische Priestertum, unterscheiden sich zwar dem Wesen und nicht bloß dem Grade nach. Dennoch sind sie einander zugeordnet: das eine wie das andere nämlich nimmt je auf besondere Weise am Priestertum Christi teil."[502] Der lutherisch-katholische Dialog hat diese Lösung des Konzils voll anerkannt und aufgenommen. Gemeinsam ist man der Überzeugung, dass das ordinationsgebundene Amt göttlichen Ursprungs ist.[503] „Ordinierte Amtsträger haben eine besondere Aufgabe innerhalb der Sendung der ganzen Kirche."[504] Das Amt ist Dienst am Wort Gottes, der Verkündigung des Evangeliums. Es schließt die Verwaltung, die Spendung der Sakramente ein. Freilich sind in der Amtsthematik noch viele Fragen ungeklärt. Das betrifft das dreigestufte Amt, die Ordination als sakramentale Weihehandlung, das Bischofsamt insbesondere, das universale Dienstamt und auch die Frage nach dem Priestertum der Frau.

8.2.4. Zur Frage von Schrift und Tradition

Luthers Auffassung über die Stellung der Heiligen Schrift in der Lehre der Kirche entwickelte sich aus seiner Auseinandersetzung mit der Lehre vom Ablass und der Buße. Seine frühen Gegner Johannes Eck und Silvester Prierias legten Luthers Verständnis von der Heiligen Schrift als Widerspruch zur Autorität von Lehramt und Kirche aus. Luther betonte jedoch die „alleinige" Autorität der Heiligen Schrift nicht gegen die Autorität der Kirche, sondern im Zusammenhang mit ihr. „Luther selbst hat den Ausdruck ‚allein die Schrift' (sola scriptura) selten gebraucht. Sein Hauptanliegen war, dass nichts eine höhere Autorität beanspruchen kann als die Schrift. Er wandte sich mit größter Schärfe gegen jeden und jedes, das die Aussagen der Schrift veränderte oder verdrängte. Aber obgleich er die Autorität der Schrift allein betonte, las er die Schrift nicht allein, sondern mit Bezug auf bestimmte Kontexte und in Bezug auf das christologische und trinitarische Bekenntnis der frühen Kirche, das für ihn die Absicht und Meinung der Schrift zum Ausdruck brachte. Er hörte nicht auf, die Schrift durch den Kleinen und Großen Katechismus zu lernen, die er als kurze Summarien der Schrift verstand. Er vollzog seine Auslegung mit Bezug auf die Kirchenväter, vor allem Augustin; er machte intensiven Gebrauch von früheren Auslegungen, und er benutzte alle verfügbaren Hilfsmittel der humanistischen Philologie. Er vollzog seine Auslegung der Schrift in direkter Auseinandersetzung mit den theologischen Konzeptionen seiner Zeit und denen früherer Generationen. Seine Leseweise der Bibel war erfahrungsgestützt, und er praktizierte sie konsequent in der Gemeinschaft der Glaubenden."[505]

Das Konzil von Trient entschied in dieser Debatte um Schrift und Tradition, dass die Verkündigung des Evangeliums die „Quelle aller heilsamen Wahrheit"[506] ist. Diese Wahrheit ist in geschriebenen Büchern und in ungeschriebenen Überlieferungen enthalten. „In einer Zeit, in der neue Fragen der Unterscheidung von Traditionen und der Autorität, die die Schrift interpretieren kann, aufkamen, versuchten das Konzil von Trient wie auch Theologen in jener Zeit, eine ausgewogene Antwort zu geben. ... Trient hielt die Schrift und ungeschriebene apostolische Traditionen für zwei Mittel, um das Evangelium weiterzugeben. Das erfordert, dass man apostolische Traditionen von kirchlichen Traditionen, die wertvoll, aber zweitrangig und veränderbar sind, unterscheidet. Katholiken waren auch besorgt über die mögliche Gefahr, dass aus privaten Auslegungen der Schrift lehrmäßige Schlüsse gezogen würden. In diesem Licht betonte das Konzil von Trient, dass die Auslegung der Schrift von der Lehrautorität in der Kirche geleitet werden sollte."[507] Das Zweite Vatikanische Konzil hat dann weiterhin geklärt, dass die Heilige Schrift Gottes Rede ist, während die Tradition das Wort Gottes an die Nachfolger der Apostel weitergibt, damit sie es in der Verkündigung bewahren, ausbreiten und erklären.[508] Im Dialog konnte dann weiter geklärt werden, dass Schrift und Tradition nicht in gleicher Weise Quellen der Offenbarung sind, beide wohl aus dem Wort Gottes hervorgehen, aber das kirchliche Lehramt steht nicht über dem Wort Gottes, sondern dient ihm. „Die Schrift hat sich selbst in der Tradition gegenwärtig gemacht, die deshalb eine wesentliche hermeneutische Rolle zu spielen vermag. Das Zweite Vatikanische Konzil sagt nicht, dass die Tradition neue Wahrheiten über die Schrift hinaus hervorruft, aber dass sie Gewissheit über die von der Schrift beglaubigte Wahrheit vermittelt."[509] Gemeinsam können Lutheraner und Katholiken festhalten: „Deshalb befinden sich Lutheraner und Katholiken mit Blick auf Schrift und Tradition in einer so weitgehenden Übereinstimmung, dass ihre unterschiedlichen Akzentsetzungen nicht aus sich selbst heraus die gegenwärtige Trennung der Kirchen rechtfertigen. Auf diesem Gebiet gibt es eine Einheit in versöhnter Verschiedenheit."[510]

8.2.5. Ergebnis: Implizite Rezeption durch die katholische Theologie

Wohin haben uns die vier Diskurse geführt? In den Fragen der Rechtfertigung, der Eucharistie, des Amtes, von Schrift und Tradition haben sich in der Zeit von 1517–1521 sehr rasch Kontroversen entwickelt, die zu Spaltungen und letztlich der Spaltung der abendländischen Kirche geführt haben. Die genauere Analyse der Reformimpulse Martin Luthers und ihrer Rezeption durch die katholische Theologie, insbesondere durch das Lehramt, zeigt auf, dass die reformerischen Vorschläge Luthers nicht einfach durch das kirchliche Lehramt abgewiesen wurden, wie es Jahrhunderte hinweg verstanden wurde, sondern in einer spezifischen Weise, wenn auch implizit, im Laufe der Zeit berücksichtigt wurden. Darauf hat der lutherisch-katholische Bericht „Vom Konflikt zur Gemeinschaft“ aufmerksam gemacht. In einer ganzen Reihe von Fragen, insbesondere im Zusammenhang der Rechtfertigungslehre, des Eucharistieverständnisses, der Amts- und der Schriftfrage, lässt sich genauer bestimmen, wie das Konzil von Trient und später das Zweite Vatikanische Konzil auf die kritischen Reformimpulse Luthers eingegangen sind, ohne sich direkt mit ihm auseinander zu setzen oder ihn auch nur zu nennen. Dabei haben die Konzile nicht in allgemeiner Weise auf die Reformforderungen reagiert, sondern in einer bestimmten Hinsicht, die sich in einer weiteren Differenzierung der kirchlichen Lehre und der Lehrtradition findet. Insoweit könnte man heute davon ausgehen, dass die „konfessorische Katholizität“, wie sie zumindest noch auf dem Augsburger Reichstag von 1530, aber auch später noch zum Ausdruck gebracht wurde, in den späteren Entscheidungen des Konzils von Trient und des Zweiten Vatikanischen Konzils Berücksichtigung erfahren hat.[511]

8.3. Katholizität und Reform im lutherisch-katholischen Dialog

Der lutherisch-katholische Dialog hat in den letzten Jahrzehnten viel dazu beigetragen, die Kontroversen des 16. Jahrhunderts besser zu verstehen und sie neu zu beurteilen. In vielen Fragen konnten Verständigungen erzielt werden. In einigen Fragen sind Konsense erzielt worden. Der Dialog kann jedenfalls aufzeigen, dass die von Luther damals erhobenen Reformforderungen im Zusammenhang seines eigenen theologischen Denkens, bezogen auf die vier grundsätzlichen theologischen Fragestellungen, von Lutheranern und Katholiken gemeinsam rezipiert werden können. Damit steht fest, dass nicht nur Luthers persönliche Haltung, die Art und Weise seiner theologischen Argumentation, sondern seine Theologie selbst Ausdruck dieser gemeinsamen lutherisch-katholischen Position ist. Damit ist nicht gesagt, dass die katholische Kirche die Theologie Luthers rehabilitiert hätte. Damit ist auch nicht gesagt, dass die Person des Reformators vollständig rehabilitiert wäre. Soviel ist aber jedenfalls gesagt: Die aufgezeigten Verständigungen zwischen Lutheranern und Katholiken schließen heute implizit ein Urteil über Luthers Theologie mit ein. Der Dialog hat eine Verständigung über Luthers Theologie möglich gemacht. „Katholiken können Anliegen der Reformatoren teilen."[512] Der lutherisch-katholische Bericht zum Reformationsgedenken im Jahr 2017 „Vom Konflikt zur Gemeinschaft" legt im Zusammenhang des Dialogs erstmals eine solche gemeinsame Verständigung über Luther vor. Verstanden werden kann nun, warum Luther so argumentierte, wie er argumentierte, und zugleich kann gezeigt werden, dass die katholische Kirche auf eine bestimmte Weise auf Luther implizit reagierte, ohne auf ihn explizit einzugehen oder ihn wörtlich zu zitieren. Das tat sie nicht nur in den Verurteilungen, womit Luthers Theologie letztlich nur abgewiesen wäre, sondern auch in den positiven Darlegungen der kirchlichen Lehre. Das sieht man aber erst dann, wenn man Argument auf Argument bezieht und miteinander vergleicht, wie das hier exemplarisch vorgeführt wurde.

Der internationale Dialog auf dem Weg zur Verständigung über Rechtfertigung, Sakramente, Amt umfasst annähernd alle relevanten kontroverstheologischen Fragestellungen, die im 16. Jahrhundert virulent waren. Doch sind nicht alle Fragen als bereits erledigt zu betrachten, es zeichnet sich aber eine grundlegende Verständigung ab: Die Botschaft von der Rechtfertigung ist zentraler theologischer Ausgangspunkt aller gemeinsamen theologischen Erörterungen.[513] So zeichnet sich weiter die Überzeugung ab, dass die wahrhafte Gegenwart des Herrn im Mahl gefeiert wird.[514] Im Dienst an der Verkündigung des Evangeliums und in der Feier des Herrenmahles ist ein von Christus gestiftetes Amt grundlegend für die Kirche.[515] Eine Verständigung über die Bedeutung der apostolischen Sukzession erscheint möglich; nicht das Ob, sondern das Wie erscheint immer noch problematisch.[516] Insofern ist auch in historischer Betrachtung verheißungsvoll: Die CA ist nicht das Dokument der

Spaltung, sie ist ein Dokument der Katholizität der Reformatoren.[517] Der Reformator Martin Luther ist Zeuge Jesu Christi und des Evangeliums.[518] Diese Aufarbeitung der Geschichte durch Bereinigung der Verurteilungen führt zu dem Ergebnis: Die einstmaligen Urteile übereinander lassen sich nicht mehr halten. Lehrverurteilungen sind damit nicht immer mehr kirchentrennend. Der Weg zu einer weiter führenden Verständigung ist frei. Kirchengemeinschaft wird als möglich erachtet.

Die „Gemeinsame Erklärung zur Rechtfertigungslehre" erbringt schließlich eine grundlegende Verständigung zwischen Lutheranern und Katholiken: Ein differenzierender Konsens in grundlegenden Fragen des christlichen Glaubens ist möglich.[519] Ob diese Verständigung in der Rechtfertigungsfrage allerdings auch einen Konsens in der Amtsfrage impliziert, muss noch eigens bedacht werden. Für die Kirche und ihre Sendung konstitutiv sind: das ihr überlieferte Wort Gottes, die Sakramente des Glaubens und das Amt der Verkündigung. Schließlich bilden diese drei grundlegenden Elemente und Güter der Heiligung und Wahrheit die Grundlage für das Wesen und die Sendung der Kirche und ihrer Ämter. Über diese drei Grunddimensionen der Kirche ist Konsens zu erzielen. Insofern impliziert der Grundkonsens in der Rechtfertigungslehre die notwendige Aufgabe, einen Grundkonsens in den Sakramenten und im kirchlichen Amt zu finden. Diese drei Konsensbildungen bilden zusammen die Grundlage für die gegenseitige Anerkennung der Ämter.

8.4. Luthers Katholizität und Reformanliegen ökumenisch würdigen

Im Licht der Rezeption der Ergebnisse des lutherisch-katholischen Dialogs lässt sich die Frage nach Luthers Katholizität heute neu beantworten. Luther hat durch eine Reform des theologischen Denkens die kirchliche Praxis und das kirchliche Leben reformieren wollen. Die Spaltung der abendländischen Kirche war nicht seine Intention. Die Reform der Kirche an Haupt und Gliedern war zwar immer ein Anliegen der Kirche selbst, vor allem im 15. Jahrhundert, kam aber nicht immer angemessen oder gar nicht mehr zur Geltung. Das fünfte Laterankonzil von 1517 ist daran gescheitert. Um der Missbräuche zu wehren, hat das Konzil von Trient seine Reformanliegen zur Erneuerung des kirchlichen Lebens – Decretum de reformatione genannt – gebündelt vorgetragen. Das Trienter Reformwerk bildete die Grundlage für eine Formung der katholischen Identität im Zeitalter der Konfessionalisierung. Mit dem Zweiten Vatikanischen Konzil hat die katholische Kirche schließlich die Reform des theologischen Denkens realisiert und einen Weg aus der kontroverstheologischen Abgrenzung des Katholischen gefunden. Ist so das Anliegen der Reform der Kirche von jeher mit der katholischen Tradition verbunden, so muss die Frage erlaubt sein, ob die von Luther intendierten Reformbemühungen in Theologie und Kirche prinzipiell zur Spaltung der Kirche und damit zur Preisgabe der Katholizität seiner Reformbemühungen führen mussten. Sowohl die katholische Lutherforschung wie schon eine in den 80er-Jahren des 20. Jahrhunderts vorgenommene historisch-theologische Prüfung haben zu dem Urteil geführt, dass die damals ausgesprochenen Verurteilungen von Person und Werk Luthers wie der Lehre der Bekenntnisschriften nicht immer sachgerecht erfolgten und teilweise auf Missverständnissen, Irrtümern und falschen Akzentsetzungen beruhten. So erlaubt das heutige Urteil zu sagen, dass der Streit des 16. Jahrhunderts beendet ist und die Gründe für die wechselseitigen Verurteilungen entfallen sind.[520] Daraus erwächst die Erkenntnis, dass Martin Luther bleibend in der allerdings sehr vielfältige Traditionen wie theologische Schulmeinungen und unterschiedliche Lehrentwicklungen umfassenden katholischen Tradition verwurzelt war und ist, aus der er seine Reformanliegen bezog und in der er sie zur Geltung bringen wollte. Die eine Tradition der Kirche verwirklicht sich freilich immer zugleich in und aus den einzelnen theologischen und liturgischen Traditionen. Insoweit schließen sich Luthers Reformanliegen und seine Katholizität nicht gegenseitig aus, sondern ein. Das wiederum hat zur Folge, dass die so wiedergewonnene Einsicht in die Katholizität Luthers eine echte Herausforderung für die Katholizität der ganzen Kirche darstellt. Wenn die Katholizität Luthers nicht zu leugnen ist, so bleibt sie für die Katholizität der Kirche eine ständige Herausforderung. Dass Luther mit seinen Reformforderungen eigene Wege gegangen ist und schließlich eine lutherische Konfessionskirche entstanden ist, ist wirkungsgeschichtlich nicht zu leugnen. Der Reformator stand daher lange Zeit abseits und außerhalb der Kirche. Aber auch dieses Urteil muss nicht für alle Zeiten Bestand haben. Erst wenn wir begreifen, dass Luthers Katholizität wirklich katholisch ist, stellt sie eine erstrangige ökumenische Herausforderung dar, die nicht mehr umgangen werden kann. Diese besteht heute in der Frage, ob der schon erzielte Konsens in Grundwahrheiten der Rechtfertigungslehre nicht auch einen Konsens im Amts- und Kirchenverständnis nach sich ziehen müsste, so dass Kirchengemeinschaft künftig möglich werden könnte.

Wenn für die Kirche und ihre Sendung konstitutiv sind: das ihr überlieferte Wort Gottes, die Sakramente des Glaubens und das Amt der Verkündigung, dann bilden diese drei Elemente und Güter der Heiligung und Wahrheit die Grundlage für eine weiterführende Verständigung. Wenn ich meine Ausführungen hier zusammenfasse, so zeigen sie: Die Frage nach der Katholizität ist die Frage nach dem, was Christus der Kirche als Heilsgüter anvertraut hat: das Wort des Evangeliums im Zeugnis der Heiligen Schrift, die Feier des Evangeliums in den Sakramenten, die Verkündigung des Evangeliums durch das von Christus eingesetzte Amt. Hier geht es um das Ineinander von Wort Gottes, Glaube, Sakramenten und Amt. In allem aber geht es um den Primat des Wortes Gottes im Leben der Kirche.[521] In der Frage nach der Katholizität zeigt sich das Ringen um die gemeinsame Gestalt der Kirche als Ort der Gegenwart des Wortes Gottes in der Welt. In dieser Frage kann Martin Luther der katholischen Kirche heute einen Weg weisen. Das ist wenigstens noch kurz anzudeuten.

Wenn wir uns knapp die Frage nach Luthers Reformansatz stellen, der Bedeutung für die Katholizität der Kirche hat, so lässt er sich auf den Grundgedanken einer Erneuerung der ganzen Theologie aus dem Geist der Heiligen Schrift beziehen. Das bedeutet nicht nur, dass die Bibel für Luthers Theologie eine spezifische Rolle spielt, sondern dass er die Bibel in einer besonderen Weise erfasst und für die Theologie zur Geltung gebracht hat. Luther entfaltet die Theologie konsequent vom Worte Gottes her. Das „Wort Gottes ist das allererste“[522]. Diesem Wort gibt Luther nun eine spezifische Deutung. Im Wort bietet Gott den Menschen das Wort seiner Verheißung an. Gott wendet von sich aus sein Wort den Menschen zu und macht sie so, wie Luther sagt, gesund. An dieser Verheißung hängt das Heil des Menschen, seine Seligkeit, wie Luther betont.[523] Somit denkt Luther die ganze Dynamik im Verhältnis von Gott und Mensch dialogisch als Zusage und Vertrauen. „Ohne Verheißung kann nichts geglaubt werden. Und ohne Glauben ist die Verheißung nichts nütze, weil sie durch den Glauben befestigt und erfüllt wird“[524]. Demnach ist der Glaube die angemessene Antwort auf das göttliche Wort der Zusage.[525] Verheißung und Glaube gehören nach Luther zusammen; beide sind nötig, keine ist ohne das andere kräftig. Ist der Glaube die Antwort auf das göttliche Wort der Heils-Zusage, so wird dieser Glaube in der Taufe vollzogen und vollendet. Die Taufe ist das Fundament unter allen Sakramenten. Auf die Taufe folgen die anderen Sakramente. Sie sind Worte und Zeichen der göttlichen Zusage. Sie sind eingesetzt, den Glauben zu stärken. Zwar kann die Kirche die Gnade nicht verheißen, aber ohne den Dienst am Wort Gottes ist das Wort nicht in der Kirche gegenwärtig. Den Dienst am Wort nennt auch Luther das Amt in der Kirche.

Was sagt uns diese kurze theologische Skizze der frühen Theologie Martin Luthers? Sie zeigt uns nicht nur auf, was Luther denkt, sondern vor allem, wie er denkt. Wenn alles an Gottes Zusage und Verheißung hängt, dann hängen auch Sakramente und Amt am Wort Gottes. Die Gegenwart und die Wirksamkeit des Wortes Gottes in der Kirche sind nicht ohne den Glauben und nicht ohne die Zeichen der im Wort enthaltenen Heils-Zusage zu haben. Der Verkündigung des Wortes und dem Vollzug des Wortes in den Sakramenten ist das Amt dienend zugeordnet. So gelesen und interpretiert hat Luther die Katholizität der Kirche in einer bestimmten Strukturform und Ordnung zur Geltung gebracht. Er hat sie keineswegs geleugnet, er hat sie soteriologisch zugespitzt. Das Wort Gottes ist immer

Heils-Wort, den Menschen zugewendet. Das Wort ist dem Menschen nicht allgemein, sondern in spezifischer Weise jedem einzelnen zugesagt. Deshalb und nur deshalb spielt der Glaube hier eine so herausgehobene Rolle. Er ist die einzig angemessene Weise der Antwort des Menschen auf das im Wort des Evangeliums zugesprochene Heil. Dieses Heil kann nur in der Gemeinschaft der Kirche empfangen und gelebt werden. So führt uns Luther von der Zuspitzung der Heils-Zusage in die Gemeinschaft der Kirche. Die Zuspitzung auf den Glauben als Gewissheit des Heils schließt den Glauben der Kirche und den Glauben in der Kirche unbedingt ein. Ich möchte Luther daher nicht nur einen aufrichtigen Beter und religiösen Menschen, sondern auch einen wahrhaft katholischen Denker und Theologen, einen katholischen Konfessor und Reformator nennen.

9. Rechtfertigung, Sakramente, Amt und Kirche. Eine ökumenische Synthese

Nach jahrhundertelangen theologischen Auseinandersetzungen setzte in der Mitte des 20. Jahrhunderts die Suche nach einer ökumenischen Verständigung in den seit der Reformation aufgebrochenen Fragen ein. Im Zentrum dieser gemeinsamen Bemühungen stand die Zentralfrage der Reformation, die Rechtfertigungslehre. Bereits zu Beginn der 50er-Jahre des 20. Jahrhunderts trug der Schweizer katholische Theologe Hans Urs von Balthasar mit seinem Buch über Karl Barth zur Verständigung in der Gnadenlehre bei. Noch mehr als dieses trieb Hans Küngs Buch über Rechtfertigung, eine Auseinandersetzung mit der Rechtfertigungstheologie Karl Barths, die ökumenischen Einigungsbemühungen voran. Für den ökumenischen Dialog über die Rechtfertigungsfrage waren die Arbeiten des katholischen Lutherforschers Otto Hermann Pesch über die Theologie der Rechtfertigung bei Martin Luther und Thomas von Aquin besonders wichtig. Daneben haben der seit Ende der 60er-Jahre geführte bilaterale lutherisch-katholische Dialog über die Rechtfertigung fiel zu einer Verständigung beigetragen. Hier ist vor allem die deutsche Studie „Lehrverurteilungen – kirchentrennend?“ zu nennen, in der die traditionellen Lehrdifferenzen aufgearbeitet wurden. Die von Lutherischem Weltbund und Römisch-katholischer Kirche schließlich gemeinsam verabschiedete „Gemeinsame Erklärung zur Rechtfertigungslehre“ (GE) vom 31. Oktober 1999 kann daher zu Recht als Ernte jahrzehntelanger theologischer Bemühungen um die Rechtsfertigungslehre verstanden werden. Diese ökumenischen Verständigungen wären aber nicht möglich geworden ohne eine durch das Zweite Vatikanische Konzil angeregte Erneuerung und Vertiefung der katholischen Gnaden- und Rechtfertigungslehre, wie sie im Konzil von Trient verbindlich festgelegt und für die kirchliche Verkündigung vorgelegt wurde. In ihr ist das Proprium der katholischen Theologie in einer ökumenischen Verständigung enthalten. Im gemeinsamen lutherisch-katholischen Bericht zum Reformationsgedenken „Vom Konflikt zur Gemeinschaft" wird ausdrücklich festgehalten, dass der in der „Gemeinsamen Erklärung zur Rechtfertigungslehre" festgestellte Konsens in Grundwahrheiten die bestehenden Unterschiede nicht aus-, sondern einschließt. Ausdrücklich heißt es: „Was oft auseinandergerissen und der einen oder der anderen Konfession zugeschrieben wird, nicht aber beiden, wird jetzt in einem organischen Zusammenhang verstanden." Der differenzierende Konsens enthält damit immer einen Doppelaspekt: Die einstmals ausgesprochenen Verwerfungen treffen die Lehre des heutigen Partners im Dialog nicht mehr; der Konsens trägt die bestehenden Unterschiede, ohne sie auszublenden.

9.1. Rechtfertigung – das zentrale Heilsgeschehen im Glauben der Kirche

In den zurückliegenden Jahrzehnten hat sich innerhalb der katholischen Theologie die Verständigung über Glaube und Rechtfertigung stark entwickelt. Hier stellt das Zweite Vatikanische Konzil (1962–1965) einen entscheidenden Markierungspunkt dar. Durch dieses Konzil ist eine neue Orientierung in der klassischen Gnaden- und Rechtfertigungslehre möglich geworden, die über Jahrunderte hinweg kontroverstheologisch ausgerichtet war. Das zentrale Anliegen der katholischen Theologie lässt sich heute in einer heilsgeschichtlichen und in einer personal-dialogischen Fassung der Gnadenlehre festmachen. Rechtfertigung erscheint darin als Zentrum und Höhepunkt des Gnadengeschehens und ist zugleich der entscheidende Begriff christlicher Heilslehre. Die grundlegende Aussage katholischer Rechtfertigungslehre findet sich in folgender Passage der Kirchenkonstitution „Lumen Gentium" (LG): „Die Anhänger Christi sind von Gott nicht kraft ihrer Werke, sondern aufgrund seines gnädigen Ratschlusses berufen und in Jesus dem Herrn gerechtfertigt, in der Taufe des Glaubens wahrhaft Kinder Gottes und der göttlichen Natur teilhaftig und so wirklich heilig geworden. Sie müssen daher die Heiligung, die sie empfangen haben, mit Gottes Gnade im Leben bewahren und zur vollen Entfaltung bringen"

(LG Nr. 40). Das Zweite Vatikanische Konzil hat keine gegenüber dem Trienter Konzil (1545–1563) revidierte Rechtfertigungslehre vorgelegt; sondern eine neue Orientierung des zentralen Rechtfertigungsgeschehens geboten. Es lässt sich in verschiedenen Schritten kennzeichnen, die aufeinander aufbauen und miteinander ein kohärentes Bild ergeben:

a) Christus ist allein Gerechter und Heiliger.

Diese zentrale christologische Aussage wird im Kontext der Ekklesiologie, hier insbesondere im Zusammenhang des Kapitels über die allgemeine Berufung zur Heiligkeit der Kirche, entfaltet. Die Kernthese dieses Abschnittes lautet: Christus ist es, der die Kirche als Ganze heiligt und zur Heiligkeit ruft. Christus hat sich für die Seinen hingegeben, um sie zu heiligen. Christus allein ist der Weg zum Heil. Allgemeine Berufung zur Heiligkeit heißt dann in diesem Kontext: Es kommt nicht auf die moralische Vollkommenheit, nicht auf den sittlichen Heroismus des Menschen an, nicht durch sie erwirbt man Heiligkeit, sondern: Die den Erlösten ohne ihr Verdienst geschenkte Heiligkeit, die Gott selbst ist, ist Grund der Heiligung. Der Wille Gottes zur Versöhnung bildet die Grundlage für die Heiligungsgnade, die Christus den Menschen in seinem Tod und seiner Auferstehung schenkt. Die Fülle der Gnade ist Christus selbst. Die Gnade ist unabdingbar mit dem Versöhnungshandeln Christi verbunden. So heißt es deshalb zu Recht in der „Gemeinsamen Erklärung zur Rechtfertigungslehre“: „Allein durch Christus werden wir gerechtfertigt, indem wir im Glauben dieses Heil empfangen“ (GE Nr. 16). Alle Aussagen zur Gnaden- und Rechtfertigungslehre hängen an dieser zentralen christologischen These von der einzigen Mittlerschaft Jesu Christi.

b) Gnade ist Gottes ewiger Ratschluss, sein allgemeiner Heilswille, der sich an den Einzelnen richtet.

Der unsichtbare Gott redet die Menschen aus überströmender Liebe an, heißt es in der Offenbarungskonstitution Dei Verbum (DV Nr. 2). Gott will das Heil des Menschen, die Vergebung der

Sünden und die Erneuerung des Menschen. Er selbst ist der gnadenhafte Ursprung des Heilswillens. Gnade ist Gott selbst in seinem Heilswillen, den er den Menschen kundtut. Gnade heißt: Sie ist das barmherzige und liebende Sich-Hin-Neigen Gottes in Christus zum sündigen Menschen. Hier zeigt sich zwar eine Unterscheidung von Gnade und Rechtfertigung, wonach anzumerken bleibt: Gnade wird gemäß der klassischen katholischen Lehre immer auch als Gabe verstanden, als Geschenk. Dieses Geschenk ist aber niemals losgelöst vom Schenkenden selbst, Gnade lässt sich nie von Gott selbst ablösen und verselbstständigen. Gott handelt aus Gnade um des Heils des Menschen willen. Dieses Sich-Hin-Neigen Gottes zielt auf den Menschen, den Gott als Adressaten anspricht. Ganz im Kontext dieser katholischen Verständigung sagt deshalb die „Gemeinsame Erklärung zur Rechtfertigungslehre": „Dieses neue personale Verhältnis zu Gott gründet ganz und gar in der Gnädigkeit Gottes und bleibt stets vom heilsschöpferischen Wirken des gnädigen Gottes abhängig ... Deshalb wird die Rechtfertigungsgnade nie Besitz des Menschen, auf den er sich Gott gegenüber berufen könnte" (GE Nr. 27). Die Gnade ist keine dem Handeln Gottes gegenüber selbständige Qualität im Sein und Handeln des Menschen, sondern Ausdruck des göttlichen Willens zur Erneuerung des Menschen, der dabei immer wieder auf die rettende Kraft Gottes angewiesen bleibt.

c) Gerechtigkeit und Barmherzigkeit beginnen mit der Schöpfung

Die Schöpfung selbst verkündet Gottes Gerechtigkeit. Nach Ps 97 ist Jahwe königlicher Richter der ganzen Erde, der Recht und Gerechtigkeit über der ganzen Erde durchsetzt. Deshalb bezeugen alle Völker Gottes Herrlichkeit. Gottes Gerechtigkeit hat eine kosmische Dimension; gemeint ist die von Gott gestiftete heilsame Weltordnung. Erschaffung und Erhaltung der Welt sind Gottes gerechte Taten. Insoweit kann man mit dem alttestamentlichen Zeugnis von einer schöpfungstheologischen Dimension des Heilshandelns Gottes in Gnade und Gerechtigkeit sprechen. Die lateinisch-christliche Tradition spricht dann sehr pointiert in Bezug zum Geschaffenen von der in der Gnade vorausgesetzten Natur des Menschen. Gott schafft sich den, den er in Liebe und Barmherzigkeit als sein geschaffenes Gegenüber anspricht und der potentialiter fähig ist, diesem schöpferischen Anruf zu antworten, auch wenn er diesen Anruf immer wieder selbst in Sünde und Schuld verfehlt. In der Schöpfung ist der Mensch als ein personales Gegenüber Gottes und Ebenbild mitgesetzt; seine Rechtfertigung folgt dieser in der Schöpfung vorausgesetzten Anlage und vollendet sie, indem der Mensch durch Gottes Heilstat in Christus, und das meint Rechtfertigung im engeren Sinn, ganz neu und unverdient in seine Gemeinschaft aufgenommen wird.

d) Rechtfertigung geschieht durch Glauben in der Taufe.

In der klassischen Sprache der katholischen Theologie geht es hierbei um die den Menschen heiligende Rechtfertigungsgnade. Im Zentrum steht der Vorgang der Rechtfertigung selbst, nämlich: die in Christi Erlösungstat geschehende Vergebung der Sünden und die dadurch bewirkte Überführung in den Stand der heiligmachenden Gnade, die hier nun – gegenüber der klassischen Sprache der Gnadenlehre einfacher – Heiligung genannt wird. Gemeint ist: Diese Heiligung ist Geschenk. Sie zielt auf die Teilhabe an Gottes Wesen und Natur. Instrumentale Ursachen sind der Glaube und die Taufe. Die Taufe ist hierbei eindeutig das Sakrament des Glaubens, kein selbstständiges Werk des Menschen. Glaube und Taufe sind auf das Wort Gottes bezogen: „Die an Christus glauben, werden ... durch das Wort des lebendigen Gottes (vgl. 1 Petr 1,23) wiedergeboren ... aus dem Wasser und dem Heiligen Geist“ (LG Nr. 9). Die Taufe ist Bekenntnis des Glaubens. Schließlich ist die Taufe auf das Wachstum im Glauben angelegt. In diesem Sinne spricht die katholische Theologie von der Mehrung der Gnade im Glauben. Gemeint ist: Gottes Gnade im Leben bewahren und zur Entfaltung bringen. Die „Gemeinsame Erklärung“ sagt dazu im Kontext einer katholischen Verständigung: „Der Mensch wird als Hörer des Wortes und Glaubender durch die Taufe gerechtfertigt“ (DV Nr. 5).

e) Der Glaube ist personale Entscheidung.

Die Offenbarungskonstitution „Dei Verbum“ führt hier zunächst als Kernsatz aus: „Dem offenbarenden Gott ist der Gehorsam des Glaubens zu leisten“ (DV Nr. 5). Hier kommt es darauf an, den ganzheitlichen Charakter des Glaubens hervorzuheben. Dazu weist der Text selbst auf den biblischen Begriff des Glaubensgehorsams hin, nämlich: „zum Gehorsam des Glaubens führen“ (Röm 16,26; 1,5). Gehorsam ist ein Begriff der frühen Missionssprache; er umschreibt die Bekehrung als Unterwerfung unter das Evangelium. Gehorsam und Glauben stehen parallel, im Blick ist nicht primär die Glaubensbotschaft, sondern der Glaubensvollzug. Der Glaubensgehorsam bezieht sich auf die Christusoffenbarung, er meint die Annahme der Heilsbotschaft. Natürlich steht der knappe Text in der Offenbarungskonstitution „Dei Verbum“ in der Tradition der kirchliche Lehre; danach ist Glaube Zustimmung zu den von der Kirche vorgelegten Wahrheiten des Glaubens. Der Zusammenhang ist auch hier nicht aufzulösen: „Dieser Glaube aber ... ist nach dem Bekenntnis der katholischen Kirche eine übernatürliche Tugend, durch die wir mit Unterstützung und Hilfe der Gnade Gottes glauben, daß das von ihm Geoffenbarte wahr ist.“ (Erstes Vatikanisches Konzil, Dogmatische Konstitution Dei Filius über den katholischen Glauben, Kap. 3). „Dei Verbum“ bringt dieses Verständnis nun in den Zusammenhang des heilsgeschichtlichen Offenbarungsverständnisses ein und legt damit das Schwergewicht auf den inneren Glaubensvollzug, ohne die Tradition zu verdrängen. Die Antwort des Glaubens auf die Selbstoffenbarung Gottes ist also nicht in erster Linie und allein Zustimmung zu den Artikeln des Glaubens, sondern ein Sich-Einlassen auf Gott selbst. „Dieser Glaube kann nicht vollzogen werden ohne die zuvorkommende und helfende Gnade Gottes und ohne den inneren Beistand des Heiligen Geistes, der das Herz bewegen und Gott zuwenden, die Augen des Verstandes öffnen und ‚es jedem leicht machen muß, der Wahrheit zuzustimmen und zu glauben‘“ (DV Nr. 5). Glaube ist also personale Hingabe, die sich in Liebe vollzieht. Der Glaube ist das persönliche Ja des Menschen zu Gott. In der „Gemeinsamen Erklärung zur Rechtfertigungslehre“ heißt dies wiederum: „Glauben heißt, sich selbst ganz Gott anvertrauen“ (GE Nr. 36). In diesen Glauben ist dann die Zustimmung zu den Wahrheiten der Offenbarung einbezogen. Noch einmal zeigt sich hier das neu bestimmte Verhältnis von Wort Gottes und Glaube: Das Wort Gottes ist Gottes Kraft zum Heil für jeden, der glaubt. Die Verkündigung des Evangeliums ist ausgerichtet auf die Weckung des Glaubens an Jesus, den Christus. Der Glaube an Christus wird durch das Wort genährt.

f) Der Glaube wird durch die Liebe wirksam.

„Jedem ist also klar, daß alle Christgläubigen jeglichen Standes oder Ranges zur Fülle des christlichen Lebens und zur vollkommenen Liebe berufen sind“ (LG Nr. 40). Der Glaube geht der Liebe voraus, nur in der Liebe wird der Glaube wirksam. „Jeder muß nach seinen eigenen Gaben und Gnaden auf dem Weg eines lebendigen Glaubens, der die Hoffnung weckt und durch Liebe wirksam ist, entschlossen vorangehen“ (DV Nr. 5). Die Liebe ist also kein Beitrag des Menschen zum Werk der Erlösung, sondern Form der rechtfertigenden Gnade Gottes selbst. Im Zusammenspiel von göttlicher Gnade und menschlichem Mittun kommt der Gnade Gottes immer der Primat zu. Die Liebe selbst ist eine Gabe Gottes, die im Menschen Gestalt gewinnt. Wenn die Menschen „alles aus der Hand des himmlischen Vaters im Glauben entgegennehmen“ (LG Nr. 41), so machen sie dadurch die Liebe kund. So verstanden kann katholische Theologie vom Zusammenwirken mit Gottes Willen sprechen. Aber das Grund-Folge-Verhältnis bleibt hier gewahrt: Gott ist die Liebe, er gießt seine Liebe in unsere Herzen aus durch den Heiligen Geist. Jeder Gläubige muss das Wort Gottes bereitwillig hören, damit die Liebe wie ein Same wachse. Auf das Engste hängt die Liebe mit der Rechtfertigung im Glauben zusammen. Die vergebende Gnade Gottes ist immer mit dem Geschenk eines neuen Lebens verbunden, das sich in tätiger Liebe, unter dem Wirken des Heiligen Geistes, auswirkt, so führt die „Gemeinsame Erklärung zur Rechtfertigungslehre“ die katholische Differenzierung aus. Im Glauben wird die Liebe entgegengenommen und verwirklicht. Deswegen nochmals: Jeder Gläubige muss das Wort Gottes bereitwillig hören. Der Glaube ist also das Erste und das Grundlegende. Die Liebe ist dann die Ausdrucksform des Glaubens, die ihm folgt. Durch die dem Menschen geschenkte Liebe kann dieser selbst als Gerechtfertigter und Erlöster leben. Die Liebe Gottes befähigt ihn, Gott über alles und den Nächsten zu lieben. „Nach katholischer Auffassung tragen die guten Werke, die von der Gnade und dem Wirken des Heiligen Geistes erfüllt sind, so zu einem Wachstum in der Gnade bei, daß die von Gott empfangene Gerechtigkeit bewahrt und die Gemeinschaft mit Christus vertieft werden", heißt es dazu in der katholischen Auslegung der „Gemeinsamen Erklärung zur Rechtfertigungslehre" (GE 38). Wie ist hier von Mitwirkung zu reden? Nach katholischem Verständnis ist der Glaube ein Akt der Hingabe und des Glaubens, der den Verstand und den Willen des Menschen einschließt. Der Glaube ist von der Gnade Gottes erwirkt, die Antwort des Menschen, auch die von Gott geschenkte, ist eine Bewegung des Menschen auf Gott hin, personale Zustimmung des Menschen, aber kein Tun des Menschen aus eigenen Kräften. Die herangezogenen Texte des Konzils weisen klar und deutlich auf diese personale Zustimmung des Menschen hin. Es ist das Wirken des Heiligen Geistes, der das Herz des Menschen bewegt und Gott zuwendet, die Augen des Verstandes öffnet. Gott wirkt die Vervollkommnung des Glaubens „ständig durch seine Gaben" (DV Nr. 5).

g) Die Gemeinschaft, die durch Teilhabe an Gott entsteht, ist Folge des rechtfertigenden Handelns Gottes.

Darauf zielt das Geschehen der Rechtfertigung. Deshalb ordnet die Kirchenkonstitution „Lumen gentium" das Thema der Rechtfertigung der Ekklesiologie zu. Der Glaube des Einzelnen, personal und individuell, kann nur in Gemeinschaft vollzogen werden. Die Gerechtfertigten werden in den Leib Christi eingegliedert. Der Grundgedanke, nämlich Gemeinschaft entsteht durch Teilhabe an Jesus Christus, lässt sich freilich erst im Kontext des Sakraments der Eucharistie entfalten. Durch die Eucharistie werden die gerechtfertigten Gläubigen in die Gemeinschaft mit Christus wie untereinander versammelt. An dieser Stelle wird dann eine Ekklesiologie der Communio zu entfalten sein. Kirche ist Gemeinschaft der gerechtfertigten Sünder. Die „Gemeinsame Erklärung zur Rechtfertigungslehre“ hält das so fest: „Unser Konsens in Grundwahrheiten der Rechtfertigungslehre muß sich im Leben und in der Lehre der Kirchen auswirken und bewähren“ (GE Nr. 43).

h) Gnade ist Gottes Ewigkeit für den Menschen

Der Mensch ist auf die Vollendung im Reich Gottes angelegt, auch wenn er diese nicht von sich aus erwirken kann. Es ist Gottes Gerechtigkeit, die dem Menschen seine übernatürliche Vollendung verheißt. Die kirchliche Tradition spricht hier von der Verdienstlichkeit der guten Werke (meritum). Nach dem biblischen Zeugnis ist den guten Werken ein Lohn im Himmel verheißen. Damit wird aber nicht der Geschenkcharakter der guten Werke, die aus der Gnade und Barmherzigkeit Gottes hervorgehen, bestritten. Rechtfertigung ist ein unverdientes Gnadengeschenk Gottes, gute Werke sind Früchte und Zeichen dieser Rechtfertigung. Ewiges Leben ist unverdienter Lohn im Sinne der Erfüllung durch Gnade und Rechtfertigung (GE Nr. 39). Als Geschenk sind die guten Werke Verdienste.

9.2. Kurze Summe der ökumenischen Rechtfertigungstheologie

Die Theologie der Rechtfertigung stellt einen Schlüssel dar für das Evangelium von Jesus Christus. Gerechtigkeit ist ein zentraler Begriff der Heiligen Schrift. Als solcher zielt er auf die heilende Beziehung Gottes zum Menschen. Gottes Liebe verwirklicht Gottes umfassenden Heilswillen durch Jesus Christus in der Kraft des Heiligen Geistes. Die Botschaft von der Rechtfertigung bringt die bedingungslose Annahme des Menschen durch die Gnade Gottes zum Ausdruck. Es ist der Glaube an Christus, der die volle Teilhabe an Gottes Offenbarungswerk begründet.

Diese Botschaft ist universal, sie richtet sich an alle Menschen; alle Menschen sind zur Gemeinschaft mit Gott berufen. Doch kann der Glaube an Christi Heilstat nur in der Gemeinschaft der Kirche wirklich gelebt werden. In der Unfähigkeit des Menschen, die gebrochene Gemeinschaft mit Gott wiederherzustellen, zeigt sich die ganze Angewiesenheit des Menschen auf die Gnade und Rechtfertigung Gottes. Die Kirche ist daher Zeichen und Werkzeug im Heilswerk Jesu Christi, sie führt auf das Reich Gottes hin. Die Rechtfertigungslehre als Maßstab und Prüfstein des christlichen Glaubens bringt den Geschenkcharakter des Christusglaubens zur Geltung. Nicht ohne Grund ist daher das Christentum eine Religion der Gnade. Alles Leben hängt an der Barmherzigkeit Gottes. Das hat Konsequenzen für die Verkündigung, die Lehre und die Seelsorge der Kirche. Der Mensch wird gerechtfertigt ohne Werke des Gesetzes, doch ist der Glaube nie ohne das Werk des Menschen. Der Glaube an Christus ermutigt und befähigt uns zu guten Werken, die in der Liebe und Hoffnung getan werden.

9.3. Ein Konsens in Grundwahrheiten der Rechtfertigungslehre

Der in der Gemeinsamen Erklärung erzielte Konsens in Grundwahrheiten der Rechtfertigungslehre besagt: „Allein aus Gnade im Glauben an die Heilstat Christi, nicht auf Grund unseres Verdienstes werden wir von Gott angenommen und empfangen den Heiligen Geist, der unsere Herzen erneuert und uns befähigt und aufruft zu guten Werken“ (GE Nr. 15). Der Ausdruck „allein aus Gnade“ wird so erklärt: „die Botschaft von der Rechtfertigung [...] sagt uns, dass wir Sünder unser neues Leben allein der vergebenden und neuschaffenden Barmherzigkeit Gottes verdanken, die wir uns nur schenken lassen und im Glauben empfangen, aber nie – in welcher Form auch immer – verdienen können“ (GE Nr. 17). Nur in diesem Rahmen können dann die Grenzen und die Würde der menschlichen Freiheit bestimmt werden. Der Ausdruck „allein aus Gnade“ wird mit Bezug auf die Bewegung des Menschen zum Heil so ausgelegt, „dass der

Mensch im Blick auf sein Heil völlig auf die rettende Gnade Gottes angewiesen ist. Die Freiheit, die er gegenüber den Menschen und Dingen der Welt besitzt, ist keine Freiheit auf sein Heil hin" (GE Nr. 19). Im Blick auf das Heil des Menschen ist das Grund-Folge-Verhältnis von Gerechtigkeit und Gnade Gottes, Rechtfertigung und Heiligung des Menschen also klar festgelegt. Nur in dieser von Gott gesetzten Ordnung der Gerechtigkeit können dann die Freiheit und das Mitwirken des Menschen angemessen bestimmt werden. Nur hierin kann von Verdienst und Lohn, von Werk und Mittun des Menschen gesprochen werden. Nur in dieser von Gott geprägten Grundordnung der Gerechtigkeit kann das ganze sakramentale und kirchliche Leben bestimmt werden. Der so festgehaltene Grundkonsens umfasst das Urteil, dass die einstmals ausgesprochenen Verurteilungen nicht mehr die Lehre der je anderen Konfession treffen. Die Darlegung dieser so verwickelten theologischen Wege in der Theologie der Rechtfertigung weist jedenfalls darauf hin, dass trotz der kontroverstheologischen Auseinandersetzungen und der darauf folgenden konfessionalistischen Verhärtungen der Gesprächsfaden nie abgerissen ist. Trotz schärfster Abgrenzungen ist der Wille zur Verständigung nie erlahmt. Schon in den theologischen Voraussetzungen, welche die Reformatoren in Anspruch nahmen, sind Gemeinsamkeiten enthalten, die später wieder aufgenommen wurden. Die durch die monastische Theologie geprägte Rechtfertigungslehre kann durchaus als eine den Reformatoren vorausliegende Konfiguration der Theologie der Gerechtigkeit genannt werden. Das Konzil von Trient hat durch seine implizite Rezeption von Kernpunkten reformatorischer Theologie auf die Kritik der Reformatoren reagiert und Impulse der Erneuerung in die Lehrbildung integriert. Die Reformatoren haben den Boden katholischer Theologie nie verlassen, wenn sie auch einen konfessorischen, einen reformerischen Katholizismus vertreten haben. Die Wirkungen, die von diesen Reformbewegungen und ihren Forderungen ausgingen, sind Folge weiterer, über die theologische Ebene hinausgehender gesellschaftlicher und politischer Entwicklungen und Veränderungen, die mit den Ausgangsbedingungen zusammenhängen, aber nicht zwingend aus ihnen hervorgehen müssen. Damit legt sich nahe: Ein Konsens in Grundwahrheiten der Rechtfertigungslehre, der unterschiedliche Anliegen und Schwerpunktsetzungen trägt, ist erzielbar. Der Streit des 16. Jahrhunderts ist beendet. Die Gründe, sich gegenseitig zu verurteilen, sind entfallen.

9.4. Wie weit reicht dieser Konsens?

Diese ökumenische gelesene Gnaden- und Rechtfertigungslehre beinhaltet kein Selektions-, sondern ein integrales Ordnungsprogramm. Die hier in allen Beiträgen entfaltete Überzeugung, dass eine ökumenische Theologie der Gerechtigkeit und Rechtfertigung kein kontroverstheologisches Unterscheidungs- und Abgrenzungsprogramm enthält, schließt ein theologisches und ökumenisches Programm ein: das Christusbekenntnis nicht ohne das Bekenntnis zur Kirche und ihrer Einheit, die Gnade nicht ohne die vom Heiligen Geist inspirierten guten Werke, demnach Rechtfertigung nicht ohne Heiligung, die Heilige Schrift nicht ohne die Überlieferungsgemeinschaft der Kirche, sprich Tradition, der Glaube nicht ohne Liebe und Hoffnung. Das heißt zugespitzt: Christus, Gnade, Glaube stehen im Zusammenhang mit guten Werken, Heilige Schrift im Zusammenhang der kirchlichen Überlieferung, das Wort im Zusammenhang seiner sakramentalen Verleiblichung. Das Verstehen der Rechtfertigung des Menschen durch Gott schließt das Handeln der Kirche, das sakramentale Leben in der Gemeinschaft der Kirche ein, freilich in einem bestimmten Zusammenhang und in einer bestimmten Ordnung. Das „Allein in Christus“ ist nicht als das „Einzige“ zu bestimmen, sondern als das „Zusammen in Christus“. Dieses „Zusammen in Christus“ gibt es aber nur in der von Gott in Christus bestimmten Ordnung und Hierarchie. Worauf es hier ankommt, ist zu verstehen, dass die Verkündigung der Gegenwart des Wortes Gottes nicht auf deren leibliche Verdichtung in Sakrament und Amt der Kirche verzichten kann. Die Reformatoren Luther, Melanchthon und Calvin haben jedenfalls diesen Zusammenhang betont und festgehalten. Wenn sich das Ringen um die Grundgestalt der abendländischen Theologie auf dieses ökumenische Programm einlassen kann, besteht die Chance, die noch bestehenden Trennungen zu überwinden und die Impulse zur Reform des christlichen Lebens zusammen anzugehen. Freilich ist dieses ökumenische Programm der Rechtfertigung und Gerechtigkeit nach wie vor eine große Herausforderung für das ökumenische Gespräch. Auf einem ganz anderen Blatt stehen die Herausforderungen für heute, ob diese so wiedergewonnenen Wege der Verständigung auch für die heutige Verkündigung des Evangeliums ausreichen.

Anmerkungen

[1] Vgl. hierzu: Vom Konflikt zur Gemeinschaft. Gemeinsames lutherisch-katholisches Reformationsgedenken im Jahr 2017. Bericht der Lutherisch/Römisch-Katholischen Kommission für die Einheit, Leipzig – Paderborn 2013, Nr. 16. (Original Englisch: From Conflict to Communion, zitiert als FCC)

[2] K. Barth, Die Kirchliche Dogmatik Bd. I/1, München 1935, 101.

[3] Vgl. Symbolik oder Darstellung der dogmatischen Gegensätze der Katholiken und Protestanten, nach ihren öffentlichen Bekenntnisschriften, Mainz 1832, XIV.

[4] Gemeinsame Erklärung zur Rechtfertigungslehre [= GER], in: Dokumente wachsender Übereinstimmung. Sämtliche Berichte und Konsenstexte interkonfessioneller Gespräche auf Weltebene. 3 Bde., hrsg. u. eingel. v. H. Meyer u.a., Paderborn – Frankfurt a.M. 1983-2003 (DwÜ 1-3), Bd. 3, 419-441.

[5] Siehe Anm. 1.

[6] Vgl. Biblische Grundlagen der Rechtfertigungslehre. Eine ökumenische Studie zur Gemeinsamen Erklärung zur Rechtfertigungslehre, hrsg. von W. Klaiber, Leipzig – Paderborn 2012.

[7] Vgl. Misericordiae vultus. Verkündigungsbulle von Papst Franziskus zum Außerordentlichen Jubiläum der Barmherzigkeit vom 11.04.2015. Hrsg. vom Sekretariat der Deutschen Bischofskonferenz, Bonn 2015 (VApS 200) Nr. 20.

[8] Vgl. Walter Kardinal Kasper, Barmherzigkeit: Grundbegriff des Evangeliums – Schlüssel christlichen Lebens, Freiburg i.Br. 2012, 22.

[9] Vgl. C. Schwöbel, Im Herzen angerührt, in: Zeitzeichen 7 (2015) 11.

[10] Vgl. Misericordiae vultus, Nr. 21.

[11] Vgl. Ebd., Nr. 21.

[12] Rechtfertigung und Freiheit. 500 Jahre Reformation 2017. Ein Grundlagentext des Rates der Evangelischen Kirche in Deutschland (EKD), Gütersloh 2014.

[13] Ebd., 64.

[14] Vgl. Ebd., 64f.

[15] Vgl. DH 1835.

[16] Hier ist vor allem Karl Rahner zu nennen. Vgl. zur heutigen kirchenamtlichen Ablasslehre (1967), in: K. Rahner, Sämtliche Werke, Bd. 11, Freiburg i.Br. 2005, 504-529.

[17] Vgl. Misericordiae vultus, Nr.22.

[18] Ebd., Nr. 22.

[19] Vgl. Rechtfertigung und Freiheit, 55.

[20] M. Luther, Disputation zur Klärung der Kraft der Ablässe, These 62 (WA 1, 236, übersetzt in: Martin Luther, Ausgewählte Werke, hrsg. von H. H. Borscherdt und G. Merz, Bd. 1, München ^{3}1951, 35 <Münchener Ausgabe=Mü^{3}>).

[21] BSLK, 83.

[22] Rechtfertigung und Freiheit, 53f.

[23] Vgl. Ebd., 73.

[24] Ebd., 71.

[25] Ebd., 91.

[26] So könnte man vermuten, wenn man folgende Ausführungen liest: „Das ‚allein' spitzt jedes Kernelement exklusiv zu und schließt so anderes aus. ‚Allein (aus/im/aufgrund/durch)' heißt hier also immer ‚nicht (aus/im/aufgrund/durch)'. In ihrer Exklusivität stellen diese Partikel die Pointe des evangelischen Verständnisses der Rechtfertigungslehre dar" (Rechtfertigung und Freiheit, 47).

[27] Vgl. M. Witte, Einführung, in: ders. (Hg.), Gerechtigkeit, Tübingen 2012 (Themen der Theologie, Bd. 6), 5.

[28] FCC, Nr. 129.

[29] Vgl. FCC, Kapitel 5.

[30] So mit einer Formulierung von Otto H. Pesch, Frei sein aus Gnade. Theologische Anthropologie, Freiburg i.Br. 1983, 236.

[31] Vgl. hierzu Klaiber (Hg.): Biblische Grundlagen, 33-37.

[32] Vgl. Historia Lutheri, 1546, in: CR 6, 155-170 (Nr. 3478), Übersetzung in: Melanchthon deutsch, hrsg. von M. Beyer u.a., Bd. 2, Leipzig 1997, 169-188.

[33] Vgl. Witte, Einführung, in: ders. (Hg.), Gerechtigkeit, 5.

[34] W. Pannenberg, Die Augsburger Konfession und die Einheit der Kirche, in: ÖR 28 (1979) 113.

[35] Vgl. hierzu R. Decot, Luthers Bedeutung für das gegenwärtige ökumenische Gespräch aus katholischer Sicht, in: Lutherforschung im 20. Jahrhundert. Rückblick – Bilanz – Ausblick, hrsg. von R. Vinke, Mainz 2004, 213-233, hier 232.

[36] Hier sind zu nennen: Heinrich Denifle, Hartmann Grisar, Joseph Lortz, Erwin Iserloh, Peter Manns, Adolf Herte, Albert Brandenburg, Otto Hermann Pesch, Vinzenz Pfnür. Ich beziehe mich auf die Beiträge

von J. Vercruysse, Katholische Lutherforschung im 20. Jahrhundert, in: Lutherforschung im 20. Jahrhundert. Rückblick – Bilanz – Ausblick, hrsg. von R. Vinke, Mainz 2004, 191; R. Decot, Katholische Lutherforschung, in: J. Ernesti / W. Thönissen (Hg.), Die Entdeckung der Ökumene. Zur Beteiligung der katholischen Kirche an der ökumenischen Bewegung, Paderborn – Frankfurt a.M. 2008, 17-34.

[37] Text in: H. Jedin, Joseph Greving (1868-1919). Zur Erinnerung an die Begründung der „Reformationsgeschichtlichen Studien und Texte" im Jahre 1905, Münster 1954 (KLK 12), 13. Vgl. P. Walter, „Reformationsgeschichtliche Studien und Texte". Vergangenheit und Zukunft einer wissenschaftlichen Reihe, Münster 2008 (KLK 68), 11.

[38] Jedin, Greving, 16.

[39] Text in Jedin, Greving, 55.

[40] So das ausdrückliche Fazit von Jedin, Greving, 55.

[41] Gemeint ist: J. Lortz, Die Reformation in Deutschland, 2 Bde., Freiburg i.Br. 1939/1940, [6]1982.

[42] So die Kennzeichnung bei Vercruysse, Lutherforschung, 206.

[43] P. Manns, Zum Vorhaben einer „katholischen Anerkennung der Confessio Augustana", in: ders., Ökumene auf Kosten Martin Luthers?, in: ÖR 26 (1977) 426-450, hier 430.

[44] Ebd., 429.

[45] Ebd., 441f. mit Rückgriff auf ein Zitat von J. Lortz, Die Reformation in Deutschland, Bd. 2, Freiburg i.Br. [3]1948, 53.

[46] CA 7 (BSLK, 61).

[47] Vgl. O. H. Pesch, Der „katholische" und der „lutherische" Luther. Eine späte Antwort an Peter Manns, in: O. H. Pesch, Gerechtfertigt aus Glauben. Luthers Frage an die Kirche, Freiburg – Basel – Wien 1982 (QD 97) 95-144; A. Brandenburg, Gericht und Evangelium. Zur Worttheologie in Luthers Erster Psalmenvorlesung, Paderborn 1960.

[48] V. Pfnür, Einig in der Rechtfertigungslehre? Die Rechtfertigungslehre der Confessio Augustana (1530) und die Stellungnahme der katholischen Kontroverstheologie zwischen 1530 und 1535 (VIEG 60) Münster 1970, 2.

[49] Vgl. Confessio Augustana. Bekenntnis des einen Glaubens. Gemeinsame Untersuchung lutherischer und katholischer Theologen, hrsg. von H. Meyer und H. Schütte, Paderborn – Frankfurt a.M., 1980.

[50] Vgl. Martin Luther – Zeuge Jesu Christi. Wort der Gemeinsamen römisch-katholischen/evangelisch-lutherischen Kommission anläßlich des 500. Geburtstages Martin Luthers, 1983, Nr. 4. In: DwÜ, Bd. 2, 445.

[51] Predigt von Papst Johannes Paul II. im Ökumenischen Gottesdienst im Hohen Dom zu Paderborn am Samstag, 22. Juni 1996. In: Predigten und Ansprachen von Papst Johannes Paul II. bei seinem dritten Pastoralbesuch in Deutschland sowie Begrüßungsworte und Reden, die an den Heiligen Vater gerichtet wurden. Hrsg. vom Sekretariat der Deutschen Bischofskonferenz, Bonn 1996 (VApS 126) 32.

[52] Wort zum 450. Todesjahr Martin Luthers aus der evangelischen und katholischen Kirche in Thüringen und Sachsen-Anhalt, in: ÖR 45 (1996) 218-221, hier 218.

[53] Vgl. FCC, Nr. 233.

[54] So noch in einer Tischrede von 1533: Vgl. WA.TR 1,245, 12 (Nr. 526).

[55] Die Apostolizität der Kirche. Studiendokument der Lutherisch/Römisch-katholischen Kommission für die Einheit, Paderborn – Frankfurt a.M. 2009, Nr. 235.

[56] Vgl. Stellungnahme der Gemeinsamen Römisch-katholischen/Evangelisch-lutherischen Kommission zum Augsburgischen Bekenntnis, 1980, Alle unter einem Christus, Nr. 10, in: DwÜ 1, 325.

[57] Vgl. Ebd., Nr. 19, in: DwÜ 1, 326f.

[58] Vgl. LG 8.

[59] Vgl. UR 6.

[60] Die Apostolizität der Kirche, Nr. 134.

[61] Vgl. FCC, Nr. 238.

[62] Der hier folgende Beitrag soll zunächst historisch den Horizont weiten, vor dem dann in den folgenden Beiträgen einzelne Teilfragen vertieft werden können. Es wird hier nicht angestrebt, einen vollständigen historischen Ablauf der Ereignisse vorzulegen, sondern die Hauptpunkte zu benennen, die die Basis für die systematisch-theologische Reflexion liefern.

[63] Vgl. zum Begriff der Reformation und zu einzelnen Formulierungen: E. Wolgast, Art. Reform, Reformation: Geschichtliche Grundbegriffe. Historisches Lexikon zur politisch-sozialen Sprache in Deutschland, hrsg. von O. Brunner / W. Conze / R. Koselleck, Bd. 5, Stuttgart 1984, 313-360; H. Rabe, Reich und Glaubensspaltung. Deutschland 1500-1600, München 1991; P. Blickle, Die Reformation im Reich, Stuttgart ^{2}1992; L. Schorn-Schütte, Die Reformation. Vorgeschichte – Verlauf – Wirkung, München 1996 (Beck'sche Reihe 2054); O. Mörke, Die Reformation. Voraussetzungen und Durchsetzung, München 2005 (Enzyklopädie Deutscher Geschichte Bd. 74).

[64] Vgl. WA 6, 413 (Mü[3], Bd. 2, 94).
[65] Vgl. WA 6, 457 (Mü[3], Bd. 2, 137).
[66] Vgl. Um Reform und Reformation. Zur Frage nach dem Wesen des „Reformatorischen“ bei Martin Luther, hrsg. von A. Franzen, Münster 1968 (KLK 27/28); B. Hamm / B. Moeller / D. Wendebourg, Reformationstheorien. Ein kirchenhistorischer Disput über Einheit und Vielfalt der Reformation, Göttingen 1995; V. Leppin, Wie reformatorisch war die Reformation?, in: ZThK 99 (2002) 162-176.
[67] Vgl. zur Religiösität im Mittelalter: W. Brandmüller, Das Mittelalter – Von der Einheit zur Spaltung, in: Handbuch der Ökumenik (HÖ) Bd. 1. Im Auftrag des Johann-Adam-Möhlerinstituts für Ökumenik herausgegeben von H.J. Urban und H. Wagner, Paderborn 1985, 180-195; A. Angenendt, Geschichte der Religiösität im Mittelalter, Darmstadt 1997.
[68] Vgl. J. Lortz, Die Refomation in Deutschland, Freiburg i.Br. [4]1962.
[69] Vgl. Th. Kobusch, Die Philosophie des Hoch- und Spätmittelalters (Geschichte der Philosophie, hrsg. von W. Röd, Bd. V) München 2011, 484.
[70] Ebd. 489.
[71] Vgl. Th. Dieter, Der junge Luther und Aristoteles. Eine historisch-systematische Untersuchung zum Verhältnis von Theologie und Philosophie (Theologische Bibliothek Töpelmann, Bd. 105), Berlin – New York 2001.
[72] Vgl. V. Leppin, Mystik, in: Luther Handbuch, hrsg. von A. Beutel, Tübingen 2005, 57.
[73] Vgl. Kobusch, Philosophie, 485.
[74] Vgl. Leppin, Mystik., 60.
[75] Vgl. U. Köpf, Mönchtum, in: Luther Handbuch, hrsg. von A. Beutel, Tübingen 2005, 50-57, hier 56.
[76] Vgl. WA 56, 370 (Mü[3] Erg. Bd. 2, 274).
[77] So auch V. Leppin, Martin Luther, Darmstadt 2006, 107-117.
[78] Vgl. P. Walter, Art. Humanismus, in: K. Ganzer / B. Steimer (Hg.), Lexikon der Reformationszeit, Freiburg i.Br. 2002, 354-360.
[79] Vgl. W. Maurer, Der junge Melanchthon zwischen Humanismus und Reformation (Studienausgabe beider Teilbände) Göttingen 1996.
[80] Vgl. Brandmüller, Das Mittelalter, 194.
[81] Zu Luthers Werdegang insgesamt: M. Brecht, Martin Luther, 3 Bde. Stuttgart 1981-1987; V. Leppin, Martin Luther, Darmstadt 2006.
[82] Vgl. dazu weiter unten Kapitel 3.

[83] Vgl. N. Paulus, Geschichte des Ablasses im Mittelalter. Vom Ursprunge bis zur Mitte des 14. Jahrhunderts, 2 Bde., 1922, Darmstadt ^{2}2000 (Neuauflage); B. Poschmann, Buße und letzte Ölung, in: M. Schmaus / J. R. Geiselmann / A. Grillmeier (Hg.), Handbuch der Dogmengeschichte. Band 4: Sakramente und Eschatologie. Faszikel 3: Buße und Letzte Ölung (HDG IV/3), Freiburg i.Br., 1950.

[84] So in seinem Brief an Staupitz vom 31. Mai 1518 (WA 1, 525ff; Mü^{3} Bd. 1, 50ff).

[85] WA 1, 236; Mü^{3} Bd. 1, 35.

[86] WA 1, 234; Mü^{3} Bd. 1, 33.

[87] WA 1, 526;Mü^{3} Bd. 1, 51.

[88] Die Heidelberger Disputation: WA 1, 356; Mü^{3} Bd. 1, 126.

[89] Auslegung deutsch des Vater unser: WA 2, 125; Mü^{3} Bd. 1, 343.

[90] Vorrede Luthers zum ersten Bande der Gesamtausgabe seiner lateinischen Schriften: WA 54, 185f.; Mü^{3} Bd. 1, 26f.

[91] WA 54, 186; Mü^{3} Bd. 1, 27.

[92] Vgl. Historia Lutheri, in: CR 6, 155-170 (Nr. 3478); deutsche Übersetzung in: Melanchthon deutsch, hrsg. von M. Beyer u.a., Bd. 2, Leipzig 1997, 169-188.

[93] Vgl. zum geschichtlichen Verlauf der Reformation: E. Iserloh, Die Kirchenspaltung im Westen, in: HÖ, Bd. 1, 196-285; K. H. Zur Mühlen, Reformation und Gegenreformation, 2 Tl. (Zugänge zur Kirchengeschichte Bd. 6) Göttingen 1999; R. Decot, Geschichte der Reformation in Deutschland, Freiburg i.Br. 2015.

[94] WA 2,8; Mü^{3} Bd. 1, 61.

[95] WA 2, 13; Mü^{3} Bd. 1, 68.

[96] WA 2, 161; Mü^{3} Bd. 1, 99.

[97] DH 1492.

[98] WA 7, 876f.; Mü^{3}, Bd. 3, 14f.

[99] Vgl. G. Ebeling, Luther. Einführung in sein Denken, Tübingen 1964, ^{5}2006; B. Lohse, Luthers Theologie in ihrer historischen Entwicklung und in ihrem systematischen Zusammenhang, Göttingen 1995; O.H Pesch, Hinführung zu Luther, Mainz 1982, ^{2}2004.

[100] WA 6, 406; Mü^{3}, Bd. 2, 86.

[101] WA 6, 407; Mü^{3}, Bd. 2, 87.

[102] WA 6, 409f.; Mü^{3}, Bd. 2, 89.

[103] WA 6, 516f.; Mü^{3}, Bd. 2, 178.

[104] WA 6, 566; Mü^{3}, Bd. 2, 244.

[105] Vgl. Von dem Papsttum zu Rom wider den hochberühmten Romanisten zu Leipzig: WA 6, 292f., 296f.

[106] WA 6, 323.

[107] Vgl. Von den guten Werken: WA 6, 204; Mü[3], Bd. 2, 5.

[108] WA 7, 21; Mü[3], Bd. 2, 269.

[109] WA 7, 24; Mü[3], Bd. 2, 273.

[110] Vgl. Summa Theologiae I-II, 90; DThA, Bd. 13, 3.

[111] Von weltlicher Obrigkeit, wie weit man ihr Gehorsam schuldig sei: WA 11, 252; Mü[3], Bd. 5, 15.

[112] WA 11, 262; Mü[3], Bd. 5, 25.

[113] WA 11, 264; Mü[3], Bd. 5, 27.

[114] WA 11, 269; Mü[3], Bd. 5, 32.

[115] WA 11, 271; Mü[3], Bd. 5, 34.

[116] WA 36, 9.

[117] WA 18, 674; Mü [3], Erg.Reihe Bd. 1, 92.

[118] Vgl. H.-J. Goetz, Antiklerikalismus und Reformation. Sozialgeschichtliche Untersuchungen, Göttingen 1995.

[119] J. Calvin, Institutio Christianae Religionis (Unterricht in der christlichen Religion), nach der letzten Ausgabe übersetzt und bearbeitet von O. Weber, Neukirchen-Vluyn 1955.

[120] Vgl. A. Ganoczy, Art. Calvin, in: Lexikon der Reformationszeit, Freiburg i.Br. 2002, 112-122; zu Calvins Theologie insgesamt: E.-M. Faber, Symphonie von Gott und Mensch. Die responsorische Struktur von Vermittlung in der Theologie Johannes Calvins, Neukirchen-Vluyn 1999.

[121] Vgl. V. Pfnür, Einig in der Rechtfertigungslehre? Die Rechtfertigungslehre der Confessio Augustana (1530) und die Stellungnahme der katholischen Kontroverstheologie zwischen 1530 und 1535 Wiesbaden 1970 (VIEG 60).

[122] Vgl. hierzu A. Sander, Erstrittene Ordination. Georg III. von Anhalt (1507-1553): ein Beispiel für die Ordinationstheologie im Luthertum des 16. Jahrhunderts, in: Cath (M) 60 (2006) 23-52, hier 25f.

[123] Vgl. Rabe, Deutsche Geschichte, 369-376.

[124] Vgl. H. Jedin, Geschichte des Konzils von Trient, 4 Bde., Freiburg i. Br.? 1949-1975; E. Iserloh, Katholische Reform und Gegenreformation, in: HÖ, Bd. 1, 286-306.

[125] DH 1501.

[126] DH 1528.

[127] DH 1740.
[128] DH 1764.
[129] Vgl. E. W. Zeeden, Die Entstehung der Konfessionen. Grundlagen und Formen der Konfessionsbildung im Zeitalter der Glaubenskämpfe, München 1965; H. R. Schmidt, Konfessionalisierung im 16. Jahrhundert (Enzyklopädie Deutscher Geschichte, Bd. 12), München 1992.
[130] Vgl. Th. Lentes, Nikolaus Paulus (1853-1930) und die „Geschichte des Ablasses im Mittelalter", Einleitung zur 2. Auflage, in: Paulus, Geschichte des Ablasses, Bd. 1, XXXVIII.
[131] Vgl. ebd., XXII.
[132] Vgl. N. Paulus, Geschichte des Ablasses am Ausgang des Mittelalters, 1922, Darmstadt [2]2000 (Neuauflage), 121.
[133] Vgl. dazu G. A. Benrath, Art. Ablass, in: TRE 1, 1977, 351.
[134] Vgl. J. Lortz, Die Reformation in Deutschland, Freiburg i.Br. – Basel – Wien [6]1982, 193-210; ihm folgte auch E. Iserloh.
[135] Vgl. B. Moeller, Frömmigkeit in Deutschland um 1500, in: ders., Die Reformation und das Mittelalter. Kirchenhistorische Aufsätze, hrsg. von J. Schilling, Göttingen, 73-85.
[136] Ebd., 81.
[137] Ebd., 84.
[138] Vgl. B. Moeller, Die letzten Ablasskampagnen. Der Widerspruch Luthers gegen den Ablass in seinem geschichtlichen Zusammenhang, in: ders., Reformation, 54f.
[139] Vgl. ebd., 55.
[140] So C. Neuhausen, Das Ablaßwesen in der Stadt Köln vom 13. bis zum 16. Jahrhundert, Köln 1994, 274.
[141] So. W. E. Winterhager, Ablaßkritik als Indikator historischen Wandels vor 1517. Ein Beitrag zu den Voraussetzungen und Einordnung der Reformation, in: ARG 90 (1999) 16f.
[142] Ebd., 20.
[143] C. Volkmar, Reform statt Reformation. Die Kirchenpolitik Herzog Georg von Sachsen 1488-1525, Tübingen 2008, 379, vgl. 373-384.
[144] R. Messner, Feiern der Umkehr und Versöhnung, in: H. B. Meyer u.a. (Hg.), Gottesdienst der Kirche. Handbuch der Liturgiewissenschaft Teil 7,2, Sakramentliche Feiern I/2, Regensburg 1992, 9-240, hier 165.
[145] Vgl. Benrath, Ablass, 459.
[146] Vgl. Paulus, Geschichte des Ablasses im Mittelalter; ders., Geschichte des Ablasses am Ausgang des Mittelalters.

147 Messner, Feiern, 173f.

148 H. Vorgrimler, Buße und Krankensalbung, in: in: M. Schmaus / J. R. Geiselmann / A. Grillmeier (Hg.), Handbuch der Dogmengeschichte. Band 4: Sakramente und Eschatologie. Faszikel 3: Buße und Letzte Ölung (HDG IV/3), Freiburg i.Br. 1978, 144f.

149 Benrath, Ablass, 349.

150 Vgl. B. Hamm, Von der Gottesliebe des Mittelalters zum Glauben Luthers. Ein Beitrag zur Bußgeschichte, in: Lutherjahrbuch 65 (1998) 25.

151 Vgl. B. Moeller, Die letzten Ablasskampagnen. Der Widerspruch Luthers gegen den Ablaß in seinem geschichtlichen Zusammenhang, in: ders., Die Reformation und das Mittelalter. Kirchenhistorische Aufsätze, hrsg. von J. Schilling, Göttingen, 53-72.

152 Vgl. L. Vogel, Zwischen Universität und Seelsorge. Martin Luthers Beweggründe im Ablassstreit: ZKG 118 (2007) 187-212, hier 187.

153 So in der Vorrede zum zweiten Band von Luthers Werken von 1546 (CR 6, 155-170, Nr. 3478).

154 Vgl. Geschichte der Reformationsgeschichte, hrsg. von O. Clemen, Leipzig 1914, 20-23.

155 Vgl. Vogel, Universität, 197.

156 Ebd., 203.

157 So in seinem Brief an Staupitz vom 30. Mai 1518 (WA 1, 525-527). Vgl. R. Wetzel, Staupitz und Luther, in: Martin Luther. Probleme seiner Zeit, hrsg. von V. Press und D. Stievermann, Stuttgart 1986, 75-87.

158 Vgl W.E. Winterhager, Ablaßkritik, 67.

159 Vgl. Luther an Papst Leo X., Ende Mai 1518, in: WA 1, 528.

160 Vgl. Luther an Spalatin, 15. Februar 1518, in: WA.B 1, 146.

161 Vgl. WA 1, 528; Mü[3], Bd. 1,55.

162 Luther an Johannes von Staupitz, 30.Mai 1518: WA 1, 526.

163 Vgl. Luther an Johannes von Staupitz, 31. März 1518: WA.B 1, 160.

164 Luther an Hieronymus Schulz von Brandenburg, 22. Mai 1518: WA.B 1, 138.

165 Vgl. Luther an Johannes von Staupitz, 31. März 1518: WA.B 1, 160

166 Luther an Hieronymus Schulz von Brandenburg, 22. Mai 1518: WA.B 1, 138; Mü[3], Bd. 1, 48.

167 WA.B 1, 139; Mü[3], Bd. 1, 48.

168 So Erzbischof Albrecht in einem am 13. Dezember 1517 abgefassten Schreiben an seine Magdeburger Räte; vgl. F. Körner, Tezel der Ablaßprediger, Frankenberg 1888, 148f.

[169] WA 1, 580.
[170] Vgl. WA 1, 525-527.
[171] Vgl. hierzu Leppin, Martin Luther, 107-117.
[172] Vgl. WA 1, 525.
[173] Vgl. Sermo de Poenitentia: WA 1, 322.
[174] Vgl. CR 6, 155-170 (Nr. 3478).
[175] Melanchthon hebt das DIR so hervor.
[176] „... fide iustificamur..." (CR 6, 159),
[177] Vgl. „... ostendit gratis propter filium Dei remitti peccata" (CR 6, 161).
[178] Vgl. CR 6, 160.
[179] Vgl. Nach heutiger Zählung Ps. 32.
[180] Erläuterungen der Bearbeiter führen offenbar in die falsche Richtung, wie F. Posset, The Real Luther. A Friar at Erfurt and Wittenberg, St. Louis 2011, 111, ausführt.
[181] Vgl. WA 56, 369f. Vgl. zum ganzen Kontext: Posset, ‚The Real Luther, 85-128, der den Zusammenhang zwischen Bernhard, Melanchthon und Luther aufdeckt.
[182] Vgl. Melanchthon verweist hier einleitend auf einen alten Mann im Augustinerkloster in Erfurt, dem sich Luther im Gespräch anvertraute. Es dürfte sich hierbei um Johannes Greffenstein handeln. Das in dieser Textpassage aufgenommene Zitat ist exakt aus Luthers Römerbriefvorlesung. Vgl. CR 6, 159.
[183] Bernhard von Clairvaux, In Annuntiatione Dominica. Sermo Primus (Sämtliche Werke lateinisch/deutsch VIII, hrsg. von G.B. Winkler, Innsbruck 1997, 101): „Sic enim arbitratur Apostolus iustificari hominem gratis per fidem." Bei Luther findet sich das Zitat in: WA 56, 370.
[184] „Necesse est enim primo omnium credere, quod remissionem peccatorum habere non possis nisi per indulgentiam Dei" (WA 56, 3 = SBO V, 13).
[185] „Deinde, quod nihil prorsus habere queas boni operis, nisi et hoc dederit ipse" (WA 56, 370 = SBO V, 13).
[186] „Postremo, quod eternam vitam nullis potes operibus promereri, nisi gratis <tibi> detur et illa" (WA 56, 370 = SBO V, 13).
[187] Mittels Hervorhebung durch den Autor.
[188] Melanchthon spricht von erfolgreichen Anfängen Luthers, die ihm große Autorität verschafften (Vgl. CR 6, 161).
[189] So Posset, The Real Luther, 116.

[190] Vgl. CR 6, 163.

[191] Die These von der reformatorischen Umorientierung vertritt B. Hamm, Die 95 Thesen – ein reformatorischer Text im Zusammenhang der frühen Bußtheologie Martin Luthers, in: ders., Der frühe Luther. Etappen reformatorischer Neuorientierung, Tübingen 2010, 106.,109 u. 113.

[192] Luther an Spalatin, 15. Februar 1518: WA.B 1, 146.

[193] Luther an Papst Leo X., Ende Mai 1518: WA 1, 529, im Begleitbrief zu den Resolutionen.

[194] Vgl. Luther an Hieronymus Schulz von Brandenburg: WA.B 1, 139.

[195] Vgl. Luther an Papst Leo X., Ende Mai 1518: WA 1, 529.

[196] Vgl. So die Auffassung von Hamm, Bußtheologie, 106-109.

[197] „Ac restitua lux Augustini scriptis posteriati profuit, nam deinde Prosper Maximus, Hugo, et aliqui similes, qui studia gubernarunt, usque ad Bernardi aetatem, propemodum Augustini normam sequuntur" (CR 6, 167).

[198] „Haec initia fuerunt huius controversiae, in qua Lutherus... ne quidam ipsas indulgentias prorsus abiiciebat, sed tantum moderationem flagitabat" (CR 6, 162).

[199] J.A. Möhler, Symbolik, oder Darstellung der dogmatischen Gegensätze der Katholiken und Protestanten nach ihren öffentlichen Bekenntnisschriften, Mainz ^{6}1843, 2.

[200] Vgl. J. R. Geiselmann, Die theologische Anthropologie Johann Adam Möhlers. Ihr geschichtlicher Wandel, Freiburg i.Br. 1955, VIII.

[201] Möhler, Symbolik, 3.

[202] Vgl. Möhler, Symbolik, 232.

[203] Möhler, Symbolik, 220.

[204] Vgl. M. Striet, „Wer dürfte eine Theodizee wagen?" (J.A. Möhler) – Theodizeekritische Implikationen theologischer Anthropologie als kontroverstheologisches Thema, in: Johann Adam Möhler (1796 – 1838) Kirchenvater der Moderne. Hrsg. v. H. Wagner im Auftrag des Johann-Adam-Möhler-Instituts = Konfessionskundliche Schriften des Johann-Adam-Möhler-Instituts Nr. 20, Paderborn 1996, 181.

[205] Vgl. dazu die entsprechenden Hinweise bei H. Schlögel, Unterschiedliche Zugangsweisen zum Personverständnis. Ein Beitrag zur ökumenischen Ethik: A. Fritzsche / M. Kwiran (Hg.), Der Mensch: Ökumenische Sozialethik, Bd. 1, München 1998, 12-25; E. Schockenhoff: Personsein und Menschenwürde bei Thomas von Aquin und Martin Luther, in: ThPh 65 (1990) 481-512.

[206] Vgl. A.-E. Buchrucker, Luthers Anthropologie nach der großen Genesisvorlesung von 1535/45, in: NZSTh 14 (1972) 250-262, hier 250.
[207] Vgl. Ebd., 250f.
[208] Vgl. G. Ebeling, Lutherstudien Bd. II, Disputatio De Homine 3. Teil, Die theologische Definition des Menschen. Kommentar zu These 20-40, Tübingen 1989, 357-402.
[209] Zum Thema Luther und sein Gegensatz zur Scholastik vgl. jetzt neuerdings Th. Dieter, Der junge Luther und Aristoteles. Eine historisch-systematische Untersuchung zum Verhältnis von Theologie und Philosophie (Theologische Bibliothek Töpelmann Bd. 105) Berlin – New York 2001.
[210] Vgl. Ebeling, Lutherstudien Bd. II, 3. Teil,, 393-397.
[211] Vgl. O. H. Pesch, Luthers Verständnis vom Menschen. Ein Gespräch mit Gerhard Ebeling über seinen Kommentar zu Luthers „Disputatio De Homine“: Martin Luther „Reformator und Vater im Glauben“. Referate aus der Vortragsreihe des Instituts für Europäische Geschichte Mainz, hrsg. v. P. Manns, Stuttgart 1985 (VIEG Beiheft 18), 238-261. Die Ausführungen von Otto Hermann Pesch führt weiter E. Schockenhoff: Personsein und Menschenwürde bei Thomas von Aquin und Martin Luther: ThPh 65 (1990) 481-512, hier insbesondere 496.
[212] Gegen Peschs Argumentation einer komplementären Erfassung des Verhältnisses von Thomas und Luther wendet Ebeling kritisch ein: „Thomas und Luther stehen eigentümlich unhistorisch einander gegenüber als verschiedene spirituelle Typen, deren unterschiedliche Anliegen und Denkformen gegeneinander aufgerechnet werden.“ (Ebeling, Lutherstudien, 368).
[213] So die Anfrage von Ebeling, Lutherstudien Bd. II, 3. Teil, 371.
[214] Ebd., 370.
[215] In der Lutherforschung spielen die Disputationsthesen bis zu Ebelings bahnbrechendem Werk kaum eine beachtliche Rolle. Die Arbeit von M. Stomps, Die Anthropologie Martin Luthers, Frankfurt a.M. 1935, geht mit keinem Wort auf die Disputationsthesen ein. P. Althaus geht in seiner Theologie Martin Luthers, Gütersloh 1962, nur gelegentlich auf die Thesen ein, ohne ihre Bedeutung besonders herauszustellen. Das ändert sich erst mit dem Beginn der Herausgabe der Kommentierung der Thesen durch G. Ebeling. Aber noch 1972 geht Buchrucker im Blick auf Luthers Anthropologie mit keinem Wort auf die Disputationsthesen ein. B. Hägglund (Luthers Anthropologie: Leben und Werk

Martin Luthers von 1526 bis 1546, Bd.1. Festgabe zu seinem 500. Geburtstag, hrsg. von H. Junghans, Göttingen 1983, 63-76.747f.) beginnt seine Ausführungen zu Luthers Anthropologie direkt mit dem Hinweis auf die Disputationsthesen von 1536, aber auch hier unter Hinweis auf G. Ebeling. Diese Einschätzung gilt auch für A. Peters, Der Mensch: Handbuch Systematischer Theologie, hrsg. v. C. H. Ratschow, Bd. 8, Gütersloh 1979, 27-59. So wird die Vermutung zur Gewissheit, dass erst durch die umfangreiche Kommentierung Ebelings die Thesen über den engeren Bereich der Lutherforschung hinaus bekannt werden.

216 Vgl. hierzu die Ausführungen von M. Brecht, Martin Luther, Bd. 3, Die Erhaltung der Kirche 1532-1546, Stuttgart 1987, 130-137.

217 Vgl. WA 39,1, 175-177. Von den vierzig Thesen Luthers ist „weder eine zeitgenössische Abschrift noch ein Einzeldruck noch auch das handschriftliche Original erhalten“ geblieben (G. Ebeling, Lutherstudien Bd. II. Disputatio De Homine, 1. Teil, Text und Traditionshintergrund, Tübingen 1977, 1). Die Thesen waren zeitweise verschollen und wurden erst in den zweiten Band der Opera latina 1546 aufgenommen.

218 Vgl. hierzu Ebeling, Lutherstudien, Bd. II, 1. Teil, 31-42.

219 Vgl. Schockenhoff, Personsein und Menschenwürde, 498.

220 Vgl. G. Ebeling, Lutherstudien, Bd. II, Disputatio De Homine, 2. Teil, Die philosophische Definition des Menschen, Tübingen 1982, 464.

221 Vgl. zum Ganzen B. Wald, Person und Handlung bei Martin Luther (Schriftenreihe der Gustav-Siewerth-Akademie, Bd. 9) Weilheim-Bierbronnen 1993, 15-33.

222 Vgl. G. Ebeling, Lutherstudien, Bd. II, 3. Teil, 405.

223 Vgl. dazu W. Joest, Ontologie der Person bei Luther, 1997.

224 Vgl. G. Ebeling, Luthers Wirklichkeitsverständnis: Theologie in den Gegensätzen des Lebens, Tübingen 1995 (Wort und Glaube. 4. Bd.), 471f.

225 Vgl. L. Scheffczyk, Schöpfung als Heilseröffnung. Schöpfungslehre, in: L. Scheffczyk / A. Ziegenaus (Hg.), Katholische Dogmatik, Bd. 3, Schöpfung als Heilseröffnung, Aachen 1997, 234-266; L. Scheffczyk, Die Heilsverwirklichung in der Gnade, Gnadenlehre, in: L. Scheffczyk / A. Ziegenaus, Katholische Dogmatik, Aachen 1998, 389-445.

226 So z. B. bei G. L. Müller, Katholische Dogmatik für Studium und Praxis der Theologie, Freiburg i.Br. – Basel – Wien 1995, 106-154. So auch bei G. Langemeyer, Die theologische Anthropologie: Glaubenszu-

gänge. Lehrbuch der Katholischen Dogmatik, hrsg. v. W. Beinert, Bd. 1, Paderborn – München – Wien – Zürich 1995, 499-620.

[227] Vgl. hierzu W. Kasper, Christologie und Anthropologie, in: Theologie und Kirche, Mainz 1987, 194-216. Vgl. ebenso den Kommentar von J. Ratzinger zu Gaudium et spes, in: J. Ratzinger u.a. (Hg.), Das Zweite Vatikanische Konzil. Dokumente und Kommentare [LThK.E], Teil 3, Freiburg i.Br. – Basel – Wien 1968, 313-354, 350.

[228] Vgl. Ratzinger, Kommentar zu Gaudium et Spes, 350.

[229] Scheffczyk, Schöpfung, 252.

[230] Vgl. Ratzinger, Kommentar zu Gaudium et Spes, 316.

[231] Vgl. So die Kennzeichnung bei L. Scheffczyk: „Der systematischen Theologie obliegt es, auf der Grundlage der Offenbarungsaussagen und im Lichte der kirchlichen Lehrverkündigung die grundlegenden Wahrheiten über die Wesenskonstitution des Menschen zu erheben" (in: Scheffczyk, Schöpfung, 252).

[232] Vgl. hierzu W. Thönissen, Das Geschenk der Freiheit. Untersuchungen zum Verhältnis von Dogmatik und Ethik, Mainz 1988 (TTS, Bd. 30), 234f.

[233] Vgl. Ratzinger, Kommentar zu Gaudium et spes, 351.

[234] Vgl. Ebeling, Wirklichkeitsverständnis, 475.

[235] Ratzinger, Kommentar zu Gaudium et spes, 350.

[236] Vgl. D. Sattler, Im Geist Jesu Christi erlöst leben. Ansatz und Konsequenzen einer relationalen Soteriologie, in: dies., Aufgebrochen. Theologische Beiträge, Mainz 2001, 245.

[237] Vgl. W. Maurer, Art. Melanchthon, in: RGG^3 4 (1960) 841.

[238] Vgl. R. Stupperich, Der unbekannte Melanchthon. Wirken und Denken des Praeceptor Germaniae in neuer Sicht, Stuttgart 1961.

[239] Vgl. I. Dingel, Melanchthon und die Normierung des Bekenntnisses, in: G. Frank (Hg.), Der Theologe Melanchthon, Stuttgart 2000 (Melanchthon-Schriften der Stadt Bretten 5), 195-211, hier 195. Vgl. insgesamt: H. Scheible, Art. Melanchthon, in: TRE 22 (1992) 395.

[240] Vgl. N. Kuropka, Philipp Melanchthon: Wissenschaft und Gesellschaft. Ein Gelehrter im Dienst der Kirche (1526-1532), Tübingen 2002 (SuR 21), 1ff.

[241] Vgl. W. Maurer, Art. Melanchthon, 838f.

[242] Die Ausbeute ist freilich überschaubar, urteilt A. Lexutt, Melanchthon im Licht. Das Melanchthonjahr 2010 und die Frage nach dem, was ist und was fehlt, in: ThRv 106 (2010) 355-374. Als Beispiel mag hier

das im Gedenkjahr 1997 entstandene, dann 2000 erschienene Buch herangezogen werden: Frank, Theologe Melanchthon. Ebenso auch: G. Frank / S. Meier-Oeser (Hg.), Konfrontation und Dialog. Philipp Melanchthons Beitrag zu einer ökumenischen Hermeneutik, Leipzig 2006 (Schriften der Europäischen Melanchthon-Akademie 1). Insgesamt wichtig: H. Scheible, Aufsätze zu Melanchthon, Tübingen 2010; immer noch aktuell: ders., Melanchthon. Eine Biographie, München 1997. Neuerdings: N. Kuropka, Melanchthon, Tübingen 2010 (UTB Profile 3417); T. Wengert, Philip Melanchthon, Speaker of the Reformation. Wittenberg's other Reformer, Farnham 2010.

[243] Die Gemeinsame Erklärung zur Rechtfertigungslehre von 1999 erwähnt zwar Melanchthon nicht, aber ohne die gemeinsame ökumenische Rezeption der CA wäre sie in ihrer Genese nicht zu verstehen.

[244] Vgl. Pfnür, Einig in der Rechtfertigungslehre? (s. Anm 121)

[245] Vgl. S. Wiedenhofer, Formalstrukturen humanistischer und reformatorischer Theologie bei Philipp Melanchthon, 2 Bde., Bern 1976 (RSTh 2).

[246] Vgl. A. Lexutt, Melanchthon, 355f.

[247] Vgl. hierzu H. Junghans, Philipp Melanchthon als theologischer Sekretär, in: Frank, Theologe Melanchthon, 131.

[248] A. Sander, Luther und Melanchthon. Ökumenische Überlegungen zur Doppelspitze der Wittenberger Reformbewegung, in: KNA-ÖKI Nr. 27, 6. Juli 2010 (Thema der Woche), 1. Zitat: WA 30 II, 68f. (sprachlich leicht modernisiert von A.S.).

[249] WA TR 4, 386,1-8 (4577), 8. Mai 1539; die lateinischen Textpassagen wurden ins Deutsche übersetzt.

[250] WA 54, 182; deutsches Zitat nach: M. Luther. Ausgewählte Werke. Bd. 1, hrsg. v. H. H. Borcherdt u. G. Merz, München ^{3}1951, 23.

[251] WA Br 5,319 (1568). Man muss allerdings auch dem Umstand Rechnung tragen, dass die Verhandlungen um die CA nicht allein aus theologischer Perspektive betrachtet werden können, ohne die politischen Verhandlungsstrategien der Gegner untereinander zu berücksichtigen.

[252] Vgl. Melanchthons Briefwechsel: MBW 915.

[253] Vgl. Kuropka, Philipp Melanchthon: Wissenschaft und Gesellschaft, 223-226.

[254] Vgl. Oratio in funere reverendi viri D. Martini Lutheri, 1546 (Melanchthon deutsch, hrsg. v. M. Beyer u.a., Bd. 2, Leipzig 1997), 162.

[255] Vgl. Ebd., 157.

[256] So die Überschrift bei N. Kuropka, Wissenschaftler im Dienst an der Einheit, in: dies., Philipp Melanchthon: Wissenschaft und Gesellschaft, 211.

[257] Dieses Leitmotiv spielt an auf einen Text aus der Konkordienformel, Solida Declaratio: Von streitigen Artikeln (BSLK 839).

[258] Wenn ich recht sehe, hat erstmals 1997 ein katholischer Bischof zur Person Melanchthons Stellung bezogen, nämlich Erzbischof Oskar Saier im Auftrag der Deutschen Bischofskonferenz im Jubiläumsjahr 1997, vgl. „Wir haben wahrlich nicht Freude an Uneinigkeit", in: KNA-ÖKI Nr. 8, 25. Februar 1997, Dokumentation Nr. 3. Aktuell vgl. das Grußwort von Bischof Gerhard Ludwig Müller von 2010: Die Trennung der Kirchen hat ihn zutiefst geschmerzt. Würdigung von Philipp Melanchthon aus katholischer Sicht, in: KNA-ÖKI Nr. 17, 27. April 2010, Dokumentation Nr. 8, 4f.

[259] So die von V. Pfnür entwickelte und vorgelegte Grundthese in: Pfnür, Einig in der Rechtfertigungslehre?, 1-4. Vgl. B. Neumann, Die Bedeutung der „Confessio Augustana" und der „Apologie" Melanchthons für die Ökumene, in: Frank / Meier-Oeser, Konfrontation, 125-138.

[260] Dingel, Melanchthon, 197.

[261] Ebd., 199, unter Zusammenfassung ihrer Ausführungen von 196-199.

[262] Vgl. J. Schilling, Melanchthons deutsche Dogmatik, in: G. Frank, Theologe Melanchthon, 245. Zu Corpora Doctrinae im Allgemeinen vgl. I. Mager, Art. Corpora Doctrinae, in: EKL^3 1 (1986) 771-773.

[263] Vgl. Dingel, Melanchthon, 202-211.

[264] H. Meyer / H. Schütte, Einleitung, in: H. Meyer / H.-J. Mund / H. Schütte (Hg.), Katholische Anerkennung des Augsburgischen Bekenntnisses? Ein Vorstoß zur Einheit zwischen katholischer und lutherischer Kirche, Frankfurt a.M. 1977 (ÖkPer 9), 15.

[265] Ebd.

[266] So im Anschluss an V. Pfnür die Einschätzung von W. Kasper, Kirchenverständnis und Kircheneinheit nach der Confessio Augustana, in: K. Lehmann / E. Schlink (Hg.), Evangelium – Sakramente – Amt und die Einheit der Kirche. Die ökumenische Tragweite der Confessio Augustana, Freiburg i.Br.-Göttingen 1982 (DiKi 2), 42f.

[267] So aufgenommen nach einem Urteil Luthers von Kasper, Kirchenverständnis, 43.

[268] W. Kasper bezieht sich in seinem Urteil auf die Arbeit von Wiedenhofer, Formalstrukturen, 500. Wiedenhofer bezieht sich seinerseits auf J. Larsen, Melanchthons ökumenische Bedeutung, in: W. Elliger (Hg.), Philipp Melanchthon. Forschungsbeiträge zur vierhundertsten Wiederkehr seines Todestages dargeboten in Wittenberg 1960, Göttingen 1961, 171-179, 172. Während Larsen sich in seinem Urteil auf Melanchthons Milde, Freundlichkeit und Sanftheit bezieht, dabei aber ausdrücklich vermerkt, dass die ökumenischen Bestrebungen der Gegenwart vor der kirchentrennenden Rechtfertigungslehre freilich Halt machen müssen, sieht Wiedenhofer Melanchthons ökumenische Bedeutung in dessen Versuch, die Kontinuität mit der gesamten kirchlichen Überlieferung wiederzufinden. Erst W. Kasper bezieht seine Beurteilung ausdrücklich auf die Frage der Rechtfertigung und sieht an V. Pfnür anknüpfend Melanchthons ökumenische Bedeutung in dessen Ausformulierung der Rechtfertigungslehre, wie sie sich in der CA findet und die keinen kirchentrennenden Unterschied mehr darstelle.
[269] So in seiner Antwort auf die von V. Pfnür betriebene Initiative einer katholischen Anerkennung der Confessio Augustana, in: P. Manns, Zum Vorhaben einer „katholischen Anerkennung der Confessio Augustana“: Ökumene auf Kosten Martin Luthers?, in: ÖR 26 (1977) 426-450, hier 430.
[270] Ebd.
[271] Das ist im Wesentlichen die Leistung von J. Lortz, H. Jedin und E. Iserloh. Der der heutigen Ökumene weithin unbekannt gebliebene Lutherforscher Adolf Herte hatte 1943 in Münster sein Buch unter dem Titel „Das katholische Lutherbild im Banne der Lutherkommentare des Cochläus“ herausgebracht.
[272] Vgl. dazu im Einzelnen Pfnür, Einig in der Rechtfertigungslehre?, 285f. Pfnür bezieht sich auf Johannes Cochläus’ Schriften gegen Melanchthon; vgl. auch H. Smolinsky, Altgläubige Kontroverstheologen und das Interim, in: I. Dingel / G. Wartenberg (Hg.), Politik und Bekenntnis. Die Reaktionen auf das Interim von 1548, Leipzig 2006 (Leucorea-Studien zur Geschichte der Reformation und der Lutherischen Orthodoxie 8), 51-64; R. Keen, The Arguments and Audiences of Cochlaeus’s *Philippica VII*, in: CHR 78 (1992) 371-394.
[273] So das Urteil Manns, Zum Vorhaben einer „katholischen Anerkennung der Confessio Augustana“, 429.
[274] Ebd., 439.

[275] Vgl. WA Br 5, 319, 7. Vgl. Anm. 251.
[276] Manns, Zum Vorhaben einer „katholischen Anerkennung der Confessio Augustana", 439.
[277] J. Lortz, Die Reformation in Deutschland, Bd. II, Freiburg i.Br. ^{4}1962, 53.
[278] Ebd.
[279] Ebd.
[280] Manns, Zum Vorhaben einer „katholischen Anerkennung der Confessio Augustana", 442.
[281] Lortz, Reformation, 53.
[282] Manns, Zum Vorhaben einer „katholischen Anerkennung der Confessio Augustana", 442f.
[283] Vgl. Posset, The Real Luther.
[284] Vgl. Ebd., 116.
[285] Vgl. E. Schlink, Der ökumenische Charakter und Anspruch des Augsburgischen Bekenntisses, in: H. Meyer (Hg.), Augsburgisches Bekenntnis im ökumenischen Kontext, Stuttgart 1980, 12: „Man wird die Unterschiede zwischen Luthers Theologie und dem Augsburgischen Bekenntnis im Rahmen der grundsätzlichen Problematik des Verhältnisses zwischen der Theologie eines einzelnen Lehrers der Kirche und dem Dogma der Kirche sehen müssen" (Ebd., 12f.).
[286] W. Lohff, Die Bedeutung der Augsburgischen Konfession für die Lutherische Kirche und ihr Verhältnis zur römisch-katholischen Kirche, in: Meyer / Schütte, Confessio Augustana, 1-21, hier 1. (s. Anm. 49)
[287] Ebd., 12.
[288] So das Ergebnis der gemeinsamen Studienarbeit, die in dem von Meyer und Schütte herausgegeben Werk, Confessio Augustana, 333, dokumentiert wird.
[289] BSLK 83d.
[290] Alle unter einem Christus. Stellungnahme der Gemeinsamen Römisch-katholischen/Evangelisch-lutherischen Kommission zum Augsburgischen Bekenntnis, 1980, in: DwÜ 1, 323-328, hier 325.
[291] Mit Bezug auf das von Meyer und Schütte herausgegebene Werk, Confessio Augustana, 333.
[292] Vgl. DwÜ 1, 255.
[293] G. Müller / V. Pfnür, Rechtfertigung – Glaube – Werke, in: Meyer / Schütte, Confessio Augustana, 105-138, hier 110.
[294] Vgl. W. Maurer, Historischer Kommentar zur Confessio Augustana, Bd. 2, Gütersloh 1978, 68.

[295] Alle unter einem Christus, 326, Nr. 14.
[296] Vgl. das Ergebnis der Studienarbeit zu „Confessio Augustana. Bekenntnis des einen Glaubens“, in: Meyer / Schütte, Confessio Augustana, 333-337, hier 336.
[297] BSLK 136.
[298] Vgl. Gemeinsame Römisch-katholische/evangelisch-lutherische Kommission, Kirche und Rechtfertigung. Das Verständnis der Kirche im Licht der Rechtfertigungslehre, in: DwÜ 3, 317-419.
[299] Vgl. H. Meyer / H. Schütte, Die Auffassung von Kirche im Augsburgischen Bekenntnis, in: Meyer / Schütte, Confessio Augustana, 171.
[300] Vgl. BSLK 235f.
[301] Vgl. Ebd. 180.
[302] Vgl. Meyer / Schütte, Confessio Augustana, 168f.
[303] Kirche und Rechtfertigung, 320, Nr. 2.
[304] Melanchthon zitiert diesen Artikel ausdrücklich in ApolCA VII (BSLK 235).
[305] ApolCA VII (BSLK 234, 29f.).
[306] Vgl. Heubtartikel Christlicher Lere. Melanchthons deutsche Fassung seiner Loci Theologici, 1553, hrsg. v. R. Jenett u. J. Schilling, Leipzig 2002, 383f.
[307] Examen ordinandorum, LXXV (MSA VI, 212)
[308] Heubtartikel Christlicher Lere, 390.
[309] Vgl. Examen ordinandorum, LXXV (MSA VI, 212)
[310] Vgl. LG 8.
[311] Meyer / Schütte, Confessio Augustana, 170.
[312] Vgl. Kirche und Rechtfertigung, 332, Nr. 39.
[313] Vgl. BSLK 479f.
[314] „Jus est donum propie datum ecclesiae“ (BSLK 491).
[315] Vgl. BSLK 491.
[316] Heubtartikel Christlicher Lere, 379.
[317] Ebd., 382.
[318] Vgl. Confessio Saxonica 1551, 409: „in quo Deus per ministerium Evangelii est efficax“ (MSA VI, 1219).
[319] Sander, Luther und Melanchthon, 3.
[320] „Si autem ordo de ministerio verbi intelligatur, non gravatim vocaverimus ordinem sacramentum“ (ApolCA 13,11, in: BSLK 293). Weitere Belege sind: „Veteres, ut magnitudinem et dignitatem ministerii commendarent hominibus, sapienter posuerunt ordinationem inter Sacra-

menta" (CR 12, 490). Auch in den späteren Ausgaben seiner evangelischen Dogmatik, den Loci, findet man folgende Aussage: „Cum autem vocabulum Sacramenti ceremoniis intelligitur institutis in praedicatione Christi, numerentur haec Sacramenta: Baptismus, Coena Domini, Absolutio, quae sunt externi ritus et sunt signa totius Evangelii ... Mihi maxime placet etiam addi Ordinationem, ut vocant, id est, vocationem ad ministerium Evangelii et publicam eius vocationis approbationem; quia haec omnia mandato Evangelii praecipiuntur" (CR 21, 848-853, hier 849f.)

[321] Vgl. ApolCA 13,18 (BSLK 293).

[322] Heubtartikel Christlicher Lere, 379.

[323] Ebd., 379.

[324] Vgl. Gemeinsame Erklärungen des Arbeitskreises: Zeichen der Einheit der Kirche im Anschluss an die Confessio Augustana: Evangelium – Sakramente – Amt.

[325] Einheit vor uns. Bericht der Gemeinsamen Römisch-katholischen/Evangelisch-lutherischen Kommission, in: DwÜ 2, 451-506, hier 453, Nr. 3.

[326] Vgl. Kirche und Rechtfertigung, 374f., Nr. 170f.

[327] Vgl. V. Pfnür, Die Einheit der Kirche in der Sicht Melanchthons, in: Frank / Meier-Oeser, Konfrontation, 91-123, hier 123.

[328] Vgl. J. Ratzinger, Was eint und was trennt die Konfessionen?, in: ders., Gesammelte Schriften, Bd. 8/2, Freiburg i.Br. 2010, hier 837.

[329] So Kuropka, Philipp Melanchthon: Wissenschaft und Gesellschaft, 249-251. (s. Anm. 240)

[330] Ausgangs- und Orientierungspunkt für die Calvin-Forschungsarbeit ist jetzt das v. H. J. Selderhuis hrsg. Calvin Handbuch, Tübingen 2008.

[331] Hiervon zeugt die Zahl der neueren Veröffentlichungen, etwa: K. Huizing, Johannes Calvin ... und was vom Reformator übrig bleibt, Frankfurt a.M. 2008; G. Plasger, Johannes Calvins Theologie. Eine Einführung, Göttingen 2008; V. Reinhardt, Die Tyrannei der Tugend. Calvin und die Reformation in Genf, München 2009; E.-M. Faber, Calvin im Spiegel seiner Interpreten. Der lange Weg zur Überwindung von Vorurteilen am Beispiel der Sakramententheologie, in: ThRv 105 (2009) 177-194.

[332] Vgl. hierzu H. J. Selderhuis, Calvinbilder: Bilder und Selbstbild, in: ders., Calvin Handbuch, 2-9.

[333] Calvins Prädestinationslehre, in der Institutio von 1539, dem „zwei-

ten Buch", grundgelegt, brachte ihm früh Kritik innerhalb und außerhalb der reformatorischen Bewegung ein. Vgl. dazu M. G. K. van Veen, Calvin und seine Gegner, in: Selderhuis, Calvin Handbuch, 155-164, hier 159-161.

[334] Dieses Bild geht zurück auf Calvins Rolle als Verfasser von Kirchenordnungen.

[335] Diese populäre These geht im Kern auf M. Webers Schrift „Die protestantische Ethik und der Geist des Kapitalismus" zurück, ist aber in der Forschung seit langem umstritten. Vgl. Reinhardt, Die Tyrannei, 252-256.

[336] K. Barth, Die Theologie Calvins 1922. Vorlesung Göttingen Sommersemester 1922, hrsg. v. H. Scholl, Zürich 1993 (Karl Barth Gesamtausgabe), 252.

[337] Diese Kennzeichnung geht auf den britischen Historiker Lord Acton zurück. Vgl. dazu Selderhuis, Calvinbilder, 3; vgl. neuerdings auch Reinhardt, Die Tyrannei.

[338] Vgl. das Leitmotiv bei B. Cottret, Calvin. Eine Biographie. Aus dem Französischen v. W. Stingl, Stuttgart 1995, 10.

[339] Vgl. A. Ganoczy, Art. Calvinismus, in: W. Thönissen (Hg.), Lexikon der Ökumene und Konfessionskunde, Freiburg i.Br. 2007, 199-204.

[340] Vgl. E. Iserloh, Johannes Calvin. Persönlichkeit und Werk, in: HKG(J) 4, Freiburg i.Br. 1985, 376-405, 392.

[341] Vgl. seine Artikel „Calvin" und „Calvinisme", in: Catholicisme. Bd. 2, hg. v. G. Jacquemet, Paris 1949, 405-421.421-424.

[342] Vgl. H. Scholl, Calvinus catholicus. Die katholische Calvinforschung im 20. Jahrhundert, Freiburg i.Br. 1974 (ÖF.E 7), 103.

[343] Vgl. H. Scholl (Hg.), Karl Barth und Johannes Calvin. Karl Barths Göttinger Calvin-Vorlesung von 1922, Neukirchen-Vluyn 1995, 8.

[344] Vgl. H. Schützeichel, In der Schule Calvins, Trier 1996.

[345] Vgl. E.-M. Faber, Symphonie von Gott und Mensch. Die responsorische Struktur von Vermittlung in der Theologie Johannes Calvins, Neukirchen-Vluyn 1999, 27.

[346] Vgl. Scholl, Calvinus catholicus, 45.

[347] Allerdings bezeichnend ist, dass das neue Calvin-Handbuch gerade einmal zwölf Zeilen für die katholische Calvin-Forschung erübrigt: Selderhuis, Calvin Handbuch, 497.

[348] Das ist einem Redebeitrag Ganoczys zu entnehmen, in: Barth und Calvin heute. Ein Rundgespräch, in: Scholl, Karl Barth, 179: „Ich selbst

wollte gar keine ökumenische Theologie betreiben, ich wollte Calvinforschung betreiben."

[349] Vgl. Scholl, Calvinus catholicus, 97.

[350] Vgl. Ebd., 90f.

[351] Vgl. H. Küng, Rechtfertigung. Die Lehre Karl Barths und eine katholische Besinnung. Mit einem Geleitbrief von Karl Barth, Einsiedeln 1957, 25.29.276 (zum Verhältnis Barth und Calvin in Bezug auf die Rechtfertigungslehre).

[352] So bei Scholl, Calvinus catholicus, 91.

[353] Vgl. zum Verhältnis von Barth und von Balthasar jetzt den Sammelband v. W. W. Müller (Hg.), Karl Barth – Hans Urs von Balthasar. Eine theologische Zwiesprache, Zürich 2006. Die Bedeutung von H. U. von Balthasars früher geistesgeschichtlicher Synthese „Apokalypse der deutschen Seele" scheint mir für das spätere Barth-Buch immer noch nicht ausgelotet zu sein.

[354] Vgl. H. U. von Balthasar, Apokalypse der deutschen Seele. Bd. 3, Salzburg – Leipzig 1939 (Neuausgabe 1998), 317f.

[355] Vgl. Ebd., 325.

[356] Ebd., 360.

[357] Ebd., 360. Mit Bezug auf K. Barth, Gottes Gnadenwahl, München 1936 (TEH 47), 35, führt von Balthasar den Satz als Zitat.

[358] H. U. von Balthasar, Karl Barth. Darstellung und Deutung seiner Theologie, Einsiedeln [4]1974, 32.

[359] Vgl. Ebd., 33.

[360] Ebd., 31f.

[361] Vgl. H. U. von Balthasar, Christlicher Universalismus, in: ders., Verbum Caro, Einsiedeln 1960 (Skizzen zur Theologie 1), 260-275, hier 264.

[362] Vgl. Barth, Die Theologie Calvins (Anm. 336). Vgl. auch den Bericht über die Vorlesung bei P. Barth, Fünfundzwanzig Jahre Calvinforschung 1909-1934, in: ThR 6 (1934) 252.

[363] Vgl. W. Niesel, Die Theologie Calvins, München [2]1957, 16.

[364] Vgl. H. Scholl, Themen und Tendenzen der Barth-Calvinvorlesung 1922 im Kontext der neueren Calvinforschung, in: ders., Barth, 6f.

[365] Niesel, Die Theologie, 18.

[366] Barth, Die Theologie Calvins, 157.

[367] Vgl. Ebd., 155.

[368] So Chr. Strohm, Das Theologieverständnis bei Calvin und in der frühen reformierten Orthodoxie, in: ZThK 98 (2001) 310-343, hier 310f.

[369] Vgl. Barth, Die Theologie Calvins, 159.
[370] Vgl. Ebd., 160.
[371] Vgl. Ebd., 160.
[372] Vgl. Ebd., 160f.
[373] Vgl. Ebd., 121. Vgl. dazu R. Seeberg, Lehrbuch der Dogmengeschichte. Bd. IV/2, Basel [4]1954, 557-560; W. Nijenhuis, Art. Calvin, in: TRE 7 (1981) 568-592, hier 579-581; B. A. Gerrish, Art. Calvin, in: RGG[4] 2 (1999) 16-36, hier 24.
[374] Barth, Die Theologie Calvins, 219.
[375] Vgl. Ebd., 222.
[376] Vgl. hier Faber, Symphonie, 12-28.
[377] Vgl. Barth, Die Theologie Calvins, 213.
[378] Vgl. Ebd., 309f.
[379] Vgl. Ebd., 321.
[380] Von Balthasar, Apokalypse, 373.
[381] Vgl. von Balthasar, Universalismus, 263.
[382] Ebd., 266.
[383] J. Calvin, Institutio Christianae Religionis (1559), I, 13, 7; Übers.: Unterricht in der christlichen Religion. Nach der letzten Ausgabe von 1559 übers. und bearb. v. O. Weber. Im Auftrag des Reformierten Bundes bearb. und neu hrsg. v. M. Freudenberg, Neukirchen-Vluyn 2008, 68.
[384] Vgl. Inst. I, 6, 1 (Weber, 38).
[385] Vgl. W. Löser, Wort und Wort Gottes in der Theologie Hans Urs von Balthasars, in: ThPh 80 (2005) 225-248.
[386] Vgl. H. Hoppe, Art. Synthesis, synthetisch, in: HWP 10 (1998) 818-823.
[387] Vgl. Barth, Die Theologie Calvins, 211-214.
[388] Vgl. Von Balthasar, Universalismus, 262.
[389] Vgl. Faber, Symphonie, 439f. Ebenso M. Beintker, Calvins Denken in Relationen, in: ZThK 99 (2002) 109-129.
[390] Inst. I, 1, 1 (Weber, 23).
[391] Vgl. Inst. I, 6, 3 (Weber, 38).
[392] Vgl. von Balthasar, Karl Barth, 35.
[393] Von Balthasar sah in der Differenz zwischen Barths Theologie und dem Neuprotestantismus Schleiermachers den Unterschied von „Glaubenszuständlichkeit" und „Glaubensinhalt". Wenn Chr. Axt-Piscalar behauptet, die Pointe von Calvins Überlegungen gipfele in der Auffas-

sung, dass die Gotteserfahrung sich in einem bestimmten Verstehen des Menschen auslegt, dann biegt sie gerade diese Einsicht Calvins um. Hier wird Calvin durch Schleiermacher verständlich gemacht! Calvin bezieht das Sichverstehen des Menschen auf die Erkenntnis des Erlösers und damit auf den Glaubensinhalt, nicht allein auf das Verstehen des Glaubens. Vgl. Chr. Axt-Piscalar, Gottes- und Selbsterkenntnis gehören zusammen. Überlegungen zum Anfangskapitel von Calvins Institutio religionis christianae, in: KuD 54 (2008) 290-315, hier 297.

[394] Inst. III, 11, 2 (Weber, 397).

[395] Vgl. Inst. III, 11, 1 (Weber, 396f.).

[396] Inst. III, 11, 6 (Weber, 400).

[397] Ebd.

[398] Vgl. Inst. III, 14, 11 (Weber, 427).

[399] Vgl. Inst. III, 16, 1 (Weber, 438f.). Aber auch in der Konkordienformel ist diese Auffassung der Sache nach enthalten, wenn es heißt: „sola fides est, quae apprehendit benedictionem sine operibus; et tamen nunquam est sola“ (BSLK 928).

[400] Vgl. Inst. III, 19, 2 (Weber, 460f.).

[401] Vgl. Dekret über die Rechtfertigung: DH 1528.

[402] Vgl. dazu Faber, Symphonie, 449.

[403] Vgl. Barth, Die Theologie Calvins, 239 bezieht seine Aussagen auf die Institutio von 1536, 237-250; der Sache nach ist die darin enthaltende Intention der Aussagen Calvins in der Institutio von 1559 erhalten geblieben, wenn auch abgeschwächt.

[404] Inst. IV, 1, 2 (Weber, 566).

[405] Inst. IV, 1, 9 (Weber, 571).

[406] Vgl. UR 2.

[407] Vgl. So ausdrücklich in: Inst. IV, 2, 11 (Weber, 588f.).

[408] Vgl. M. Beintker entfaltet unter dem Stichwort „Denken in Relationen“ Calvins theologische Eigenart mit eben jenem Begriff der „dramatischen und heilvollen Dynamik“. Ich stimme dieser Interpretation unbedingt zu, meine doch, stärker noch auf die dieser dramatischen Dynamik inhärente Finalität hinweisen zu müssen, vgl. Beintker, Calvins Denken.

[409] Vgl. dazu W. Thönissen, Dogma und Symbol, Freiburg i.Br. 2008, 239-245.

[410] Freilich darf ein solches ökumenisches Anliegen das sog. Extra Calvinisticum nicht nur als ein reformiertes Extra ausklammern oder für

obsolet erklären. Vgl. hierzu nun Chr. Aus der Au, Das Extra Calvinisticum – mehr als ein reformiertes Extra?, in: ThZ 64 (2008) 358-369.

[411] Text in: DwÜ 3, 419-441.

[412] Vgl. K. Lehmann / W. Pannenberg (Hg.), Lehrverurteilungen – kirchentrennend? Bd. I., Freiburg i.Br.- Göttingen 1986 (Dialog der Kirchen Bd. 4), 15.

[413] Vgl. G. Böhmer, J. Gropper (1503 – 1559). Seine Sorge um den katholischen Glauben in Soest. In: Soester Zeitschrift 113 (2001) 32-52; vgl. ders., „Die Gesetze der Kirche stehen im Dienst der Liebe“. Erinnerungen an Johannes Gropper als Reformer der Kirche zu seinem 500. Geburtstag. In: Theologisches 32 (2002) 523-533.

[414] Vgl. J. Lortz, Die Reformation in Deutschland. Bd. II. Ausbau der Fronten – Unionsversuche – Ergebnis, Freiburg i.Br. – Basel –Wien [4]1962, 216.228.

[415] Vgl. zur Entstehung, Verbreitung und den verschiedenen Textfassungen des Enchiridion: J. Meier, Das „Enchiridion christianae institutionis“ (1538) von Johannes Gropper. Geschichte seiner Entstehung, Verbreitung und Nachwirkung. In: Zeitschrift für Kirchengeschichte 86 (1975), 289-328.

[416] Vgl. H. Jedin, Das Autograph Johann Groppers zum Kölner Provinzialkonzil von 1536, in: K. Repgen / S. Skalweit, Spiegel der Geschichte (FS Max Braubach), Münster 1964, 281-292. hier 281f.

[417] Vgl. H. Filser, Ekklesiologie und Sakramentenlehre des Kardinals Johannes Gropper. Eine Glaubenslehre zwischen Irenik und Kontroverstheologie im Zeitalter der Reformation, Münster 1995 (Studien zur systematischen Theologie und Ethik Bd. 6), 31-33.

[418] Vgl. R. Stupperich, Unbekannte Briefe und Merkblätter Johann Groppers aus den Jahren 1542 – 1549, in: Westfälische Zeitschrift 109 (1959) 97; ders., Schriftverständnis und Kirchenlehre bei Butzer und Gropper, in: Jahrbuch des Vereins für Westfälische Kirchengeschichte 43 (1950), 109 – 128. Vgl. auch R. Braunisch, Die Theologie der Rechtfertigung im „Enchiridion“ (1538) des Johannes Gropper. Sein kritischer Dialog mit Philipp Melanchthon, Münster 1974 (RGST Bd. 109), 1.

[419] Vgl. M. Greschat, Martin Bucer. Ein Reformator und seine Zeit, München 1990, 185f.

[420] Warhafftige Antwort und gegenberichtung 1545, fol. 47r: Text in: R. Braunisch, Johannes Gropper zwischen Humanismus und Reformation. Zur Bestimmung seines geistigen Standorts bis 1543, in: Römische

Quartalschrift 69 (1974), 192-209, hier 195. Vgl. dazu R. Braunisch, Die „Artikell" der „Warhafftigen Antwort" (1545) des Johannes Gropper. Zur Verfasserfrage des Worms-Regensburger Buches (1540/41), in: Von Konstanz nach Trient. Beiträge zur Geschichte der Kirche von den Reformkonzilien bis zum Tridentinum, hrsg. von R. Bäumer (FS August Franzen), München – Paderborn – Wien 1972, 519 – 545.

[421] Vgl. R. Braunisch, Johannes Gropper (1503-1559), in: E. Iserloh (Hg.), Katholische Theologen der Reformationszeit I, Münster 1984, 117-124, hier 117-119; ders., Art. „Johannes Gropper", in: TRE Bd. XIV (1985), 266-270, 266.

[422] Vgl. Philipp Melanchthon, Loci Communes, in: Hans Engelland (Hg.), Melanchthons Werke Bd. II.1. Gütersloh 1952.

[423] Vgl. Meier, Das Enchiridion, 296.

[424] Vgl. Jedin, Autograph, 289.

[425] Vgl. Braunisch, Die Theologie der Rechtfertigung, 34 – 44.

[426] Vgl. Greschat, Martin Bucer, 182.

[427] Vgl. Cornelis Augustijn, Einführung. In: R. Ziegert (Hg.), Das Wormser Buch. Der letzte ökumenische Konsensversuch vom Dezember 1540 in der deutschen Fassung von Martin Bucer, Frankfurt a. M. 1995, 8 – 16.

[428] Vgl. Augustijn Einführung, 13.

[429] Vgl. Greschat, Bucer, 188-192.203-209.

[430] So Ziegert, Das Wormser Buch, 7.

[431] Vgl. Filser, Ekklesiologie, 48-51.

[432] Vgl. R. Braunisch, Art. „Johannes Gropper" in: TRE Bd. XIV (1985), 267f.

[433] Vgl. Filser, Ekklesiologie, 52-55.

[434] Vgl. Jedin, Autograph, 289; ders., Historische Randbemerkungen zum Thema: Tridentinum und Wiedervereinigung, in: Begegnung der Christen. Studien evangelischer und katholischer Theologen, hrsg. von M. Roesle und O. Cullmann, Stuttgart – Frankfurt a.M. 1965, 450-461.

[435] Vgl. das Ökumenismusdekret „Unitatis Redintegratio" Nr. 6.

[436] Vgl. Martin Luther – Zeuge Jesu Christi. Wort der Gemeinsamen Römisch-katholischen/Evangelisch-lutherischen Kommission anläßlich des 500. Geburtstages Martin Luthers 1983, Nr. 2 (DWÜ 2, 444f).

[437] Das ist das Lebenswerk von A. Herte. Vgl. J. Ernesti, Art. Herte, Adolf, in: J. Ernesti / W. Thönissen, Personenlexikon Ökumene, Freiburg i.Br. 2010, 90f.

[438] So die These von J. Lortz, Die Reformation in Deutschland, Bd. 1, Freiburg i.Br. 1940, 176.
[439] FCC, Nr. 22.
[440] Vgl. J. Kardinal Willebrands, Martin Luther und die Reformation aus heutiger Sicht, in: Mandatum Unitatis. Beiträge zur Ökumene, Paderborn1989, 265.
[441] Vgl. Predigten und Ansprachen von Papst Johannes Paul II. bei seinem dritten Pastoralbesuch in Deutschland (1996) (VApS 126, 32).
[442] Apostolische Reise Seiner Heiligkeit Papst Benedikt XVI. nach Berlin, Erfurt und Freiburg, 22.-25. September 2011. Hrsg. vom Sekretariat der Deutschen Bischofskonferenz, Bonn 2011 (VApS 189), 71).
[443] FCC, Nr. 23.
[444] Vgl. Alle unter einem Christus. Stellungnahme der Gemeinsamen Römisch-katholischen/Evangelisch-lutherischen Kommission zum Augsburgischen Bekenntnis, 1980, Nr. 10 (DWÜ 1, 325).
[445] Lehmann / Pannenberg (Hg.), Lehrverurteilungen (Anm. 412).
[446] Vgl. Gemeinsame Erklärung zur Rechtfertigungslehre des Lutherischen Weltbundes und der Katholischen Kirche, Nr. 14-18 (DWÜ 3, 423f).
[447] Vgl. FCC Nr. 101.
[448] Vgl. Ph. Melanchthon, Historia Lutheri, 1546 (CR 6, 155-170).
[449] Vgl. Y. Congar, Die Katholizität der Kirche, in: MySal Bd. 4/1, 478-502.
[450] Vgl. W. Beinert, Art. Katholisch, Katholizität, in HWPH, Bd. 4, 787.
[451] Ignatius an die Smyrnäer 8,2.
[452] Vgl. Y. Congar, Die Katholizität der Kirche, in: MySal 4/1, 479.
[453] Vgl. W. Beinert / U. Kühn, Ökumenische Dogmatik, Leipzig – Regensburg 2013, 514f. mit Verweis auf Kol 1,19; 2, 9f, Eph 1,22f.
[454] Vgl. DH 3813. Vgl. zum Ganzen E.-M. Faber, Vokabular des Überschwangs und der Abgrenzung. Eine Studie zur ekklesiologischen Terminologie der Fülle in „Unitatis redintegratio", in Cath (M) 68 (2014), 104-125.
[455] Vgl. LG 7.
[456] Vgl. LG 1.
[457] Vgl. UR 3.
[458] UR 4.
[459] Vgl. UR 3.
[460] Vgl. J. Wanke, War Luther ein Reformkatholik? Nach-Gedanken zu

Werk und Wirkung Martin Luthers aus heutiger Perspektive, in: H. Medick / P. Schmidt (Hg.), Luther zwischen den Kulturen. Zeitgenossenschaft – Weltwirkung, Göttingen 2004, 519.

[461] Vgl. K. Ganzer, Art. Katholische Reform, in: Lexikon der Reformationszeit, Freiburg i.Br. 2002, 385f.

[462] Vgl. D. Wendebourg, War Luther ein Reformkatholik? Evangelische Antwort auf eine römisch-katholische Frage, in: H. Medick / P. Schmidt (Hg.), Luther zwischen den Kulturen. Zeitgenossenschaft – Weltwirkung, Göttingen 2004, 524f.

[463] Vgl. Ansprache von Papst Benedikt XVI. an das Kardinalskollegium und die Mitglieder der Römischen Kurie beim Weihnachtsempfang. 22. Dezember 2005. Hrsg. vom Sekretariat der Deutschen Bischofskonferenz, Bonn 2006 (VApS 172), 16.

[464] Das leistet der neue Bericht der lutherisch-katholischen Kommission für die Einheit zum Reformationsgedenken im Jahr 2017 „Vom Konflikt zur Gemeinschaft“. Das Dokument greift vier Themen heraus: Rechtfertigung, Eucharistie, Amt und Schrift/Tradition, allesamt Hauptthemen der Theologie Martin Luthers, aber deswegen auch Hauptthemen des lutherisch-katholischen Dialogs der vergangenen fünfzig Jahre.

[465] Vgl. FCC Nr. 137.

[466] Die wahre Buße kann nur von der Liebe Gottes ausgehen: Dies führt Luther in seinem Brief an Staupitz vom 30. Mai 1518 aus (Vgl. WA 1, 525ff.).

[467] Vgl. hierzu den Sermon „De poenitentia“. Dazu gehört auch der „Sermon von Ablass und Gnade“. Entstanden sind sie nicht zur selben Zeit, sicher aber vor Ostern 1518. In unmittelbaren Zusammenhang mit den Ablassthesen scheint ein immer schon wenig beachteter Text zu stehen, den Luther mit seinen Ablassthesen an Erzbischof Albrecht sandte. Es handelt sich um den Traktat über die Ablässe (Tractatus de indulgentiis) aus dem unmittelbaren Vorfeld des Ablassstreites. Erzbischof Albrecht weist auf diesen Tractatus hin und auch Luther selbst gibt einen Hinweis in den „Resolutionen“.

[468] Ausdrücklich zählt Luther die Buße zu den Sakramenten (Vgl. WA 6, 501).

[469] Vgl. H. Vorgrimler, Buße und Krankensalbung (HDG IV/3) Freiburg i.Br. ^{2}1978, 149.

[470] „Facienti quod in se est, Deus non denegat gratiam“ (FCC Nr. 102). Der Satz stammt von Gabriel Biel. Vgl. hierzu Th. Dieter, Der junge

Luther und Aristoteles. Eine historisch-systematische Untersuchung zum Verhältnis von Theologie und Philosophie (Theologische Bibliothek Töpelmann, Bd. 105) Berlin – New York 2001, 183-193.

[471] Vgl. W. Thönissen, Luthers 95 Thesen gegen den Ablass (1517) – Ihre Bedeutung für die Durchsetzung und Wirkung der Reformation, in: I. Dingel / H. P. Jürgens (Hg.), Meilensteine der Reformation. Schlüsseldokumente der frühen Wirksamkeit Martin Luthers, Gütersloh 2014, 95.

[472] FCC Nr. 119.

[473] Ebd. Nr. 119.

[474] Vgl. DH 1551.

[475] Vgl. DH 1529.

[476] So in seinem Brief an Staupitz vom 30. Mai 1518.

[477] Vgl. DH 1554.

[478] Vgl. DH 1530.

[479] Schmalkaldische Artikel II,1 (BSLK 415,6)

[480] WA 39/I; 205,2f.

[481] FCC Nr. 122.

[482] Vgl. FCC Nr. 123.

[483] GE Nr. 15 (DWÜ 3, 423).

[484] GE Nr. 17 (DWÜ 3, 424).

[485] GE Nr. 19 (DWÜ 3, 424).

[486] Vgl. DH 802.

[487] Vgl. B. Neunheuser, Eucharistie in Mittelalter und Neuzeit (HDG IV, 4) Freiburg i.Br. 1963, 44-53.

[488] Vgl. FCC Nr. 141.

[489] DH 1642 (Dekret über das Sakrament der Eucharistie, 13. Sitzung, 11. Oktober 1551).

[490] DH 1652.

[491] Das Herrenmahl. Bericht der Gemeinsamen Römisch-katholischen/Evangelisch-lutherischen Kommission 1978, Nr. 16 (DwÜ 1, 276).

[492] Lehmann / Pannenberg (Hg.), Lehrverurteilungen, 122.

[493] FCC Nr. 146.

[494] Das Herrenmahl, Nr. 56 (DwÜ 1, 288).

[495] Vgl. Decretum Gratiani 2.12.1.7 (E. Friedberg [Hg.], Corpus Iuris Canonici, Bd. I, Graz 1955, 678).

[496] FCC Nr. 164.

[497] FCC Nr. 165.
[498] Die Apostolizität der Kirche. Studiendokument der Lutherisch/Römisch-katholischen Kommission für die Einheit, Nr. 202 (DwÜ 4, 593f).
[499] Vgl. Confessio Saxonica 1551, 409 (MSA VI, 1219).
[500] Vgl. DH 1765.
[501] Vgl. DH 1771.
[502] LG 10.
[503] Vgl. FCC Nr. 178.
[504] Die Apostolizität der Kirche, Nr. 274 (DwÜ 4, 618).
[505] FCC Nr. 199.
[506] DH 1501.
[507] FCC Nr. 201.
[508] Vgl. DV 9.
[509] Die Apostolizität der Kirchen, Nr. 410 (DwÜ 4, 662).
[510] Ebd., Nr.448 (DwÜ 4, 673).
[511] Vgl. zur Frage der „konfessorischen Katholizität": A. Sander, Erstrittene Ordination. Georg III. von Anhalt (1507-1553): ein Beispiel für die Ordinationstheologie im Luthertum des 16. Jahrhunderts, in: Cath (M) 60 (2006) 25ff.
[512] FCC Nr. 137.
[513] Vgl. Das Evangelium und die Kirche. Bericht der Evangelisch-lutherischen/Römisch-katholischen Studienkommission, 1972 (DwÜ 1, 255f.).
[514] Vgl. Das Herrenmahl. Bericht der Gemeinsamen Römisch-katholischen/Evangelisch-lutherischen Kommission, 1978 (DwÜ 1, 290f.).
[515] Vgl. Das geistliche Amt in der Kirche. Bericht der Gemeinsamen Römisch-katholischen/Evangelisch-lutherischen Kommission, 1981 (DwÜ 1, 334-343).
[516] Vgl. Die Apostolizität der Kirche (DwÜ 4, 617ff.).
[517] Vgl. Alle unter einem Christus (DwÜ 1, 325f.).
[518] Vgl. Martin Luther – Zeuge Jesu Christi (DwÜ 2, 444ff).
[519] Vgl. DwÜ 4, 423f.
[520] Vgl. FCC Nr. 238.
[521] Vgl. Nachsynodales Apostolisches Schreiben Verbum Domini von Papst Benedikt XVI. über das Wort Gottes im Leben und in der Sendung der Kirche. 30. September 2010. Hrsg. vom Sekretariat der Deutschen Bischofskonferenz, Bonn 2010 (VApS 187), Nr. 121f.
[522] De captivitate Babylonica ecclesiae (WA 6, 514).
[523] Vgl. WA 6, 527.

[524] WA 6, 517.
[525] Vgl. FCC Nr. 103.

Abkürzungsverzeichnis

ApolCA	Apologia Confessionis Augustanae
ARG	Archiv für Reformationsgeschichte
BSLK	Bekenntnisschriften der evangelisch-lutherischen Kirchen
CA	Confessio Augustana
Cath (M)	Catholica, Münster
CHR	Catholic historical review
CR	Corpus reformatorum
DH	H. Denzinger, Enchiridion symbolorum, definitionum et declarationum de rebus fidei et morum. Kompendium der Glaubensbekenntnisse und kirchlichen Lehrentscheidungen. Übers. U. hg. v. P. Hünermann, Freiburg i.Br. [40]2005.
DiKi	Dialog der Kirchen
DThA	Deutsche Thomas-Ausgabe
DV	Dei Verbum. Dogmatische Konstitution über die göttliche Offenbarung.
DwÜ	Dokumente wachsender Übereinstimmung. Sämtliche Berichte und Konsenstexte interkonfessioneller Gespräche auf Weltebene. 4 Bde. Hrsg. Von H. Meyer u.a., Paderborn – Frankfurt am Main 1983–2012.
EKD	Evangelische Kirche in Deutschland
EKL	Evangelisches Kirchenlexikon
FCC	From Conflict to Communion/Vom Konflikt zur Gemeinschaft
GE	Gemeinsame Erklärung zur Rechtfertigungslehre
HDG	Handbuch der Dogmengeschichte
HKG (J)	Handbuch der Kirchengeschichte. Hrsg. v. Hubert Jedin.
HÖ	Handbuch der Ökumenik
HWPh	Historisches Wörterbuch der Philosophie
KLK	Katholischen Leben und Kämpfen/(25/26,1967ff.:) Kirchenreform im Zeitalter der Glaubensspaltung
KNA-ÖKI	Katholische Nachrichten-Agentur – Ökumenische Information
KuD	Kerygma und Dogma
LG	Lumen gentium. Dogmatische Konstitution über die Kirche.

LThK	Lexikon für Theologie und Kirche, 2. Auflage, Freiburg i.Br. – Basel – Wien, 1957-1968.
MBW	Melanchthons Briefwechsel
MySal	Mysterium Salutis
NZSTh	Neue Zeitschrift für Systematische Theologie
ÖF.E	Ökumenische Forschung – Ekklesiologische Abteilung
ÖkPer	Ökumenische Perspektiven
ÖR	Ökumenische Rundschau
QD	Quaestiones disputatae
RGG	Religion in Geschichte und Gegenwart
RGST	Reformationsgeschichtliche Studien und Texte
SBO	Studia biblica et orientalia
SuR	Spätmittelalter und Reformation
TEH	Theologische Existenz heute
ThPh	Theologie und Philosophie
ThR	Theologische Rundschau
ThTv	Theologische Revue
ThZ	Theologische Zeitschrift. Basel
TRE	Theologische Realenzyklopädie
TTS	Tübinger theologische Studien
UR	Unitatis redintegratio. Dekret über den Ökumenimus
VApS	Verlautbarungen des Apostolischen Stuhls
VIEG	Veröffentlichungen des Instituts für Europäische Geschichte. Mainz
WA	Luther, Martin: Werke, Kritische Gesamtausgabe (Weimarer Ausgabe)
WA.B	Luther, Martin: Werke, Kritische Gesamtausgabe (Weimarer Ausgabe) - Briefwechsel
WA.TR	Luther, Martin: Werke, Kritische Gesamtausgabe (Weimarer Ausgabe) – Tischreden
ZKG	Zeitschrift für Kirchengeschichte
ZThK	Zeitschrift für Theologie und Kirche